마장마술
Training manual
for horse & rider

옮긴이 정성환

㈜도요

101 DRESSAGE EXERCISES FOR HORSE & RIDER
JEC ARISTOTLE BALLOU & Foreword by Olympic Medalist Lisa Wilcox

Copyright ⓒ 2005 by Jec Aristotle Ballou
All rights reserved.
Korean translation copyright ⓒ 2016 by TOYO Inc.
This Korean translation rights was arranged with Storey Publishing, Inc. U.S.A

이 책의 한국어판 저자권은 미국 Storey Publishing사와의 독점계약으로
(주) 도요가 소유합니다.
저작권법에 의해 한국 내에서 보호받는 저작물이므로 무단전재와 무단복제를 금합니다.

마장마술
Training manual
for horse & rider

옮긴이 정성환

초판 1쇄 인쇄 / 2016년 12월 12일
초판 1쇄 발행 / 2016년 12월 15일

발행처 (주) 도요
기획·편집 이상현
디자인 표재성
마케팅 강민주
경영지원 김은진, 김 민

등록번호 제 301-2012-125호
전화 (02)6375-3113
팩스 (02)6008-6533

silvstarry@gmail.com
ISBN 978-89-969107-5-6
정가 \ 35,000원

※잘못 만들어진 책은 구입처 및 본사에서 교환해 드립니다.

목 차

서문 ··· VII
역자서문 ·· VIII
도입 ··· XI

Exercise(조련방법)

1. 왜 준비운동을 하는가(WHY WARM UP)? ································· 1
    1. 타원형(The Oval) _ 2
    2. 자수형식(Needlepoint) _ 4
    3. 출발과 정지(Go and Whoa) _ 6
    4. 전진과 회전(Turn and Forward Movement) _ 8
    5. 앞쪽을 중심으로 회전운동 조련법(In-hand Turn on the Forehand) _ 10
    6. 레인-백 조련법(In-hand Turn Rein-Back) _ 12
    7. 플렉션 조련법(In-hand Flexion) _ 14

2. 자유로움(LOOSENESS) ··· 17
    8. 작은 속보이행(Little Trot Transitions) _ 18
    9. 목 벤딩(Bending the Neck) _ 20
   10. 평보 횡목운동(Walking Ground Poles) _ 22
   11. 벤딩과 평보 횡목운동(Walking Ground Poles with Bending) _ 24
   12. 한 점을 중심으로 움직임(Moving around Point) _ 26
   13. 사각회전- A(Turn on the Square-A) _ 28
   14. 사각회전- B(Turn on the Square-B) _ 30
   15. 구부리기, 반대로 구부리기(Flex, Counter-flex) _ 32
   16. 애커맨 사각형(The Ackerman Square) _ 34
   17. 구보로 가는 레그-일드(Leg-yield to Canter) _ 36
   18. 8자형 레인-백(Rein-back Figure Eight) _ 38

3. 직진(STRAIGHTNESS) ·· 41

    19. 벽 없이 하는 서펜타인(Serpentines without Walls) _ 42

    20. 라인을 유지하라(Holding the Line) _ 44

    21. 벤드 상태에서 이행운동(Transition with a Bend) _ 46

    22. 벤드상태에서 서펜타인(Serpentine with a Bend) _ 48

    23. 형태변경(Change Framers) _ 50

    24. 원운동과 구보운동(Circle and Canter) _ 52

    25. 어깨의 움직임(Moving the Shoulders) _ 54

    26. 1/4 라인에서 숄드-인(Shoulder-in on Quarter Line) _ 56

    27. 나사형태의 측면운동(Threading Lateral Work) _ 58

    28. 책략(Maneuvering) _ 60

    29. 숄드-인에서 반대 숄드-인운동(Shoulder-in to Counter Shoulder-in) _ 62

4. 승마자세(RIDER POSITION) ·· 65

    30. 중심(Centering) _ 66

    31. 시계추(Pendulum) _ 68

    32. 쟁반나르기(Carry a Tray) _ 70

    33. 히프운동(Hip Slides) _ 72

    34. 다리 강화훈련(Strong Legs) _ 74

    35. 등자없이 하는 승마운동(Work Without Stirrups) _ 76

    36. 다리 지느러미 A(Leg Flippers A) _ 78

    37. 다리 지느러미 B(Leg Flippers B) _ 80

    38. 다리 지느러미 C(Leg Flippers C) _ 82

    39. 자전거(Bicycle) _ 84

    40. 무릎 올리기(Pulling Your Knees Up) _ 86

    41. 상체 유연성운동(Passing Overhead) _ 88

5. 측면운동(LATERAL WORK) ·· 91

    42. 벤딩유지(Keeping One Bend) _ 92

    43. 역방향 원으로 가는 레그-일드(Leg-yield to Counter Circle) _ 94

    44. 변형된 역방향 원으로 가는 레그-일드(Leg-yield to Counter Circle Variation) _ 96

    45. 계단식 레그-일드(Staircase Leg-yield) _ 98

    46. 각도 변경(Change Angle) _ 100

    47. 구보발진으로 가는 레그-일드(Leg-yield to Canter Depart) _ 102

48. 원운동과 구보발진으로 가는 레그-일드(Leg-yield to Canter Depart with Circle) _ 104
49. 안쪽 트랙으로, 구보발진으로 가는 레그-일드(Leg-yield to Canter Depart, Inside Track) _ 106
50. 방향전환과 구보발진으로 가는 레그-일드(Leg-yield to Canter Depart with Direction Changes) _ 108
51. 바람개비 레그-일드(Leg-yield Pinwheels) _ 110
52. 계단식 하프-패스(Half-pass Staircase) _ 112
53. 직선상에서 레그-일드로 가는 하프-패스(Half-pass to leg-yield on a Straight Line) _ 114
54. 반대 숄드-인 으로 가는 하프-패스(Half-pass to Counter-shoulder-in) _ 116
55. 원운동에서의 하프-패스(Half-pass on a Circle) _ 118
56. 렌버로 가는 하프-패스(Half-pass to Renvers) _ 120

6. 구보 개선운동(IMPROVING THE CANTER) ········· 123

57. 소몰이식 8자도형(Cowboy Figure Eight) _ 124
58. 서펜타인에서 이행운동(Transitions on a Serpentine) _ 126
59. 사각에서의 이행운동(Transition on a Square) _ 128
60. 구보 레그-일드(Canter leg-yield) _ 130
61. 반대-구보의 구간(Miles of Counter-Canter) _ 132
62. 바깥쪽 다리에 의한 레그-일드(Leg-yield from Outside leg) _ 134
63. 작은 원으로 가는 레그-일드(Leg-yield to Smaller Circle) _ 136
64. 반대-구보로 가는 구보운동(True Canter to Counter-canter) _ 138
65. 피루엣과 반대구보(Pirouettes and Counter-canter) _ 140

7. 유연성 발달(BUILING SUSPENSION) ········· 143

66. 속보 횡목운동(Trotting Ground Pole) _ 144
67. 타원형에서의 속보 횡목운동(Trotting Ground Pole on an Oval) _ 146
68. 속보 횡목운동에서의 이행운동(Trotting Ground Pole with Transitions) _ 148
69. 반대로 하는 속보 횡목운동(Trotting Ground Poles with Reverse) _ 150
70. 등선의 시작(Opening the Topline) _ 152
71. 앞부분과 뒷부분(Fore and Aft) _ 154
72. 한 걸음 이행운동(One Stride Transition) _ 156
73. 구보 횡목운동(Cantering Ground Poles) _ 158

8. 플라잉 체인지(FLYING CHANGES) ········· 161

74. 헌치-인으로 가는 대각선운동(Diagonal to Haunches-in) _ 162
75. 음성사용 A (Using the Voice A) _ 164

76. 음성사용 B (Using the Voice B) _ 166

77. 구보/반대구보 이행운동(Canter/Counter-Canter Transition) _ 168

9. 가벼움의 발달(DEVELOPING LIGHTNESS) ······ 171

78. 평보/정지 이행운동(Walk/Trot Transition) _ 172

79. 옆걸음을 활용한 이행운동(Sidestep Transition) _ 174

80. 측면 걸음과 레인-백(Rein-Back with Lateral Steps) _ 176

81. 평보/정지/레인-백 이행운동(Walk/Halt/Rein-Back Transition) _ 178

82. 다리 수축운동(Collecting off Leg) _ 180

83. 안쪽과 바깥쪽(Inside and Outside) _ 182

84. 10-10-10 _ 184

10. 신장걸음(LENGTHENING THE STRIDES) ······ 187

85. 힘의 증진(Building Power) _ 188

86. 신장운동을 위한 반대-숄드-인(Counter-Shoulder-in to Lengthening) _ 190

87. 짧은 신장구보(Short Canter Lengthening) _ 192

11. 체력의 중요성(THE IMPORTANCE OF FITNESS) ······ 195

88. 복종(Submission) _ 196

89. 복부 올리기(Belly Lifts) _ 198

90. 목이완(Neck Loosening) _ 200

91. 당근으로 하는 이완운동 A(Carrot Stretch A) _ 202

92. 당근으로 하는 이완운동 B(Carrot Stretch B) _ 204

93. 당근으로 하는 이완운동 C(Carrot Stretch C) _ 206

94. 꼬리 당기기(Tail Pulls) _ 208

95. 뒷다리 이완운동(Hind Leg Stretches) _ 210

96. 외승(Trail Riding) _ 212

97. X자 횡목 자유비월(Free Jumping a Cross Rail) _ 214

98. 2개의 X자 횡목 자유비월(Free Jumping Two Cross Rail) _ 216

99. 경사지형(Sloping Terrain) _ 218

100. 직선 언덕(Straight Hills) _ 220

101. 언덕에서의 이행운동(Hill with Transitions) _ 222

용어정리 ······ 224

서문

일반적으로 스포츠는 기술과 체력이라는 두 개의 특별한 성격이 하나의 조화로운 이미지를 창조하는 파트너십을 요구한다. 최고의 마장마술은 말과 사람이 댄스 파트너처럼 관중들에게는 보이지 않는 서로의 대화로, 자연스럽고 우아한 힘과 기술을 연출한다.

승마자는 기좌(Seat)를 통해 말과 대화하고 승마자의 정확한 자세와 부조(Aids)로 말에게 영향을 줄 수 있다. 말은 고도의 조련 과정에서 조직적인 근육강화 및 유연성으로 경기력이 결정된다. 또한 몸으로 배우는 승마자를 위해 스스로 엄격하고 일정한 규율과 적절하게 말의 근육 발달을 위해 필요한 것은 인내와 시간이 요구된다. 항상 쉬운 방법은 피로감, 강성, 또는 부상과 고통의 발생으로 서로에게 불안감만 생기고, 결국 조련자의 의도를 잘못 이해하게 된다.

이 책은 마장마술 과정으로 조련할 수 있도록 구성되었다. 조련자는 말을 조련하는 과정에 자신의 경험을 반영할 수 있다, 하지만 조련의 궁극적인 결과는 그 자신에게 책임이 있다. 이 책을 통해 마장마술의 원론을 폭넓게 이해하고, 조화로운 파트너십으로 말을 조련하는데 많은 도움이 될 것이다.

- **Lisa Wilcox**
Team Bronze Medal 2004 Olympics,
Individual Silver Medal 2003 European Championships,
Team Silver Medal 2002 World Equestrain Games

역자서문

101 DRESSAGE EXERCISES for Horse and Rider
이 책(원제 101 DRESSAGE EXERCISES for Horse and Rider)은 올림픽 메달리스트 Lisa Wilcox와 JEC ARISTOTLE BALLOU에 의해 만들어졌다. JEC ARISTOTLE BALLOU는 모든 기술수준의 마장마술 말과 선수를 훈련시키는 말 조련사 가족에서 성장하였다. 그녀는 최근 유럽에서 FEI 선수활동과 다양한 기술수준의 말 조련 전문가로 활동하고 있다. 그리고 FEI 대회에서 많은 입상성적을 경험하였고, 다양한 연구 활동으로 말과 관련한 많은 저서들을 출판하였다.

이 책에서 제시하는 마장마술 조련법은 모든 승마기술을 위한 표준화된 조련법이다. 마장마술은 그 자체가 말의 운동기능에 필요한 근육과 골격을 만드는 조련방식을 체계화한 것이다. 이 책은 마장마술은 물론 장애물 비월, 크로스 컨트리 경기에 필요한 말의 근육과 골격의 발달 그리고 심리적인 부분까지 조련할 수 있도록 이론적 원리와 실습방법을 수록하였다.

일반적으로 승마와 말 조련은 같은 맥락이다. 말 위에서 일정한 규칙에 따라 말이 수행할 수 있는 최고의 기술들을 시연할 수 있도록 하는 것이 승마이고, 이것은 곧 말 조련인 것이다. 그리고 그 기술수준을 평가 받는 자리가 승마대회이다. 이러한 말의 기술발달을 위한 일정한 규칙을 승마규정으로 정의하고 있다. 일정한 규칙에 따라 승마운동으로 운동기능이 개선되어 말의 건강과 행복이 증진될 때, 승마자 또한 일정하고 규칙적인 승마운동으로 건강과 행복이 함께 증진될 것이다.

승마운동은 말의 운동수행 능력을 극대화 하는 과정에서 인간과 말이 정신적 교감을 공유할 수 있음을 의미한다. 일정한 운동기능을 가진 말이라고 하면, 지능이 발달하고 기술적 운동수행 능력이 뛰어난 말을 의미한다, 즉 신체와 정신적으로 건강한 말을 의미한다. 말의 움직임은 운동과 노동으로 구분할 수 있다. 일정한 규칙과 기술수준을 구현할 수 있는 말은 건강에 도움이 되는 운동기능으로 봐야 할 것이지만, 사람을 태우고 단순 반복적인 움직임은 노동으로 봐야 할 것이다. 이 처럼 운동을 하는 말들은 사람과 함께 감정을 나누면서 그 운동 자체를 즐기기 때문에 당연히 행복하다. 또한 운동기능의 향상으로 말의 운동수행 능력이 말의 건강에 도움이 된다면 그 말을 타고 있는 사람의 건강에도 많은 도움이 될 수 있다.

말의 가치는 말이 수행하는 운동의 기술수준에 따라 결정된다. 이러한 운동기술을 검정하는 방법과 장소가 승마경기장이다. 승마경기의 규칙을 통해 조련의 정도를 확인하는 것이다. 따라서 모든 조련방식은 승마경기 규칙에 따라 조련해야 한다. 말의 번식에서부터 조련과정을 거쳐 경기에 참여하기란 많은 환경조건과 시간이 요구된다. 하지만 이러한 다양한 과정과 조건들이 요구되더라도 말을 본인이 직접 번식하고 조련하여 승마경기에 참가해서 얻은 결과가 진정한 승마 또는 조련기술이라 할 수 있을 것이다.

유럽의 승마선진국과 달리 한국에서는 대부분 일정한 기술수준이 완성되어 있는 말을 수입하여 승마경기에 참가하고 있는 것이 현실이다. 하지만 이 과정을 극복하여 번식에서부터 말 조련과정의 선순환을 만들지 못하면 승마선진국으로 갈 수 없다.

이 책은 태어난 후 3세부터 7세까지의 조련과정과 결과를 확인할 수 있도록 일정한 기술적 조련과정을 수록하였다. 승마선진국처럼 한국에서 생산하여 일정한 조련과정을 거쳐 경기에 참가하는 사람들이 늘어날수록 진정 승마강국으로 거듭날 수 있을 것이다.

앞서 출판된 "마장마술"은 가치 있는 승용마를 만드는데 필요한 과정으로 승용마 조련에 필요한 조련기술의 완결판이라면 "마장마술 Training manual for horse & rider"는 그 이전 단계의 승마자와 승용마에 필요한 운동과 조련방법들이 수록되었다.

이 책의 구성은 일반적인 기초과정을 그림과 도표를 통해 나타내었다. 각 장의 조련방식에 따라 플라잉 체인지(Flying change)와 신장걸음, 승마자의 자세, 가벼움, 균형, 유연함 등의 목표에 대한 결과를 얻을 것이다. 각 과정으로, 모든 사람들의 희망인 승마의 느낌과 말 조련 기술의 발전에 도움이 될 수 있을 것이다.

생활의 일부로 승마를 하는 모든 승마인들과 수준 높은 승마와 말 조련 전문가들에게 좋은 길잡이가 되길 바라는 마음에서 오랫동안 승마선진국인 미국, 뉴질랜드, 호주 그리고 유럽 각국의 유명한 승마학교에서 수집한 정보를 바탕으로 이 책을 번역하였다, 하지만 짧은 지면에 승마와 말 조련에 대한 많은 정보들을 기술하기 쉽지 않고 또한 난이도에 따른 독자들의 이해도가 달라 학습에 제한적일 수 있다.

끝으로 오랜 시간 동안 나와 승마를 함께 한 말들과 친구들, 그리고 나에게 배우는 학생들에게 감사의 인사를 드린다. 1시간 승마교육을 위해 10시간 이상 자료수집과 연구 활동을 해왔다, "가르치는 것은 배움을 게을리 하지 말라" 했던 옛말을 되새기면서 지금도 나의 승마와 말 조련공부는 계속되고 있다. 끝으로 이 책이 나올 수 있도록 도움을 주신 출판사 관계자 여러분들께 지면으로나마 진심으로 고마운 마음을 전합니다.

역자 프로필-정성환

대한승마협회공인심판
FEI COACH   LEVEL1
FEI JUDGE   LEVEL1
FEI STEWARD   LEVEL1

사람과 함께 살아가는 말(horse)은 일정한 질서가 있고 규칙을 따르는 운동으로 건강을 유지하고 행복해 한다. 사람 역시 건강하고 행복한 말(horse)과 함께 운동하면 충분한 기쁨과 만족을 느끼면서 건강한 생활을 유지할 수 있다.

준비운동은 후구로부터 조금 더 좋은 운동과 움직임의 시작에 도움이 된다.

도 입

운동 프로그램과 같이 마장마술 과정에서는 말과 승마자가 최고의 선수가 되길 바란다. 이러한 과정에 지도자는 많은 역할(충고자, 전문가, 응원단)로 도움을 주어야 한다. 일주일에 한번 정도는 최고의 운동을 수행할 수 있지만, 조련사로 매일 최고가 되는 것을 불가능하다. 이 책은 조련사가 말의 지도자 입장에서 조언해주는 것처럼 서술되었다.

승마자의 생각

이 책의 조련법은 말의 반응과 조련사의 느낌을 느낄 수 있도록 설계되었다. 많은 반복연습을 해야 배울 수 있고, 각 유형의 조련법이 어떻게 영향을 미치는가를 이해해야 한다, 그리고 다음 조련에 필요한 것을 결정할 수 있다. 다시 말해서, 창조적인 목적의식이 있는 운동을 위해 책임 있는 조련사의 역할을 할 수 있도록 해야 한다. 그래서, 말이 매일 무엇을 요구하는지 확인할 필요가 있다.

이 책에서 요구하는 대로 조련을 수행하면, 말이 조련 전후의 움직임이 다르게 변화되는 것을 배우고, 반응 감각이 어떻게 발전하는가를 확인할 수 있을 것이다.

전념

조련의 첫 번째 과정은 자주 말과 함께 운동하는 것이다. 말은 방목장과 마사에 앉아 있으면 좋은 선수가 될 수 없다. 사람도 마찬가지이다. 만약 운동을 한 번 하거나 또는 한 번도 하지 않는다면 당신의 근육은 균형감각이 상실되거나 더욱 악화될 것이다. 이것은 승마 수업 시간에 침체되거나 안정되지 않는다, 마찬가지로 말도 매번 조련 시간에 허우적거릴 수 있다. 매 번 한 시간 동안 할 필요 없다. 20분이면 충분하다, 한결같이 꾸준하게 하면-일주일에 4~5일이면 좋다. 전념하는 것이 핵심이다.

마장마술 지식체계

"Carrecogh Charlotte"라는 사랑스러운 악동 포니와 함께 한 것이, 오랫동안 말과 함께 한 내 인생에서 가치 있는 말 조련 방법을 가르쳐 주었던 아주 좋은 기억의 하나였다. 13세 때, 웰시 콥(Welsh Cob) 말에 대해 공부하게 되었다. 버몬트(Vermont)의 어린말 협회에서 주관한 100-Mile 외승경기에서 나는 최연소 우승자가 되었다. 비록 옛날 일이지만, 그것은 내 인생에 가장 자랑스러운 업적이다. 그때 당시는 그 업적을 인지하지 못했지만 그 이후, 나는 그 일에 대해 전적으로 이해되어 승마경기장에서 행복하고 적합한 말을 조련하는 방법을 이해하게 되었다.

나는 낡은 관념의 독특한 조건의 프로그램을 사용했다. 우리는 전력질주 운동을 하지 않았다. 우리는 매일 외승조차 하지 않았다. 우리는 규칙적인 길을 꾸준한 리듬으로 일정하게, 속도를 내지 않고, 일주일에 45분 정도로 두 과정으로 조련했다. 이것은 마장마술의 조련 과정이다. 나는 마침내 샤롯데(Charlotte)와 같이 만들 수 있기를 믿는다. 나는 마장마술 테스트 과정의 생각으로 말을 결코 조련하지 않았다. 사실은, 말에게 많은 마장마술 운동을 상기시키지 않았다. 거의 대부분이 직진과 균형을 유지하고, 느슨하고 탄력 있는 근육을 유지하는데 도움을 주었다.

2004년 5월에, USET 지구력 경기 팀의 한 구성원이 그들의 말 조련을 위해 연락해왔다. 다시 한번, 나는 마장마술 말이 아닌 말에게 마장마술의 조건의 발상을 이용하여 말을 조련하는 것을 배웠다.

엘크 그로브(Elk Grove)의 니콜(Nicole Wiere, CA)이라는 말을 나는 몇 달 동안 조련했다. 그리고 감격적으로 그의 기술적 수준을 바꾸어 놓았다. 기본적으로, 나의 확인은 세련된 균형 없이 긴 시간 동안의 일반적인 조련 과정으로 말의 근육이 뻣뻣해졌다는 것이다. 나는 말을 변화시키기 위해 이 책에 나오는 몇 가지 물리적인 과정을 활용했다. 지금은 처음보다 조금 더 부드럽고 정확하게 운동을 수행한다. 그리고 니콜(Nicole)은 다가올 해에 지구력 경기의 강한 힘을 가지게 될 것이다.

계획

다음 단계는 마장마술 방정식의 계획을 세우는 것이다. 너무나 많은 선수들은 결국 목적 없이 승마장에서 승마를 하게 된다, 어젯밤 매거진의 기사를 읽었거나 교육 또는 마지막 교정교육에서 수행했던 운동 과정을 상기시킬 것이다. 조련사 없이 수행하는 운동은 조금 확신이 떨어진다. 외승운동을 수행하는 동안 가고서는 것 대신에 잠깐 동안 속보 운동을 수행하는 것도 조금은 지루하다. 또는 매일 같은 운동으로 끝나는 것도 지루하다.
일주일 동안 각 매일 운동계획을 가질 필요가 있다.

일주일 과정을 설계하라

말과 교육생들의 기량을 발전시키고, 침체와 지루함을 예방하기 위해 일주일 과정의 조련 계획을 설계하라. 그것은 재미와 기술을 얻을 것이다. 이 책의 101가지 기술에 도전하고 효과를 확인했을 때, 당신의 시간에 알맞은 구조와 당신이 필요한 것을 인지하게 될 다양한 기술들을 완성하게 될 것이다.

월요일 :

한 시간 느슨한 과정
말의 등선을 신축성 발달시키기 위해 3 걸음 동안 길고 낮은 구조로 승마하라. 간단한 이행을 수행하라; 앞쪽을 중심으로 회전운동을 여러 번 수행하라. 조금 유연하고 느긋한 태도를 위해 말의 반응을 활용하라. 측면 운동을 수행하고, 또는 개방된 공간에서 크게 달리고, 평보 운동을 아주 많이 수행하라. 말을 위한 운동을 학습하라, 하지만 하루에 말의 심리적인 부분과 연결된 운동을 너무 많이 수행하지 마라.

화요일 :

새로운 요소
이 책이 제시한 방법에 따라 20 분간 준비운동을 수행하라, 이 책에 있는 조련 방법을 활용하라, 하지만 아직 확실하게 수행할 수 없는 어려운 운동을 하지 마라(예를 들어 플라잉-체인지(Flying-change) 또는 하프-패스(Half-pass)와 같은 운동처럼). 긍정적 신호로 마무리 운동을 하라. 일반적인 과정의 마무리 과정을 말이 인지할 수 있도록 잘 수행하라.

수요일 :

지상 운동과 런징(Longeing)
승마자 없이 말의 등을 강하고 유순하게 조련하기 위해 런징을 활용한다.
- 가변성 있는 사이드 레인(Side-rein)과 함께.
각 보법에서의 다른 걸음걸이와 모든 3걸음 사이의 이행운동을 런징운동 과정으로 수행하라. 각 런징 과정 동안 최소한 네 번의 원운동에서 다른 방향으로 또는 다양한 크기의 원운동을 수행하라. 또한 런징으로 까발라티(Cavalletti)와 횡목 운동을 함께 수행하라.

목요일 :

새로운 요소
이 책에서의 새로운 조련 과정을 수행하거나 화요일 과정을 반복하여 수행하라.

금요일 :

적합성
심폐 강화에 좋은 운동을 수행하라: 긴 시간 동안 유연한 구보운동 등을 수행하라, 이것은 장애물 비월과 외승에 도움이 되는 운동이다.

토요일 :

움직임의 확인
현재의 기술 수준을 통해 승마를 해야 한다. 준비운동 후에, 조련 과정을 현재 기술 수준에서 수행하라. 매일 확인된 이행과 움직임을 수행하라. 조련 과정에 측면 운동, 신장운동, 다양한 도형 운동, 그리고 구보운동을 포함하라.
조련자의 수준에 따라 마장마술 과정으로 조련하라. 조련 과정에 평보를 수행하는 것을 잊지 마라.

일요일 :

휴식

필요조건

먼저, 조련을 성공하기 위해 도움을(조련사 또는 지식이 많은 친구) 줄 수 있는 관찰력이 좋은 조력자가 필요하고, 조련하는 목적을 말이 인지할 수 있도록 하여, 말이 성취감을 얻는 것이다. 이것은 정확한 조련을 수행하는 데 도움이 될 것이다. 이 책의 조련 과정을 하나씩 정확하게 수행할 수 있도록 노력해야 한다.

조련장

조련을 위해 적합한 조련장이 필요하다. 조련장의 크기는 60 X 180 피트(Feet)이다.

마장마술경기장처럼 정확한 기호는 설치되어 있지 않다. 조련의 시작과 끝 또는 원운동의 위치를 정확하게 결정한다. 각 조련법에서 정밀한 기하학적 유지가 실현 가능하도록 지점 표시를 한다.

조련장의 크기가 작을수록 운동수행이 성공할 수 있다, 운동수행의 정확성을 위해 크기를 수정할 수도 있다.

말의 발자국은 조련 과정에 아주 중요한 역할을 한다. 가장 영향력이 큰 조건은 승마장 바닥을 구성하는 모래이다. 깊이는 3.5인치(Inches)이고, 지면이 수평이 유지되어야 한다. 좋은 측면 운동과 구보운동 수행을 위해 항상 승마장 바닥은 수평을 유지하고 전체적인 수평 작업은 최소한 일주일에 한 번 이상 필요하다. 지면이 불안정하면 거칠고 불규칙한 운동으로 말의 인대와 관절에 극심한 손상이 발생할 수 있고 스트레스의 원인이 될 수 있다.

뿐만 아니라, 자유로운 움직임과 적절한 균형이 필요한 말에게 좌절감을 줄 수 있다. 좋은 조련 과정을 결심한 이상, 승마장 주변을 마장마술 기호를 설치하라. 각 공간에 설치된 도표를 확인하라. 화분, 나무 상자, 어떤 것이라도 받침대를 올릴 수 있거나 세우고, 오래된 양동이에 색깔을 표시하여 직접 만들거나 상점에서 관련 목록을 구입할 수 있다. 이 책에서는 정확한 도형을 수행하기 위해, 지점 표시를 할 수 있는 작은 원뿔(Cone)이 필요하다. 그것은 정확한 지점 표시(원과 사각 및 거리 등)를 하는데 사용된다. 좋은 조련 작업에 필요한 4인치(Inches) 오렌지색 원뿔을 많은 상점에서 팔고 있다. 가급적으로 추운날씨에는 조련과정에 말과의 충돌이 발생하더라도 잘 부서지지 않는 원뿔을 사용하는 것이 좋다. 조련 과정에 필요한 레일(Rail)이나 벽, 펜스를 항상 점검해야 한다.

횡목(Ground Poles)

이 책의 다양한 과정에서 횡목을 사용한다. 이때 사용하는 횡목은 장애물 비월에서 사용하는 횡목이 가장 적합하다. 부드럽고 둥근 모양의 3~4 인치(Inches) 지름과 10~12 인치(Inches) 길이가 적합하다. 때로는 팔각형의 횡목도 사용할 수도 있다. 그리고 중앙 표시 점에 페인트로 색상을 표시하는 것이 좋다.

횡목이 건조하거나 추운 날 말과 충돌로 부러지는 경우에 대비하여 플라스틱 제품은 사용할 수도 있다.

그 이외의 준비물

특히 측면 운동과 횡목 운동을 수행할 때 다리 구절 상호 간에 서로 운동을 방해할 수도 있고 서로 충돌이 일어날 수도 있기 때문에 말 발목 보호대를 착용하는 것이 좋다.

조련으로 가는 도입

이 책의 가장 큰 장점은 모든 기술 수준의 말과 교육생들에게 적합하다는 것이다. 고급 수준이나 어려운 과정은 아주 초심자들에게는 조금의 주의를 요구한다. 말의 운동수행에 능숙하지 않다면, 많은 조련의 과정에 레그-일딩(Leg-yielding)을 포함하고 있다, 이를 활용하면 가능한 빨리 유용하게 될 수 있다.

운동을 수행하기 전에 각 방법을 확실히 확인하라. 필요한 조련 형태를 표시하기 위해 작은 원뿔을 설치하고 그것을 이해하고 정확하게 수행하라. 대개의 경우에는, 이 조련 방법(주의할 때를 제외하고)을 여러 번 반복하라. 조련의 가치는 반복을 통해 높아진다. 자주 반복운동하는 것은 신장운동과 신축성 운동을 만드는데 도움을 줄 것이다.

이 책은 연속적인 조련 과정으로 설계되지 않았다. 다양한 과정에서 조직적으로 인지해야 한다. 조련 과정의 확실한 준비는 주의가 필요하다.

기호 설명

이 책은 마장마술 운동의 도표를 사용하였다. 각 운동에 따른 그림들을 참고하라.

느린 평보(Slow Walk)

보통 평보(Working Walk)

느린 속보(Slow Trot)

보통 속보(Working Trot)

신장 속보(Lengthened Trot)

수축 구보(Collected Canter)

구보(Canter)

신장 구보(Lengthened Canter)

반대-구보(Counter-Canter)

이행(Transition)

플라잉-체인지(Flying-change)

정지(Halt)

기술수준

1 horse = 초급과정
2 horse = 중급과정
3 horse = 고급과정

기호 설명

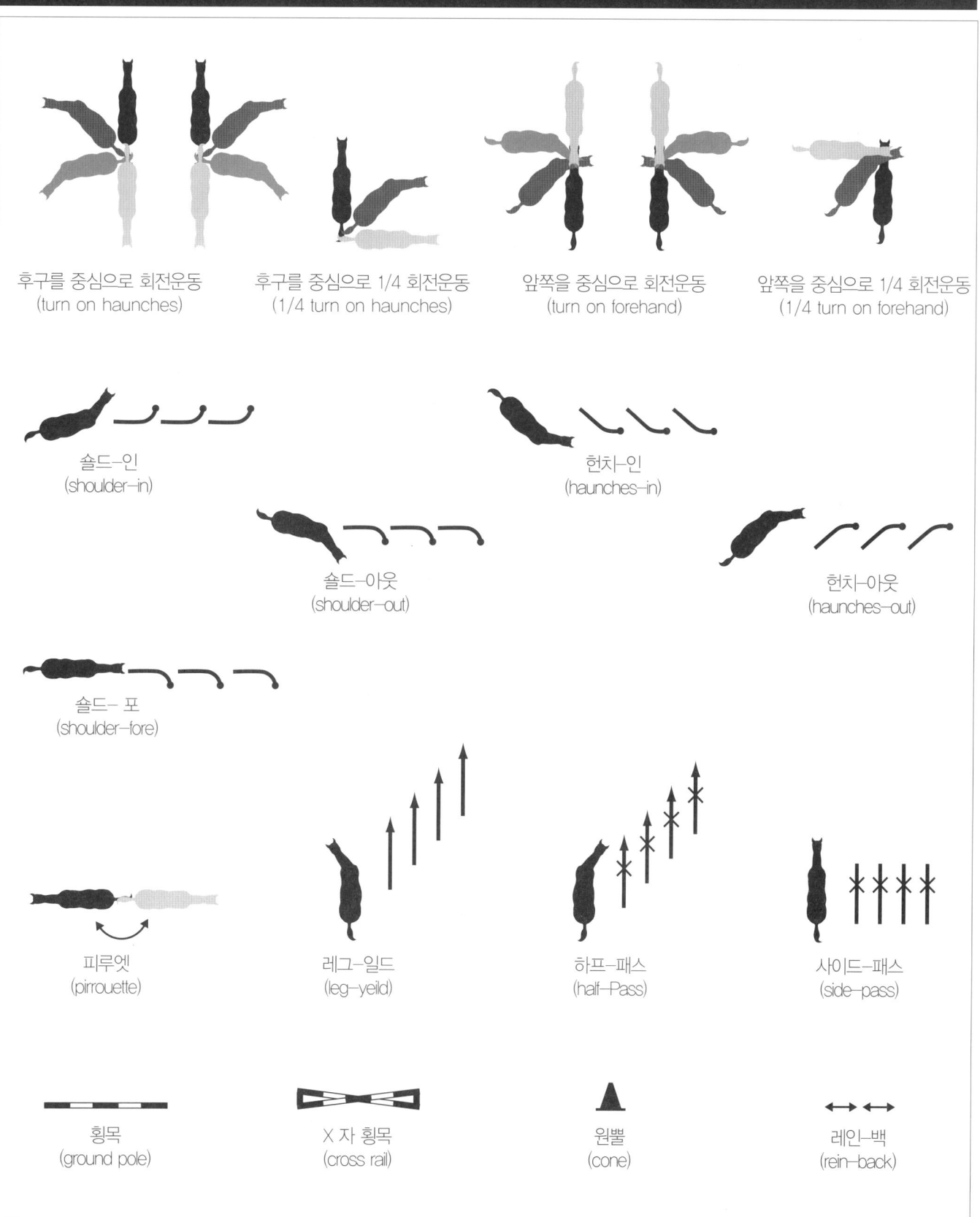

이 말은 준비운동을 위해 좋은 신축성의 탑라인(Topline)을 보여준다.

CHAPTER 1
왜 준비운동을 하는가(WHY WARM UP)?

운동선수처럼, 말도 최상의 기술 수준을 위해 최소한의 준비 시간이 필요하다. 많은 승마자들은 말에게 너무 급하게 완벽한 기술을 요구한다. 그것은 올바르지 않다.

말의 근육과 인대는 충분한 준비운동이 되었다면 당신이 요구하는 최선의 운동수행을 할 수 있다. 자유롭고 유순하게 운동하기 위해 노련한 말들은 시간이 좀 더 필요하고, 일반적으로 어린 말은 신축성과 준비운동이 아주 빠르다.

말이 정확하게 재갈을 물고, 자진해서 좀 더 큰 움직임과 걸음걸이를 시작했을 때, 준비 운동이 완료되었다는 것을 알 수 있다. 각 연습 과정에서 말을 위해 최상의 효과를 위해 얼마나 시간이 필요한지, 조련 과정에 확인할 수 있다, 그리고 필요한 시간만큼의 운동을 수행해야 한다. 규칙적인 운동과, 또는 계획된 준비운동에서 나오는 영감을 활용한다.

제1장의 훈련과정은 고삐의 연습 과정을 포함하고 있다. 일반적으로 할 수 있는 고삐 사용을 제외하고, 처음 시도하는 운동은 지도자나 조력자의 도움을 받는 것이 좋다. 승마자의 반복운동으로 체력 좋은 말을 만드는 것은 가치 있는 일이다. 그리고 일반적인 조련 과정으로 부조에 대한 반응을 민감하게 유지하고 복종과 신뢰를 구축하여 말과 사람 상호간에 교감이 형성된다.

말은 경쾌하고 유연하고 활발한 걸음으로 준비운동을 하고 있다.

EXERCISE 1

WHY WARM UP?
타원형
(The Oval)

효과

이 타원형의 준비운동은 부조에 말이 매우 익숙해질 것이다.

Key

느린 속보(Slow Trot) ---------

보통 속보(Working Trot) — — — —

이행(Transition) |

EXERCISE 1
타원형(The Oval)

방법

1. 타원형의 긴 측면으로 활발하게 보통속보를 수행하라. 그리고, 타원형의 꼭대기와 아랫부분(A와 C지점)에서 느린 속보로 이행운동을 수행하라.

2. 코너를 가로질러라, 승마장의 짧은 측면의 코너 끝으로 깊이 들어가지 말라.

3. 타원의 아래와 윗부분이 돌출되게 운동을 수행하라. 타원의 긴 측면에서 조금 더 활발한 운동수행을 위해 다리부조를 활용하라.

확인

코너 활용 없이 큰 타원형으로 운동을 수행하라. 거대한 달걀모양으로 경속보 운동을 수행한다. 속보 운동은 지속적인 일정한 리듬을 유지하라. 각 지정된 장소와 시간에 정밀한 이행 운동을 수행하라.

속보의 차이를 확인하라(긴 측면에서는 크게, 짧은 양쪽 끝 측면에서는 아주 천천히).

EXERCISE 2

WHY WARM UP?
자수형식
(Needlepoint)

효과

이 형식은 연결운동을 목적으로 준비하는 과정에서 자연스러운 반복운동을 수행하는 동안 말은 유연하게 된다.

Key

보통 속보(Working Trot)

EXERCISE 2

자수형식(Needlepoint)

방법

1. 오른쪽으로 속보를 수행하라. B 지점에서 반원 운동을 수행하고 다시 M 지점으로 진행하라.

2. 계속해서 C 지점에서 15m 원운동을 수행하라.

3. E 지점에서 새로운 반원 운동을 수행하고 다시 H 지점으로 향한다. 그리고 다시 C 지점에서 15m 원운동은 수행하라.

4. 위의 순서대로 첫걸음부터 다시 반복하라. 양쪽 방향으로 10~15분 동안 지속적으로 수행하라.

확인

승마장 코너 끝을 깊이 들어간다. 매번 같은 크기의 각 도형을 만들고 일정한 보통속보를 유지한다. 정확하고 완벽한 도형을 만드는데 집중한다.

EXERCISE 3

WHY WARM UP?
출발과 정지
(Go and Whoa)

효과

이 운동은 말에게 충분히 긴장을 완화시켜 좋은 준비운동이 될 수 있다.

Key

- 정지(Halt) ✗
- 보통 평보(Working walk)
- 구보(Canter)
- 보통 속보(Working Trot)

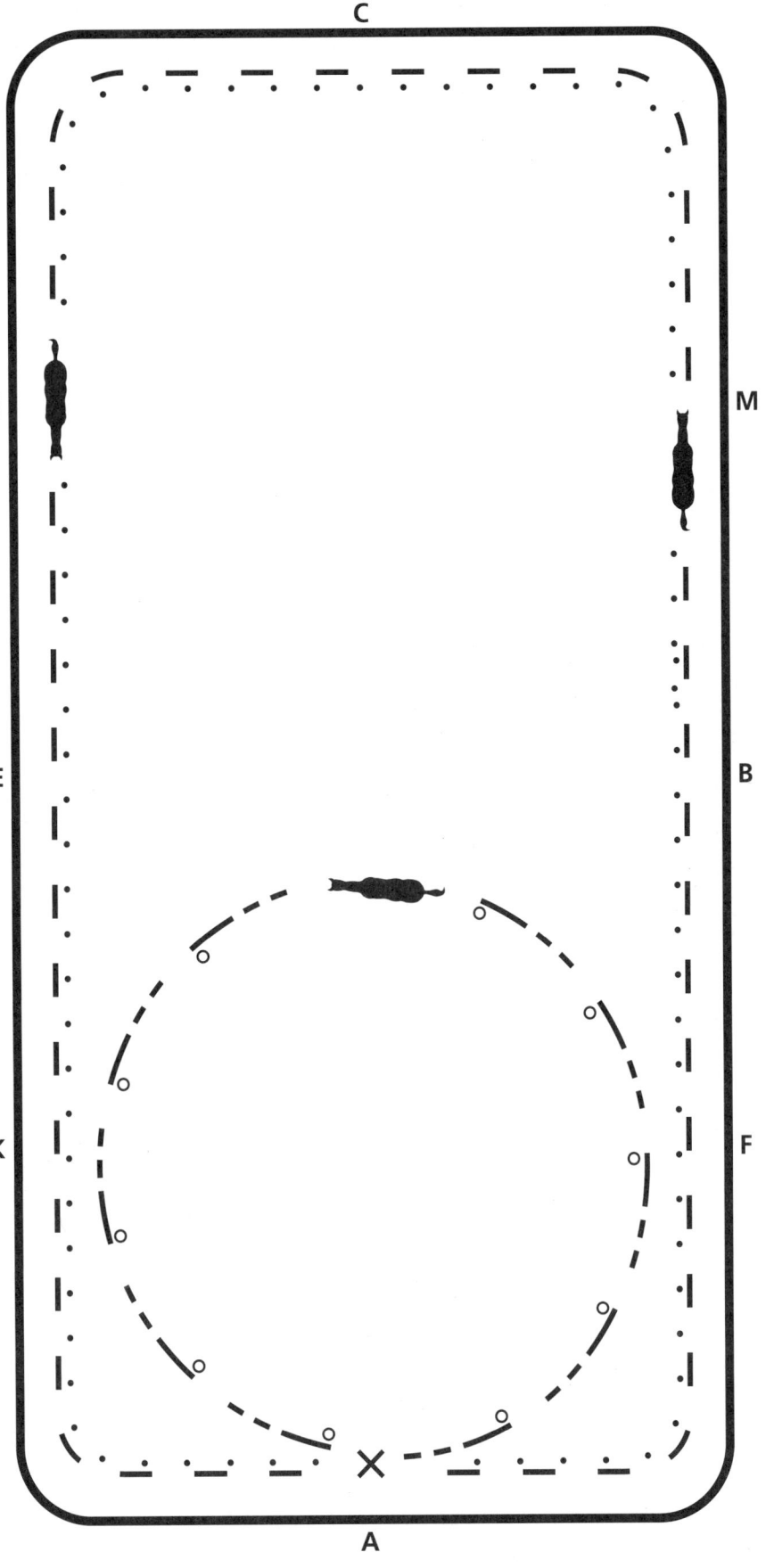

EXERCISE 3
출발과 정지(Go and Whoa)

방법

1. 승마장 끝에서 활발하게 보통 평보를 시작하라. A 지점에서 6초 동안 정지하라.

2. 승마장 가장자리 주변으로 두 번 속보를 수행하고 다시 A 지점에서 6초 동안 정지하라.

3. 20m 원을 두 번 구보를 하고 다시 6초 동안 정지하라.

4. 말이 부드럽게 운동을 수행하고 즉시 반응할 때까지 양쪽 방향으로 반복하라.

확인

말의 걸음걸이가 활발하게 수행하도록 하고 적극성과 집중을 지속적으로 유지하도록 하라. 안정적이고 정확한 정지동작과 승마자의 부조에 따라 자연스러운 전진보법을 수행해야 한다. 말의 복종과 일정한 운동을 100% 유지하는 조건은 정확한 정지운동이다. 전진과 앞으로 뛰지 않고 오랫동안 수행하는 정지동작은 말이 스스로 각 보법에서의 확신 있는 신축성 동작과 특히 균형감각을 발달시킨다.

움직임의 교정

말이 만약 정지동작에서 조금씩 움직인다면, 말의 머리를 펜스로 향해 정지동작을 훈련하라. 다리를 질질 끌면서 주변을 돌면, 단호하게 다리부조로 펜스로 향해라. 말의 다리가 펜스와 나란히 수직으로 이동할 때 비로소 다리부조의 압박을 풀어라.

EXERCISE 4

WHY WARM UP?
전진과 회전
(Turn and Forward Movement)

효과

이 과정은 부조에 예민하게 반응하고 유연하게 운동수행을 할 수 있는 효과가 있다, 또한 신호에 따라 방향전환 운동수행을 준비할 수 있다.

Key

- - - 보통 속보(Working Trot)

앞쪽을 중심으로 회전운동(Turn on forehand)

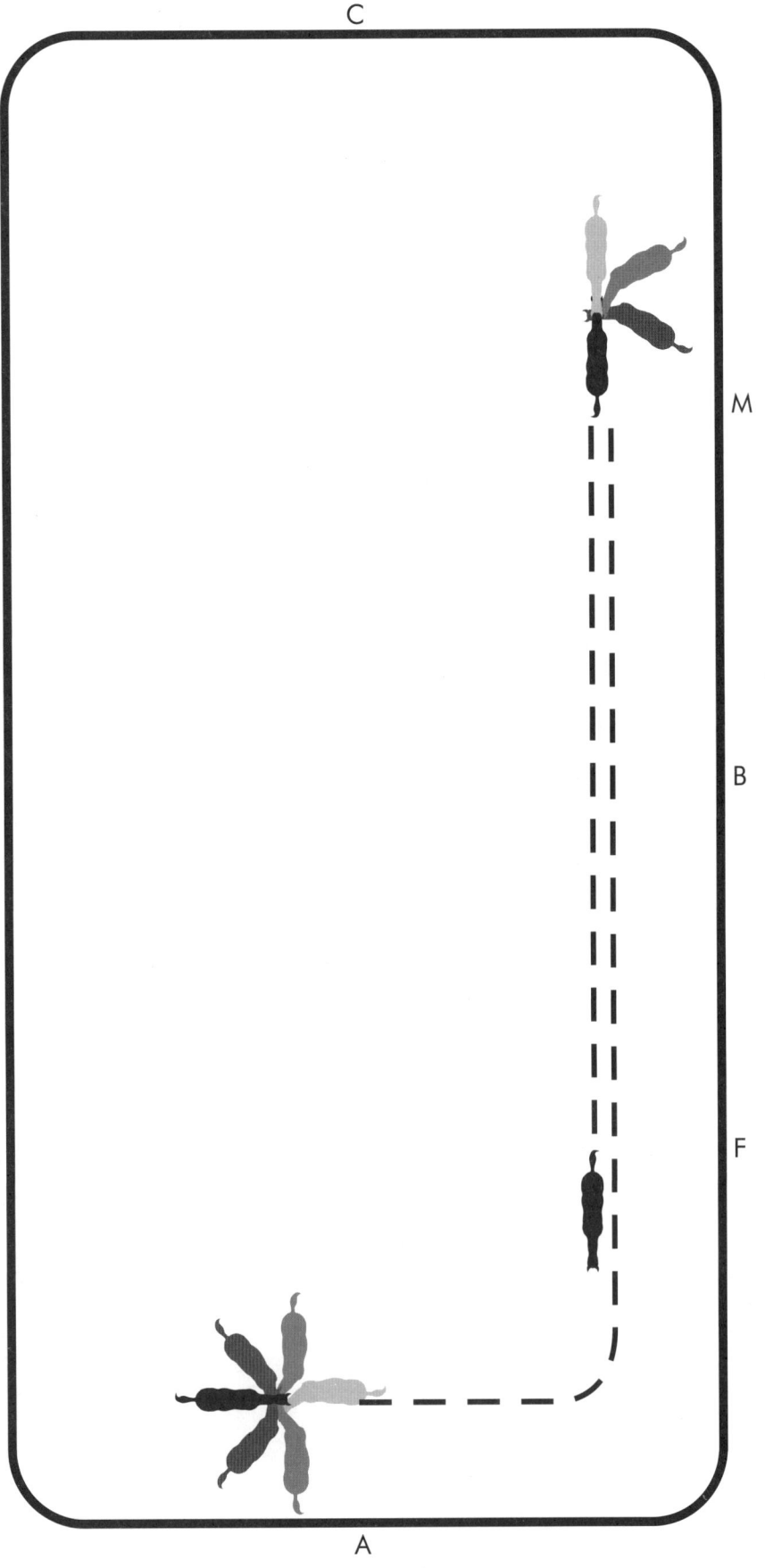

EXERCISE 4
전진과 회전(Turn and Forward Movement)

방법

1. 정지에서 앞쪽을 중심으로 360° 회전운동을 수행하라.

2. 승마장의 긴 측면으로 즉시 경속보(Rising trot) 운동을 수행하라.

3. 코너로 들어갔을 때 180° 앞쪽을 중심으로 회전운동을 수행하고 승마장의 새로운 긴 측면으로 속보운동을 수행하라.

4. 360° 회전운동으로 출발하여 연속적으로 여러 번 반복 수행하라.

확인

이 운동을 시작하기 전에 다리부조로 전진과 승마장 긴 측면으로 운동을 수행할 수 있어야 한다. 말의 전진걸음과 앞쪽을 중심으로 회전운동(Turn on the forehand)을 수행하는 동안 승마자의 다리부조에 방해 받지 않도록 수행해야 한다. 순간적으로 반응하는 레그-일드(Leg-yield)는 다리부조의 최소화의 응용이다. 만약 그것이 안 되면, 더 강한 부조사용을 위해 다리부조와 고삐부조를 말에게 양보하라.

앞쪽을 중심으로 회전운동

앞쪽을 중심으로 회전운동 실행방법(오른쪽 다리에서부터)

1. 정지된 사각을 만들어라
2. 친절하게 오른쪽 고삐를 활용하여 오른쪽으로 굴곡(Flexion)운동을 하라.
3. 무게중심을 뒤로 유지하고 오른쪽 다리로 복대 뒤쪽을 압박하면 곧 바로 성공할 수 있다.
4. 말이 후구를 움직일 때, 고삐를 사용하여 말의 앞다리가 움직이지 못하게 해야 한다.

EXERCISE 5

WHY WARM UP?

앞쪽을 중심으로 회전운동 조련법
(In-hand Turn on the Forehand)

효과

이 운동은 말의 뒤쪽 체중을 최소화하여 말을 유연하게 한다. 그리고 가벼움과 복종을 발전시킨다.

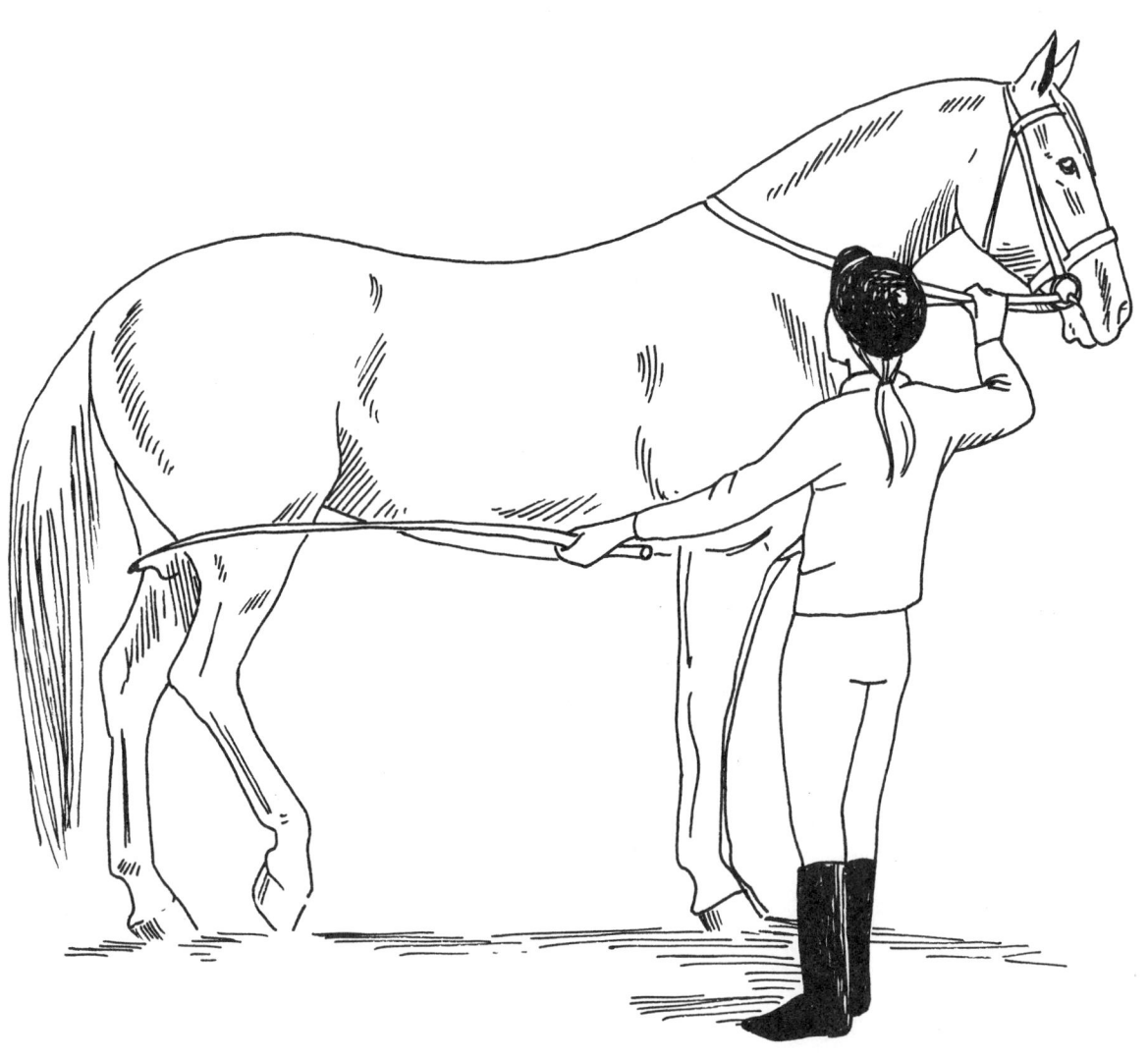

EXERCISE 5
앞쪽을 중심으로 회전운동 조련법
(In-hand Turn on the Forehand)

방법

1. 한 손으로 말의 턱 부분 고삐를 잡고 말의 오른쪽 옆구리를 채찍으로 가볍게 두드리면서 말과 함께 앞다리를 축으로 오른쪽으로 회전운동을 수행하라.

2. 최소한 3번 이상 회전운동을 수행하라.

3. 다른 방향으로 반복 수행하라.

4. 평보로 연속적인 반복과 전진운동을 완전하게 수행하라.

확인

승마자의 요구가 말에게 채찍을 통해 빠르고 활발하게 전달해야 한다.

앞다리가 앞으로 전진하는 것을 허락하지 마라.

말이 앞쪽을 중심으로 뒷다리가 깊이 교차될 때, 각 걸음이 정확하게 **X** 가 될 수 있게 만들어라. 만약 전진운동이 일어나게 되면, 고삐를 잡은 손으로 민감하게 제어하라.

말의 측면운동이 조금의 전진과 거부 없이 양보와 굴레의 부드러움을 유지해야 한다.

EXERCISE 6

WHY WARM UP?

레인-백 조련법
(In-hand Turn Rein-Back)

효과
이 과정은 후구를 유연하게 만들기 위함이다, 정확히 수행해야 한다.

EXERCISE 6
레인-백 조련법(In-hand Turn Rein-Back)

방법

1. 말을 펜스 옆에 정지시킨다. 말을 펜스와 나란히 세워라.

2. 얼굴을 마주 보고 선 상태에서, 재갈과 턱 아래 고삐를 잡아라.

3. 채찍으로 말의 가슴을 압박하여 말을 뒷걸음질을 수행하라.

4. 뒤로 5걸음 후에 앞으로 전진하는 평보를 하라. 만약 필요하면 가볍게 배를 두드려라.

5. 연속적으로 위의 운동을 3번 반복하여 수행하라.

6. 반대 방향으로 3번 반복하여 수행하라.

확인

말이 부조에 즉각적이고 가볍게 반응하도록 하라. 채찍에 빠르게 반응하지 않는다면, 조금 더 확실하게 사용한다. 말의 후구로부터 뒷걸음과 전진운동은 매우 중요하다. 말이 내키지 않게 뒷걸음질하거나 끌게 하지 마라.

EXERCISE 7

WHY WARM UP?

플렉션 조련법
(In-hand Flexion)

효과
조련의 목표는 말의 몸통의 움직임 없이 단지 목 구부림에 따른 유연성 운동이다.

EXERCISE 7
플렉션 조련법(In-hand Flexion)

방법

1. 운동을 수행하는 동안 말의 후구가 흔들리는 것을 방지하기 위해 울타리와 나란히 서게 한다.

2. 말의 왼쪽 어깨에 위치하여 왼쪽 엄지를 통해 재갈의 링을 친근하게 끌어 당겨라. 말의 몸통이 가만히 있고 말의 머리와 목을 구부려라.

3. 가능한 머리가 후구에 닿을 수 있도록 계속 수행하라.

4. 칭찬하면서 반대 방향으로 반복하라.

5. 각 방향으로 3회 반복하라.

확인

목을 부드럽게 하는 이 조련 과정을 수행하는 동안 말은 매우 즉각적으로 재갈을 문 입과 코 부분을 안장을 착용했을 때 안장 날개쪽으로 가볍게 접촉할 수 있을 것이다.

거의 모든 말들은 옆구리가 유연하지 않다, 그래서 많은 집중이 요구되는 훈련으로, 일정하고 균등하게 반응하도록 한다.

승마자의 고삐에 의해 말은 아주 낮은 구조로 신축성 있게 훈련되었다.

CHAPTER 2

자유로움(LOOSENESS)

자유로움(Looseness)에 대한 조련 방법의 대부분은 느린 걸음으로 움직임을 집중하여 정밀하게 수행할 수 있다. 속도를 빨리하지 마라; 오직 정밀하게 하라.

이 과정은 동작의 크기에 기초한 것으로, 고삐를 가볍게 하는 웨스턴(Western) 자세와 같은 것이다. 마장마술 선수들은 말의 움직임이 댄스처럼 가볍고 자연스럽고 일정하게 수행될 때까지 수행하는 방법을 배울 수 있다. 이것은 말의 움직임이 유연하고 자유스러움의 완성이다.

제1장에서 준비운동을 할 때, 운동의 효과가 정확하다고 느낄 때까지 반복하는 것이 중요하다, 대부분 말들은 사각 마장에서 코너를 돌 때 뻣뻣하게 수행한다. 말은 직선운동을 수행할 때 함께 움직이는 한 쌍의 발이 교차하는 것을 꺼려한다. 말은 그러한 움직임으로부터 회피하기 위해 앞으로 툭 튀어나오거나 뒤로 빠지려 할 것이다. 하지만 승마자가 고집한다면, 말의 걸음은 직선운동이 가능하고 자유로울 것이다.

각 운동을 시도할 때 요가(Yoga) 과정처럼 수행해야 한다. 훈련하는 말이 다소 거칠고 부드러움이 부족하게 시작할 것이다. 참을성과 함께 느린 속도로 운동하는 것은, 말의 어깨를 부드럽게 하고, 목은 자연스럽게 구부러지게 하고, 리듬을 부드럽고 자유스럽게 느끼게 할 것이다. 이 운동은 아주 큰 자유스러움을 추구한다, 왜냐하면 더욱 다양한 자유로운 운동을 추구한다. 경직된 말은 걸음걸이를 자연스럽게 할 수 없다, 하지만 자유로움을 얻은 말의 걸음걸이는 아주 힘차고 자연스럽게 할 수 있다.

말은 자유스러움을 가져올 때, 더욱 정확한 걸음걸이를 만들 수 있다.

EXERCISE 8

LOOSENESS
작은 속보이행
(Little Trot Transitions)

효과

작은 속보의 반복적인 이행은 마체의 근육을 부드럽게 만든다. 이와 같이 간단한 연습으로 단순하고 둔탁한 걸음걸이와 뻣뻣한 마체를 유연하게 만들 수 있다.

Key

보통 평보(Working walk) · · · · ·

느린 속보(Slow Trot) — — — —

이행(Transition) |

18 _ 마장마술 | CHAPTER 2

EXERCISE 8
작은 속보이행(Little Trot Transitions)

방법

1. 울타리를 따라 크게 평보 하라.

2. 평보 10걸음 후에, 느린 속보로 이행운동을 수행하라.

3. 오직 4~5걸음 속보, 그리고 다시 평보로 이행운동을 수행하라.

4. 위의 순서대로 반복 운동하고, 양쪽 방향으로 수행하라.

확인

운동수행에서 말을 밀지 않고 매우 느린 속보에서 안락하게 수행해야 한다. 승마장의 정확한 지점에서 이행운동을 수행하기 위해 확실한 장소를 선택하라.

10~12분 동안 이 운동을 수행하라. 말이 각 걸음에서 이행운동을 수행할 때 부드럽고 매끄러운 느낌으로 수행하라. 하나의 기어에서 다른 하나의 기어로 바뀌는 자동 변속장치의 자동차를 상상하라.

EXERCISE 9

LOOSENESS

목 벤딩
(Bending the Neck)

효과
이 운동은 말의 머리와 등마루 선의 유연성과 신축성을 증가시킨다.

EXERCISE 9
목 벤딩(Bending the Neck)

방법

1. 말이 평보 운동에서 정지했을 때, 정확한 직사각형을 만들어라.

2. 승마자의 왼쪽 손가락으로 쥐어짤 때, 아주 약하게 손목을 안쪽으로 구부려라.

3. 목과 턱이 왼쪽으로 향할 때 말의 왼쪽 머리와 눈을 보면서 말에게 유연함을 확인하라.

4. 목이 똑바로 갈 수 있게 부드럽게 고삐를 똑바로 하라.

5. 몇 번 반복하고, 오른쪽으로 동일하게 하라.

6. 코끼리의 코와 같이 부드럽고 유연하게 즉각 반응할 때까지 반복하라.

확인

말이 운동수행을 부드럽게 해야 한다. 승마자의 요구에 말이 자연스럽게 반응할 때 고삐를 풀어주어 칭찬해야 한다. 고삐가 후퇴하는 것을 방지해야 한다. 말은 단지 승마자의 손가락 움직임에도 반응해야 한다.

마장마술에서 종종 지나친 벤딩을 볼 수 있다. 그것은 결코 좋은 모양이 아니다. 오버 벤딩(Over bending)이란 지나치게 구부리는 모양을 말한다, 예를 들어 만약 승마자의 왼쪽 원운동을 한다면, 말의 목은 가슴의 중간지점에 위치해야 한다. 말의 코는 안쪽 가슴이나 안쪽으로 나쁘게 나란히 위치해서는 안 된다.

EXERCISE 10

LOOSENESS
평보 횡목운동
(Walking Ground Poles)

효과

이 운동은 마장마술 말의 골반운동에 도움이 된다. 평보로 수행하는 횡목운동은 요추의 천골 주변의 움직임을 차분하게 하고, 좋은 기능을 가져오는 효과가 있다.

Key

횡목 운동(ground pole)

보통 평보(Working walk)

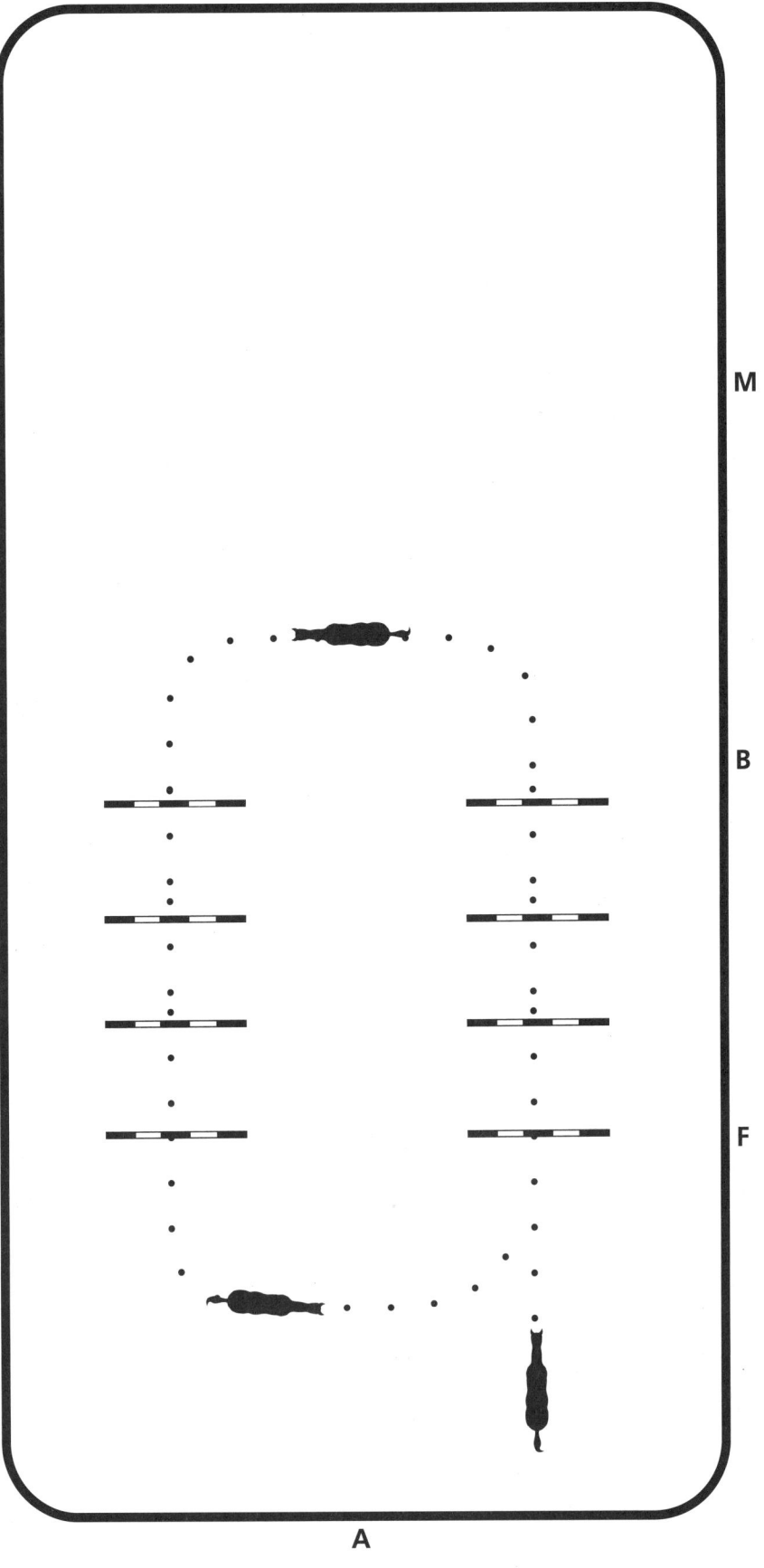

EXERCISE 10
평보 횡목운동(Walking Ground Poles)

방법

1. 보통 평보에서 말은 행군하듯 걷고, 평보-정지로의 이행운동에서 고삐 연결을 확인하라. 지속적인 연결을 유지하고 탑-라인(Top-line)을 유연하게 유지하라.

2. 횡목에 접근할 때는 직선으로 횡목의 중앙을 통과하라.

3. 양쪽 방향으로 여러 번 횡목운동을 수행하라.

확인

그림처럼 지상에 8개 횡목을 설치 한다; 4개의 횡목을 첫 번째 세트(Set)는 짧은 면의 1/4 지점에 설치한다. 두 번째 세트(Set)는 동일한 간격으로 지상에서 15cm 올려서 설치한다. 횡목으로 말을 훈련시킬 때는 발목 보호대 벨 부츠(Bell boots)와 스프린트 부츠(Sprints boots)를 착용하여 잘못된 걸음으로 인한 부상을 방지한다.

대부분 말들은 횡목을 직각으로 넘어가지 않고 한쪽 면으로 이동하거나 고집할 수 있다. 어깨를 주시하면 확실히 한쪽 어깨와 다른 어깨는 균등하게 볼록하지 않는다.

많은 기승자들은 X 횡목을 통과할 때 앞쪽으로 기운다. 이것은 말의 운동 수행을 어렵게 만드는 것이다. 가운데를 넘어 깊게 앉아 있을 때 말의 후구를 좌우로 흔들게 할 수 있다.

EXERCISE 11

LOOSENESS

벤딩과 평보 횡목운동
(Walking Ground Poles with Bending)

효과

이 운동은 말의 탑-라인(Top-line)과 측면을 부드럽게 한다. 이전 연습과 같은 횡목을 사용한다. 이전 운동을 어색하지 않고 정확히 수행하면, 이 과정 역시 정확하게 수행할 수 있을 것이다.

Key

횡목 운동(ground pole)

보통 평보(Working walk)

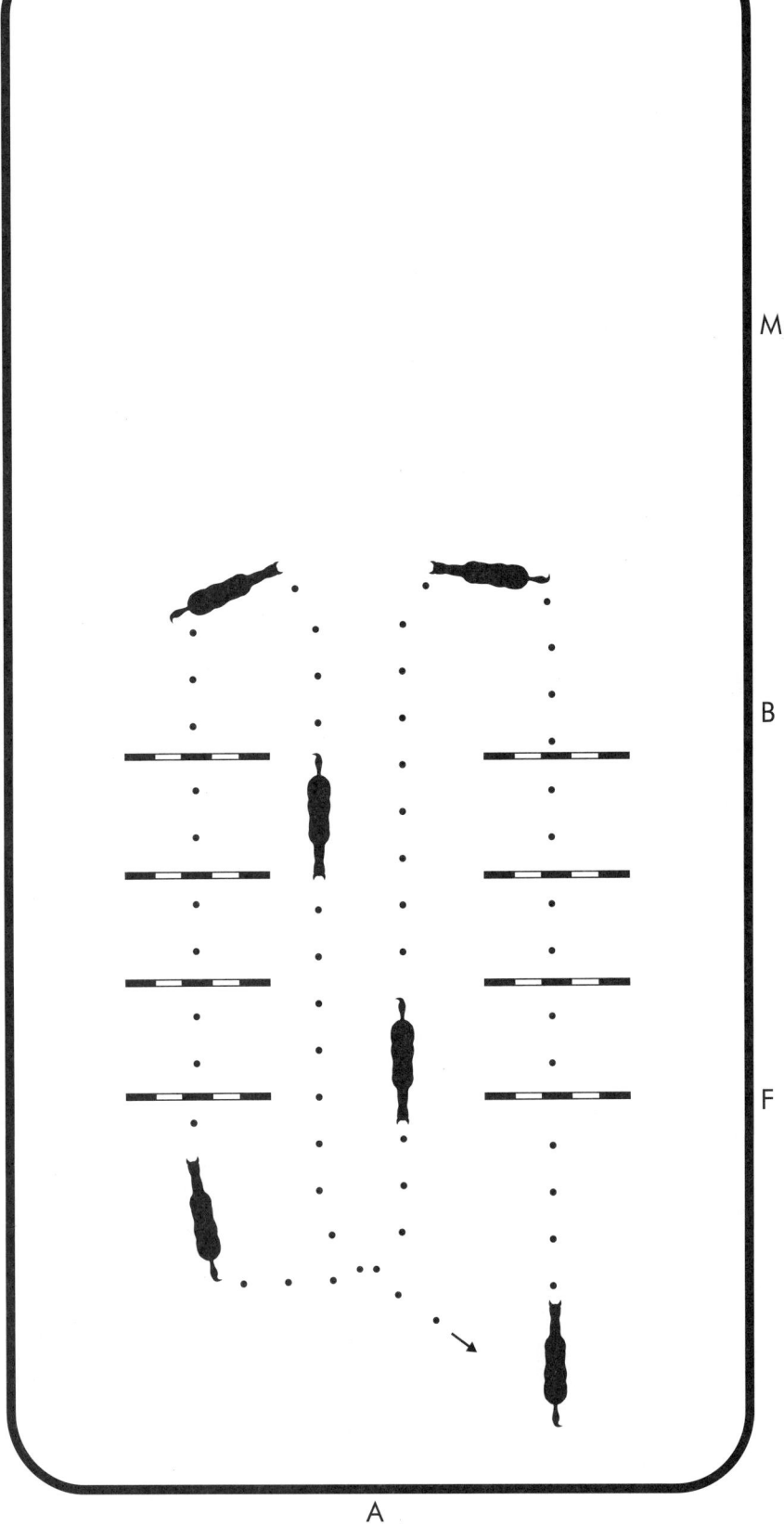

EXERCISE 11
벤딩과 평보 횡목운동
(Walking Ground Poles with Bending)

방법

1. 보통 평보로 전진운동을 수행하라.

2. 각 방향으로 10m 원운동 수행하라. 탑-라인(Top-line)과 같은 리듬으로 진행하는 것이 중요하다.

3. 한 번에 8개 횡목을 통과하라.

4. 횡목 두 개 세트(Set)를 8자 도형으로 수행하라.

5. 양쪽 방향으로 여러 번 반복하라.

확인

횡목을 통과할 때 단순하게 횡목의 중앙에 머무는 동안 단순하게 통과하지 마라. 운동의 성공은 8자 도형까지 수행하는 동안 벤드(Bend)의 효과를 성취할 수 있다. 정확하고 명확한 부조로 해야 한다.

운동수행을 위해 조금 더 힘이 필요할 때, 양쪽 종아리를 사용하라. 더욱 벤드(Bend)가 필요할 때, 안쪽 다리를 더욱 활성화하고, 바깥쪽 다리를 더욱 수동적으로 압박하라. 모든 것이 잘 수행될 때, 승마자의 다리부조는 압박을 해제하여 말의 긴장을 풀어주어라.

EXERCISE 12

LOOSENESS
한 점을 중심으로 움직임
(Moving around Point)

효과

이것은 부드러운 벤드(Bend) 운동과 말의 긴장을 풀어주는 연속적인 측면운동이다. 마지막 목표는 원뿔형 벤드를 꾸준한 리듬으로 일정하게 유지하는 동안 안쪽 뒷다리를 깊은 걸음으로 수행하도록 해야 한다. 작은 원뿔을 회전지점의 중앙에 두고 10m 원운동으로 수행한다.

Key

원뿔(Cone) ▲

EXERCISE 12
한 점을 중심으로 움직임(Moving around Point)

방법

1. 말의 걸음은 원뿔(Cone)을 향하고. 원뿔(Cone)을 중심으로 회전운동을 수행하라.

2. 승마자의 안쪽 다리로 말의 후구가 원의 바깥쪽으로 향하도록 밀어내어, 각 걸음에서 말의 안쪽 뒷다리와 바깥쪽 뒷다리가 교차되도록 수행하라.

3. 평보로 성공하면, 속보로 수행하라.

4. 다른 방향으로 반복하라.

확인

말이 원의 크기를 크게 확장하도록 허용하지 마라.

만약에 말의 턱이 단단하고 안쪽 고삐를 강하게 반응하면, 말이 자유롭고 부드러워질 때까지 계속해서 평보 리듬을 유지하며 고삐 마사지를 하는 것이 좋다.

안쪽 다리의 강한 부조는 말에게 양보를 얻어내어 이 운동을 성공적으로 만들 수 있다.

운동의 최종적인 목적은 온 더 빗(On the bit)으로 만들어질 때이다, 말의 목이 몸으로부터 유연하기 시작할 때, 고삐의 압박을 느슨하게 해준다.

EXERCISE 13

LOOSENESS
사각회전-A
(Turn on the Square-A)

효과

이 과정은 말이 정지 운동에 순응하는 훈련과 평보와 속보에서 첫 번째 측면 걸음의 연습이 된다.

Key

보통 평보(Working walk)
· · · · · · · ·

후구를 중심으로
1/4 회전(1/4 Turn on haunches)

28 _ 마장마술 | CHAPTER 2

EXERCISE 13
사각회전-A(Turn on the Square-A)

방법

1. 15m 사각을 평보 운동을 수행하라.

2. 사각의 각 코너에서 정지 운동을 수행하라.

3. 후구를 중심으로 1/4 회전운동으로 각 코너를 만들어라.

4. 다음 코너를 향하여 사각의 라인을 따라 직선운동을 수행하라.

5. 모든 코너에서 후구를 중심으로 1/4 회전운동을 반복하라.

6. 양쪽 방향으로 운동하라. 평보에서 정확한 운동수행이 확인될 때 속보로 수행하라.

확인

말이 이 운동을 하기 전에 "후구를 중심으로 회전운동"을 정확하게 수행해야 한다.

말은 승마자의 다리부조로부터 가벼운 등척운동으로 "후구를 중심으로 회전운동"이 되어야 한다. 승마자의 뒷다리나 종아리로 말에게 압박하지 말고, 전체적으로 승마자의 다리부조로 말의 흉곽에 부드러운 압박을 한다. 회전운동을 수행하는 동안, 승마자의 안쪽 다리로 균형을 유지해야 한다. 각 회전 후에, 다음 코너로 전진하는 말의 걸음걸이 반응을 확인해야 한다.

EXERCISE 14

LOOSENESS

사각회전-B
(Turn on the Square-B)

효과

이 운동은 13 과정과 유사하다. 이것은 한 과정과 전체를 각각 완성할 수 있다.

Key

보통 평보(Working walk)
· · · · · · ·

앞쪽을 중심으로 1/4 회전운동
(1/4 Turn on forehand)

30 _ 마장마술 | CHAPTER 2

EXERCISE 14
사각회전-B(Turn on the Square-B)

방법

1. 15m 사각을 평보로 시작하라.

2. 사각의 각 코너에서 정지 운동을 수행하라.

3. 앞쪽을 중심으로 1/4 회전운동으로 각 코너를 만들어라.

4. 다음 코너로 직선운동을 수행하라.

5. 모든 코너에서 앞쪽을 중심으로 1/4 회전운동을 반복하라.

6. 양쪽 방향으로 운동한다. 평보에서 정확한 운동이 확인될 때 속보로 수행하라.

확인

집중과 복종으로 앞쪽을 중심으로 회전운동을 수행해야 한다. 말의 앞다리가 살금살금 움직이게 해서는 안 된다: 중심축에 따라 진행해야 한다. 사각의 직선상으로 왔을 때, 불필요한 운동 없이 직선상으로 움직임을 확실하게 만들어야 한다.

훈련이 충분히 된 고급 말일 때, 같은 사각 운동을 두 번 진행하는 동안 말의 운동과 이동하는 자세는 발전될 것이다.

EXERCISE 15

LOOSENESS
구부리기, 반대로 구부리기
(Flex, Counter-flex)

효과
말의 몸을 대칭되게 하여 좌우로 몸을 유연하게 하고 자연스러운 구부림의 반복운동이다.

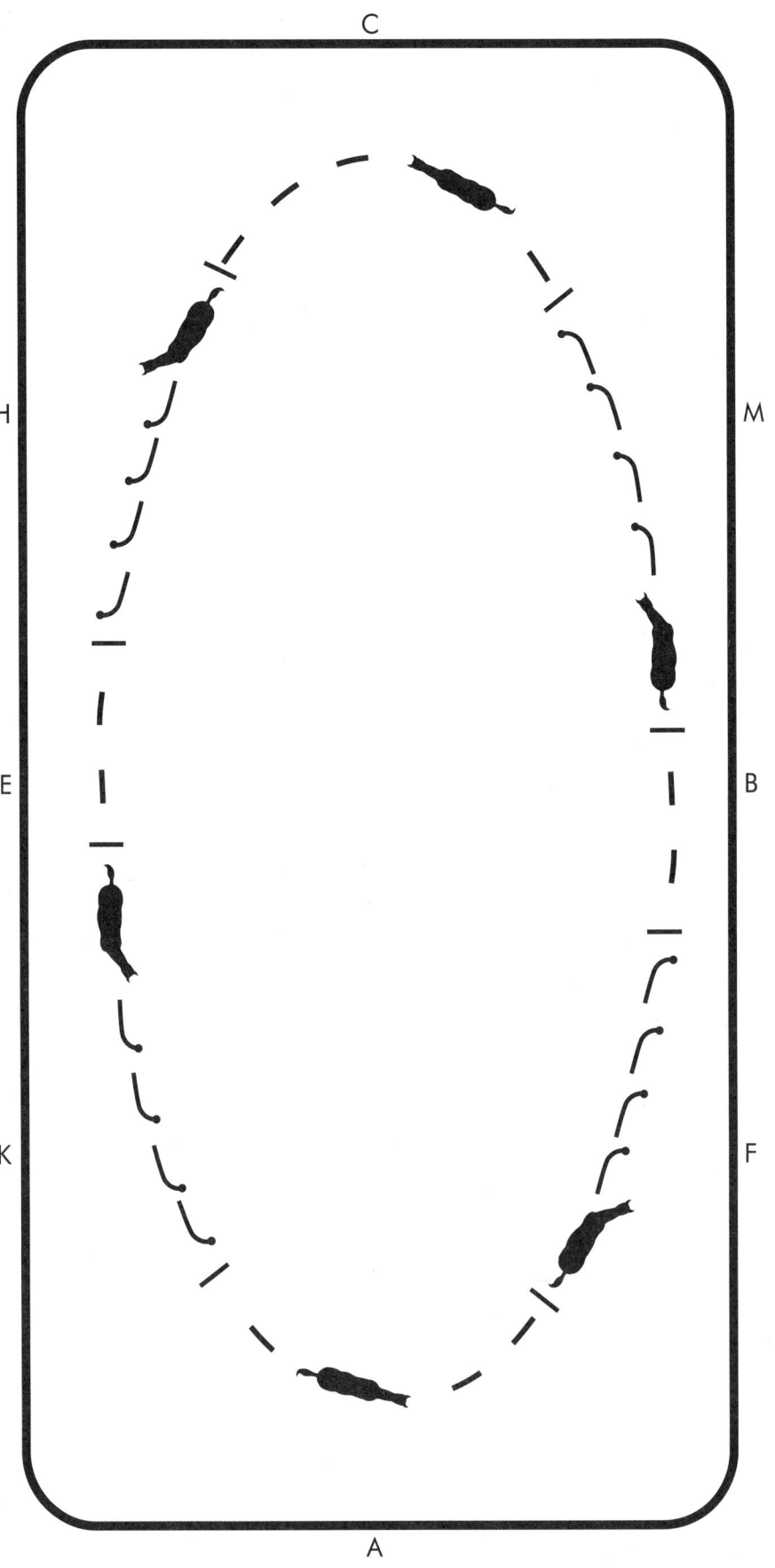

Key

- 보통 속보(Working Trot)
- 숄드-인(Shoulder-in)
- 숄드-아웃(Shoulder-out)
- 이행(Transition)

EXERCISE 15
구부리기, 반대로 구부리기 (Flex, Counter-flex)

방법

1. 왼쪽으로 큰 트랙에서, 양 끝을 둥글게 마무리하는 직선 걸음으로 큰 타원형 운동을 수행하라.

2. 긴 쪽으로 출발할 때, 3~4 걸음 반대쪽으로 구부려라.

3. 직진 두 걸음으로 일정한 리듬을 유지하라.

4. 승마장 안쪽으로, 작은 숄드-인(Shoulder-in)과 숄드-포(Shoulder-fore)를 활용하라.

5. 이전 코너를 다시 직선운동으로 수행하라.

6. 순서대로 양쪽 방향으로 여러 번 반복하라.

확인

유연한 원운동으로 준비운동을 하고, 작은 나선형 운동을 수행하면서 말의 벤딩(Bending)을 만들 수 있다. 항상 일정함을 유지해야 한다. 이 운동을 속보 운동(Rising trot)으로 수행할 수 있다. 이것은 즉각적인 결과에 만족하지 않더라도 이 운동은 역학관계로 생각할 수 있다. 운동수행의 몇 분 후에 뚜렷한 효과를 가져올 것이다.

승마자의 바깥쪽 다리를 사용하여 말을 벤딩(Bending) 하는 동안 말의 머리는 조금씩 운동의 진행 방향으로 향할 것이다.

EXERCISE 16

LOOSENESS

애커맨 사각형
(The Ackerman Square)

효과

말의 걸음을 개선하고 몸이 뻣뻣한 말을 유연하게 만들기 위해 대중적 임상의사 세리박사(Dr. Sherry)는 이 연습방식을 사용한다.

Key

사이드-패스(Side-pass)

앞쪽을 중심으로 1/4 회전운동
(1/4 Turn on forehand)

34 _ 마장마술 | CHAPTER 2

EXERCISE 16

애커맨 사각형(The Ackerman Square)

방법

1. 승마장의 중앙에 15m 사각을 마음속으로 그려라.

2. 말의 측면 방향으로 사각의 직진선을 따라 진행하고, 이때 말의 코는 사각의 중앙으로 향해 수행하라.

3. 각 코너에서, 앞쪽을 중심으로 회전운동을 하고 사각선을 따라 수행하라.

4. 승마자의 다리에 말이 의지하도록 하지 마라. 말이 활발한 걸음으로 측면으로 수행하도록 하라.

5. 양쪽 방향으로 수행하라.

확인

말의 게으름을 허용하지 않고 정직한 운동을 10분 동안 지속한다. 사이드-패스(Side-pass) 운동을 말에게 단호하고 정직하게 수행하기 위해 박차를 사용할 수 있다. 중요한 것은 각 코너에서 말이 아주 깨끗하게 앞쪽을 중심으로 회전운동을 수행할 때 다리를 깊이 교차하는 것이다.

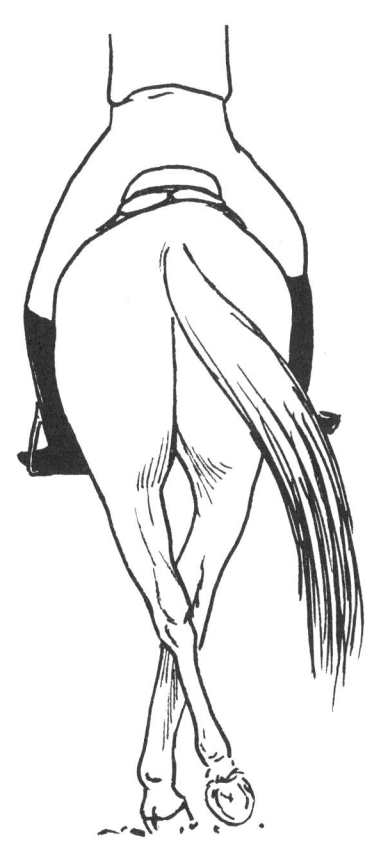

EXERCISE 17

LOOSENESS

구보로 가는 레그-일드

(Leg–yield to Canter)

C
H
M
E
B
K
F
A

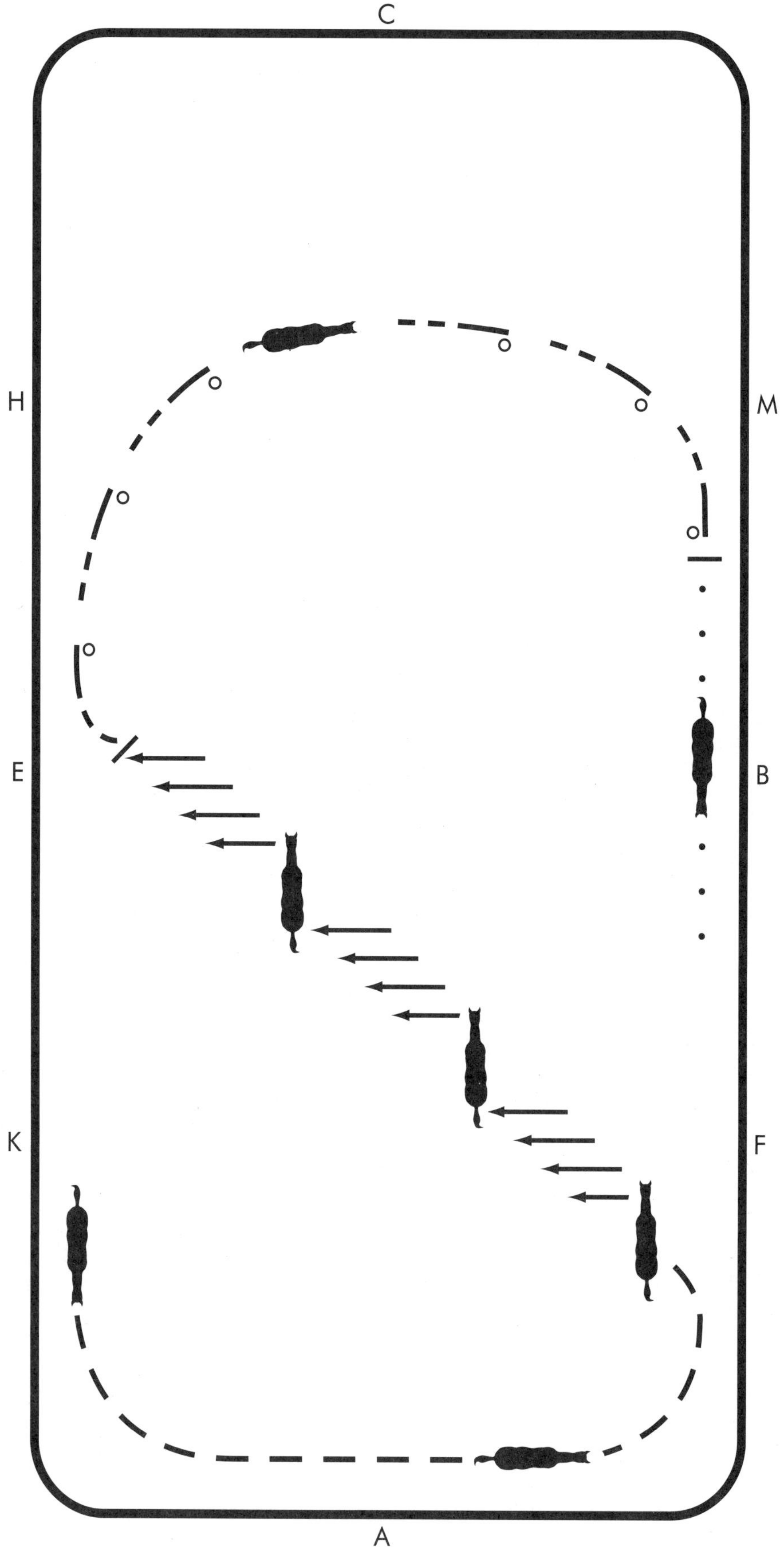

효과

유연하고 균형 잡힌 구보와 레그-일딩(Leg-yielding)의 연결운동으로 말이 자연스럽게 전진운동을 수행한다.

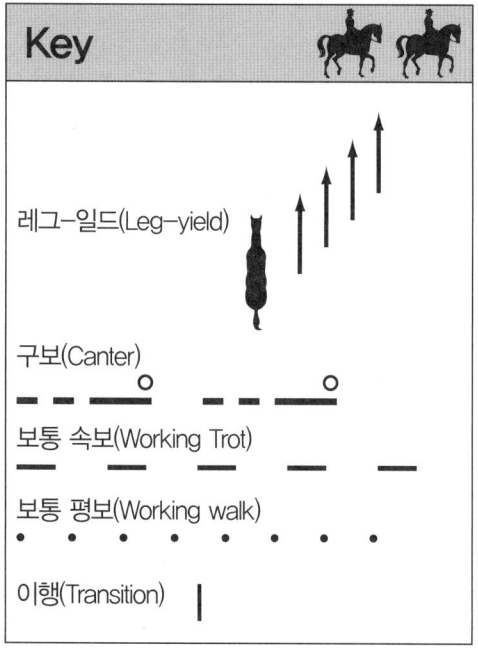

Key
레그–일드(Leg–yield)
구보(Canter)
보통 속보(Working Trot)
보통 평보(Working walk)
이행(Transition)

EXERCISE 17
구보로 가는 레그-일드(Leg-yield to Canter)

방법

1. 승마장의 긴 측면을 속보로 시작하라.

2. 승마장의 짧은 면 끝에 왔을 때, 마장의 짧은 면 끝에 왔을 때, 승마장 중앙 대각선으로 레그-일드(Leg-yield) 운동을 수행하라.

3. 반대쪽 측면에 왔을 때, 구보로 20m 반원 운동을 수행하라.

4. 평보로 이행하라.

5. 승마장의 짧은 측면의 중간쯤 왔을 때, 속보로 이행운동을 반대 방향으로 지속하라.

6. 위의 순서에 따라 몇 번씩 반복하라.

확인

말이 그냥 옆 길로 흘러가지 않게 하고 정확하게 레그-일드(Leg-yield)를 수행하게 하라. 레그-일드(Leg-yield) 운동의 리듬을 꾸준하게 유지해서 구보 출발이 돌진하거나 잘못되지 않게 균형을 잡고 수행하라. 승마자와 말의 모습이 기하학적이고 정밀하게 방향을 잘 찾아갈 수 있도록 하라.

EXERCISE 18

LOOSENESS
8자형 레인-백
(Rein-back Figure Eight)

효과

레인-백(Rein-back)을 멋지게 수행하는 것은 말의 요추와 천골신경을 유순하게 하는 것이다. 이것은 또한 후구를 편안하게 아래로 밀어 넣어 후구를 사용할 때 정확한 운동 연습을 하는 것이다. 이 훈련은 벤딩(Bending)과 결합하여 강한 뒷다리와 연결운동이 되어 앞으로 전진운동을 수행하게 한다.

Key

- 레인-백(Rein-back) ↔ ↔
- 보통 평보(Working walk) • • • • •
- 정지(Halt) ✕

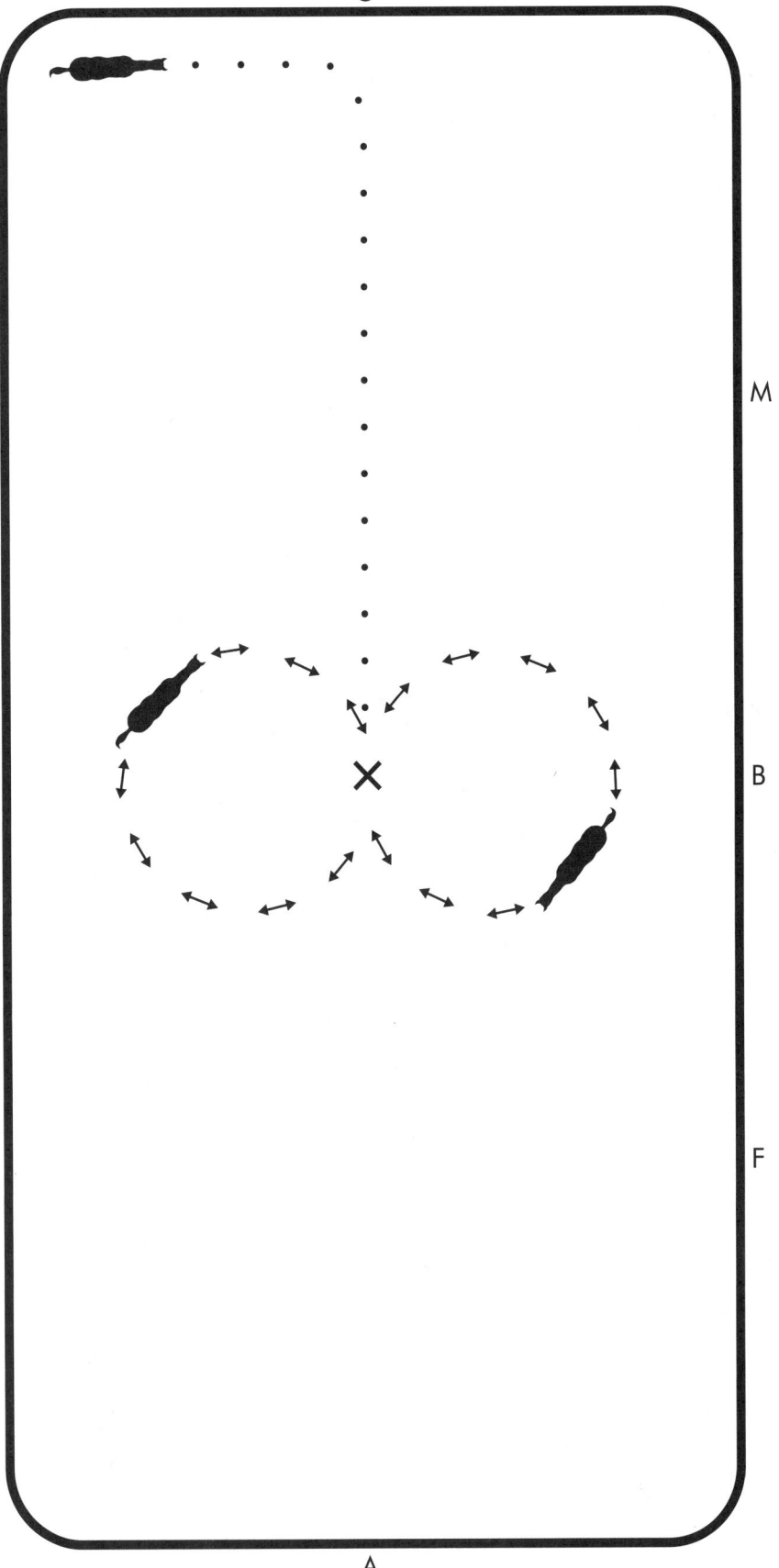

EXERCISE 18
8자형 레인-백(Rein-back Figure Eight)

방법

1. 오른쪽 방향으로 보통 평보로 시작하라.

2. C에서 가운데 중심으로 진행하라.

3. X에서 정지하라.

4. 왼쪽 방향으로 8m 원을 레인-백(Rein-back) 운동으로 수행하라.

5. X 지점에서 잠시 정지하라. 오른쪽 8m 원을 레인-백(Rein-back) 운동으로 수행하라.

6. X 지점에서 다시 정지하라.

7. 만약 위의 순서에 따라 운동수행을 성공하면 다시 수행하라, 이때는 X 지점에서 정지 없이 수행하라.

확인

이 운동은 오직 말의 레인-백을 완성하기 위한 것이다, 또한 운동을 수행하는 동안 가장 중요하고 정확한 직선 레인-백(Rein-back)을 수행하기 위한 것이다.

승마자는 말의 보법을 정학하게 확인하여 말의 벤드(Bend)와 유연함을 유지하는 것이다.

가운데 원뿔(Cone)을 두면 정확한 원을 만드는데 도움이 될 수 있다.

직진운동으로 말의 힘을 통한 움직임.

CHAPTER 3
직진(STRAIGHTNESS)

직진운동의 개선은 말의 일반적인 운동보다 특별한 운동수행을 확인하는 것이다. 직진운동이 부정확한 것은, 말이 체중분산을 고르게 않게 운동한다는 것이다.

인간은 어떤 운동수행을 할 때 신체의 우세한 쪽으로 하고 싶은 것이 일반적이다(예를 들어 오른손잡이), 말은 확실한 방향에 그들의 체중을 의지한다.

좋은 직진운동을 만드는 것은 정확히 대칭되는 말의 균형을 만드는 것이다. 그리고 그것은 승마자의 인지 감각과 노력이 요구되는 것이다, 반면 그냥 일반적인 이동은 비록 그것이 균형을 잡고 있다 하더라도 직진운동이 아니다. 제3장에서의 교육은 무의식적인 대칭을 만들지 않고 승마자가 원하는 일정한 방향으로 의지해서 수행하는 것을 강조하는 환경을 만드는 것이다, 그래서 승마자는 주의깊게 좀 더 규칙적인 운동으로 시작해야 한다.

말의 어깨에 특별한 집중을 요구한다. 회전을 할 때 한쪽 어깨가 불룩해지는가? 한쪽 어깨가 원의 중앙으로 향하는가? 승마하거나 하마할 때 말의 중력은 아래로 향하는가? 승마자의 방법대로 말의 운동을 대칭적으로 발달시키는가? 운동을 할 때, 이러한 질문들을 할 수 있다.

대부분 말들은 일정한 운동의 균형을 유지하기 위해 어깨를 울타리에 의지하는 경향이 있다.

EXERCISE 19

STRAIGHTNESS
벽 없이 하는 서펜타인
(Serpentines without Walls)

효과

대부분의 운동은 승마장에서 막대자석 모양처럼 수행한다. 말의 운동은 곡선으로 구부러진 부분에서 의지하는 것(어깨를 밖으로 밀어 의지하는 것을)을 배운다, 직선으로 가는 것과 대조적으로, 이것은 어려운 운동이다. 운동을 수행하는 동안 의지하는 펜스 없이 말이 자신 스스로 지지대 없이 균형을 잡는 운동을 할 수 있다.

Key	
보통 속보(Working Trot)	– – – –

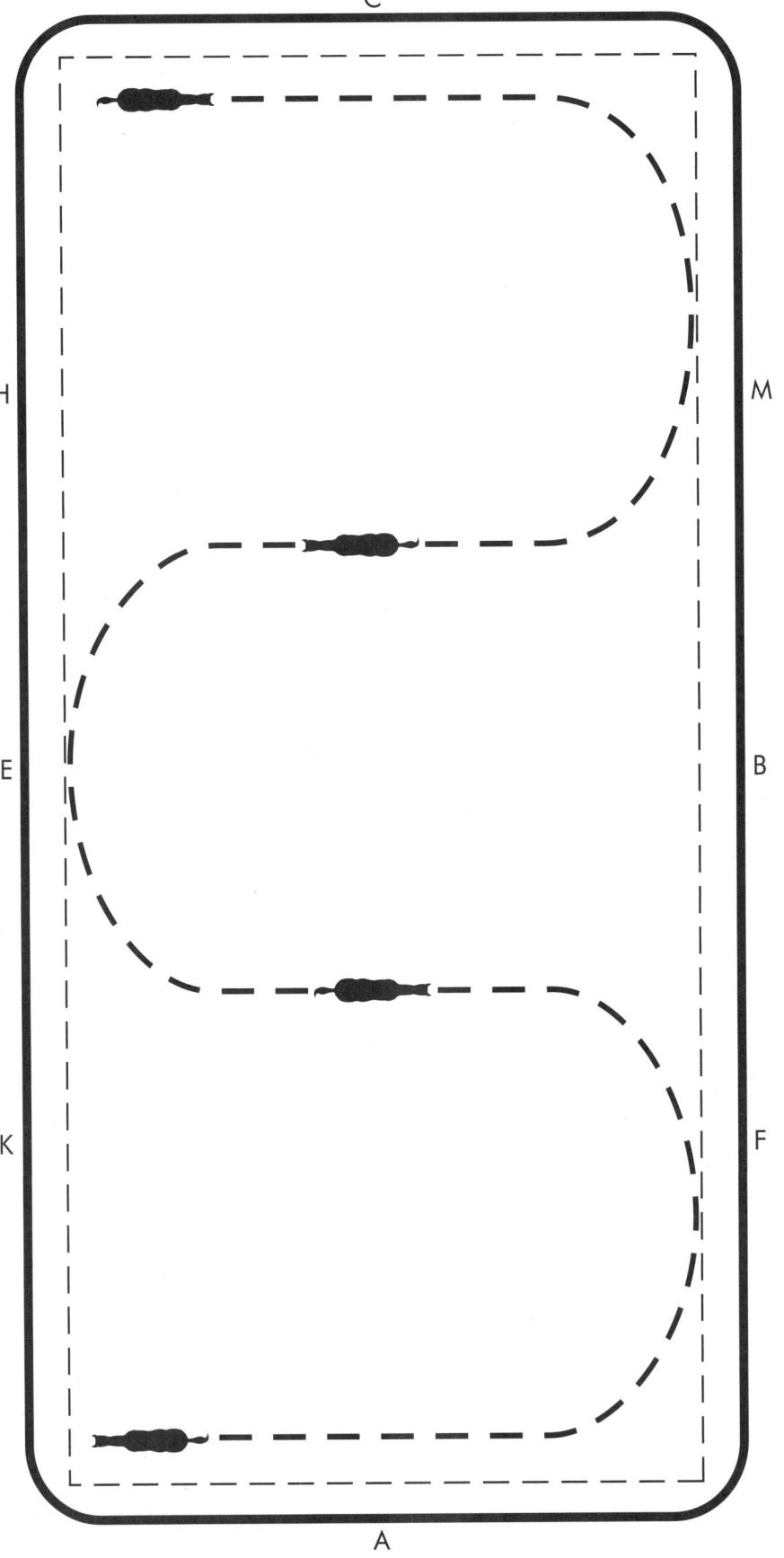

EXERCISE 19
벽 없이 하는 서펜타인(Serpentines without Walls)

방법

1. 펜스로부터 최소한 1m 떨어진 트랙(Track) 안쪽을 따라 승마장 주변으로 수행하라.

2. A 또는 C 로부터, 3 루프 서펜타인(Three-loop Serpentine) 운동을 수행하라. 트랙(Track)의 안쪽 경계 안에서 운동하라. 운동하는 동안 펜스에 접촉하지 마라.

3. 모든 루프(Loop)는 같은 크기와 모양을 유지하라.

4. 서펜타인(Serpentine)에서, 트랙의 안쪽 경계에서, 승마장 주변으로 운동을 수행하라.

5. 같은 방향으로 여러 번 운동을 반복 수행하라.

확인

같은 형태로 평보와 속보를 여러 번 반복한다. 이 운동을 위해 구보운동은 좋은 방법이 아니다.

이 운동은 정확한 도형과 충분한 반복으로 운동의 효과를 얻을 수 있다.

EXERCISE 20

STRAIGHTNESS
라인을 유지하라
(Holding the Line)

효과

말은 트랙 안쪽에서 운동을 할 때 원운동과 직진운동을 수행하는 동안 바깥쪽을 의지하려는 경향이 있다. 이 운동은 펜스의 도움 없이 완벽한 직진운동을 만들어 낼 수 있다.

Key

보통 속보(Working Trot) ― ― ― ―

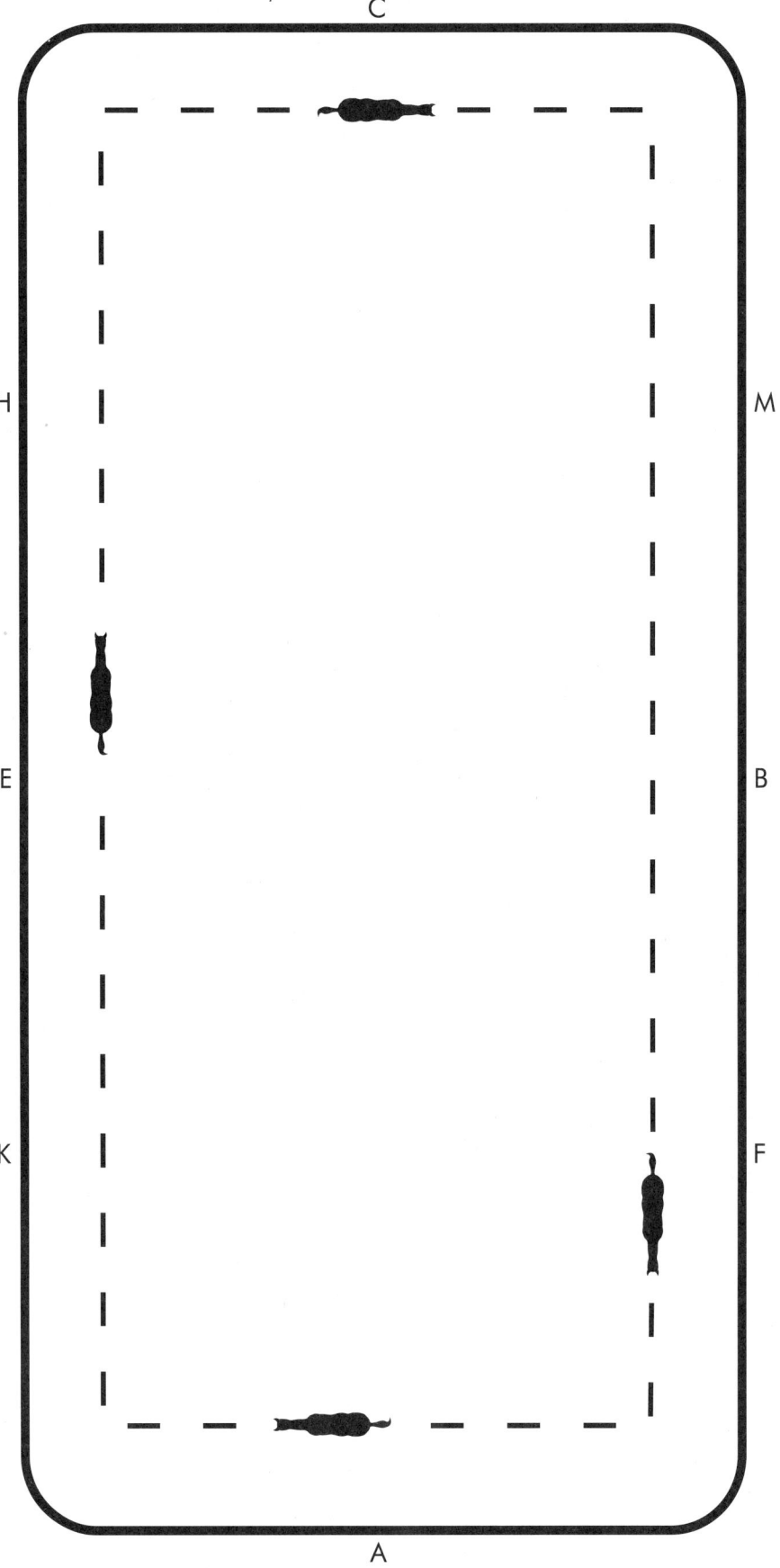

EXERCISE 20
라인을 유지하라 (Holding the Line)

방법

1. 승마장 펜스에서 1m 안쪽으로 평범한 속보를 수행하라.

2. 말의 어깨와 엉덩이가 나란히 일직선으로 유지하여 수행하라.

3. 말의 운동수행 동안 어깨가 엉덩이보다 바깥쪽 펜스에 가까이 가지 않도록 지속적으로 관찰하면서 운동을 수행하라.

4. 안쪽 트랙(Track)에서 속보 진직운동을 완벽하게 수행했을 때, 안쪽 트랙에서 세 걸음마다 이행운동을 시작하라.

확인

이 운동을 수행하면서 기승자는 턱을 들고 어깨를 똑바로 하여 약간의 거리에 시선의 초점을 유지하여 말이 직진운동을 잘 유지할 수 있도록 해야 한다. 승마자는 보지 않고 감각으로 말의 위치를 느낄 수 있을 것이다.

말이 흔들림 없이 고정해야 한다. 예를 들어 말이 트랙(Track)에서 천천히 바깥쪽으로 움직인다면, 바깥쪽 고삐를 밀어붙이고 바깥쪽 다리를 사용하여 압력을 가해야 한다. 만약 안쪽으로 움직인다면, 승마자의 안쪽 다리로 말을 적당하게 벤드(Bend)를 유지하라. 만약 외곽 펜스쪽으로 어깨가 볼록하게 나간다면, 숄드-포(Shoulder-fore) 운동으로 똑바르게 만들어야 한다.

EXERCISE 21

STRAIGHTNESS
벤드 상태에서 이행운동
(Transition with a Bend)

효과

말이 스스로 운동을 수행하는 것보다 승마자의 고삐에 따라 정확한 움직임과 후구의 연결운동을 수행하는데 도움이 된다.

Key

보통 속보(Working Trot)   —   —   —

정지(Halt) ✗

EXERCISE 21
벤드 상태에서 이행운동(Transition with a Bend)

방법

1. 보통 속보로 15m 원운동을 수행하라.

2. 원운동을 하는 동안, 속보와 정지 운동으로 이행운동을 수행하라.

3. 원운동 한 번에 이행운동을 세 번이상 수행하라.

4. 속보에서 정지로의 이행운동을 평보걸음 없이 즉각적으로 정확하게 수행하라.

5. 양쪽 방향으로 운동을 수행하라.

확인

이 운동을 성공하기 위해, 정확한 원을 만들 필요가 있다. 만일 원이 형태가 다르거나 보다 더 크게 된다면, 지점 표시나 콘을 설치하여 정밀한 원이 만들어지는지 확인하라.

대부분 말은 이 운동에서 일정하게 가지런한 요구를 회피하려 할 것이다. 이행운동의 순간이 가장 중요하다. 승마자의 말이 어깨를 떨어뜨리고, 후구를 밖으로 흔들거나 원의 표면이 볼록 튀어나오는 것을 허용하지 마라. 정지에서, 승마자의 안쪽 다리에 말의 척추가 구부러진 것을 느낄 수 있다.

EXERCISE 22

STRAIGHTNESS

벤드 상태에서 서펜타인
(Serpentine with a Bend)

효과

안쪽 어깨로 벤딩(Bending)하는 동안 어깨를 떨어뜨리지 않고 수행하고, 또한 바깥쪽 뒷다리의 연결운동으로 반대 벤드(Bend) 상태에서 이 운동을 말에게 요구할 수 있다.

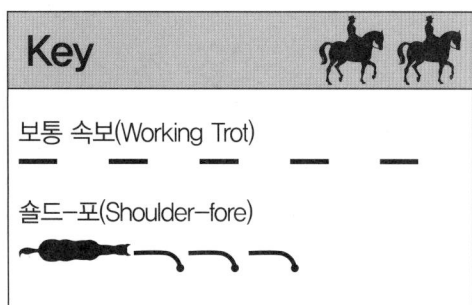

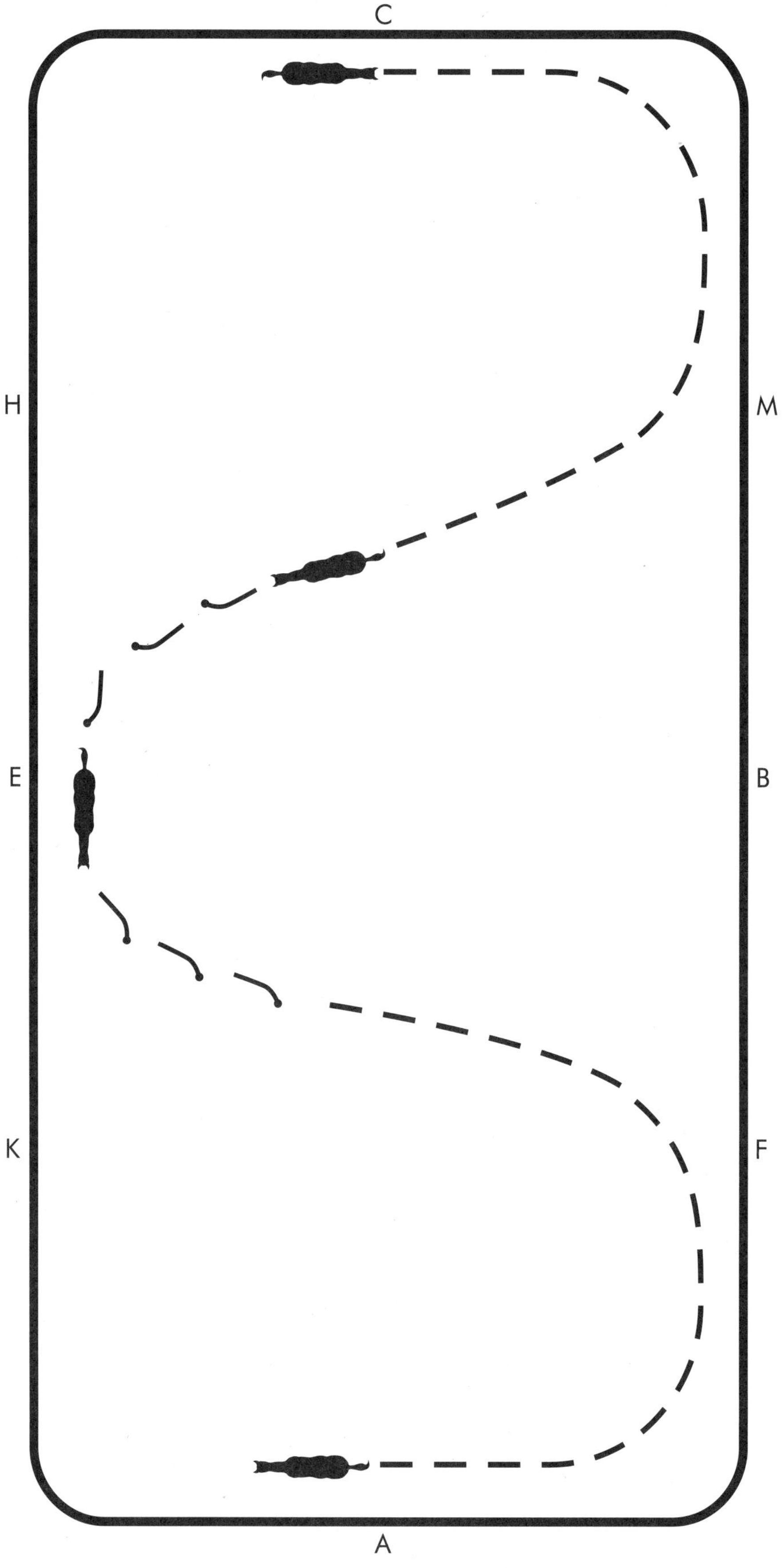

Key

보통 속보(Working Trot) - - -

숄드-포(Shoulder-fore)

EXERCISE 22
벤드상태에서 서펜타인(Serpentine with a Bend)

방법

1. 오른쪽 트랙(Track)으로 보통 속보를 수행하라.

2. C 지점에서 3-루프(Three-loop) 서펜타인(Serpentine)을 수행하라.

3. 왼쪽 루프(Loop) 전체 뿐만 아니라, 도형 전체의 운동을 수행할 때 오른쪽 벤드(Bend)를 유지하라. 계속적인 말의 구부림을 유지하기 위해 승마자의 체중을 오른쪽 좌골(Seat bone)에 유지하라.

4. 세 번 반복하라.

5. 다른 방향으로 왼쪽 벤드(Bend)를 유지한 상태(승마자의 체중을 왼쪽 좌골(Seat bone)에 유지)에서 같은 운동을 수행하라.

확인

이 운동을 수행하기 전에 말은 벤딩(Bending) 부조에 유연하고 즉각적으로 반응해야 한다. 만약 반대-벤딩(Counter-bending)에 친숙하지 않다면, 평보로 시작하라.

확실하게 반대-벤드(Counter-bend) 루프(Loop) 운동을 수행하는 동안 루프(Loop)의 크기와 모양은 변하지 않아야 한다. 그것은 다른 서펜타인(Serpentine)운동에 정확하게 대칭이 되어야 한다. 그렇지 않다면, 말이 부조에 응하지 않고 승마자의 바깥쪽 다리부조에 뻣뻣하게 반응할 것이다. 일정한 리듬을 유지하라.

EXERCISE 23

STRAIGHTNESS
형태변경
(Change Framers)

효과
이 운동은 승마자의 고삐에서 연결을 끊지 않고, 말의 등이 곧은 직선운동 수행을 도와 말의 형태를 바꿀 수 있다.

EXERCISE 23
형태변경(Change Framers)

방법

1. 활발한 형태에서 20m 원운동을 속보로 수행하라.

2. 말의 목이 서서히 신장이 될 수 있도록 고삐를 허용하라.

3. 원운동을 수행하는 동안 말의 몸을 신장 상태를 지속적으로 유지하라.

4. 운동을 진행하면서 기승자의 상체 스트레칭(Stretching)을 하면서 고삐를 1인치(Inch) 짧게 잡아 말이 조금 수축되게 하라.

5. 마체가 조금 더 신장이 되기 전에 원운동을 한번 수행하라.

6. 각 방향으로 여러 번 반복하라.

확인

승마자의 손가락을 약간 느슨하게 하여 고삐가 점점 유연해지도록 하고 팔꿈치를 꾸부리고 손을 제자리를 유지한다. 말이 승마자의 손에 의해 유연하게 마체가 신장되고 수축되는 것을 격려하기 위해서 다리부조로 부드럽게 말을 감싼다. 운동을 수행하는 동안 원의 모양과 크기를 바꾸지 마라!

이 운동의 가끔 일반적인 승마운동으로 효과를 얻을 수 있다, 하지만 말이 운동을 시작한 후에는 기승자와 좋은 연결과 활발한 움직임을 유지할 수 있다, 그래서 즉각적으로 가속할 수 있고 말의 걸음걸이를 늘릴 수 있다.

EXERCISE 24

STRAIGHTNESS
원운동과 구보운동
(Circle and Canter)

효과

좋은 원운동과 이행운동은 고급기술의 승마로 가는 가장 중요한 요소이다. 원운동의 중심에서 직각의 정지운동으로 이행(Transition)은 균형과 직진운동을 시험할 수 있다.

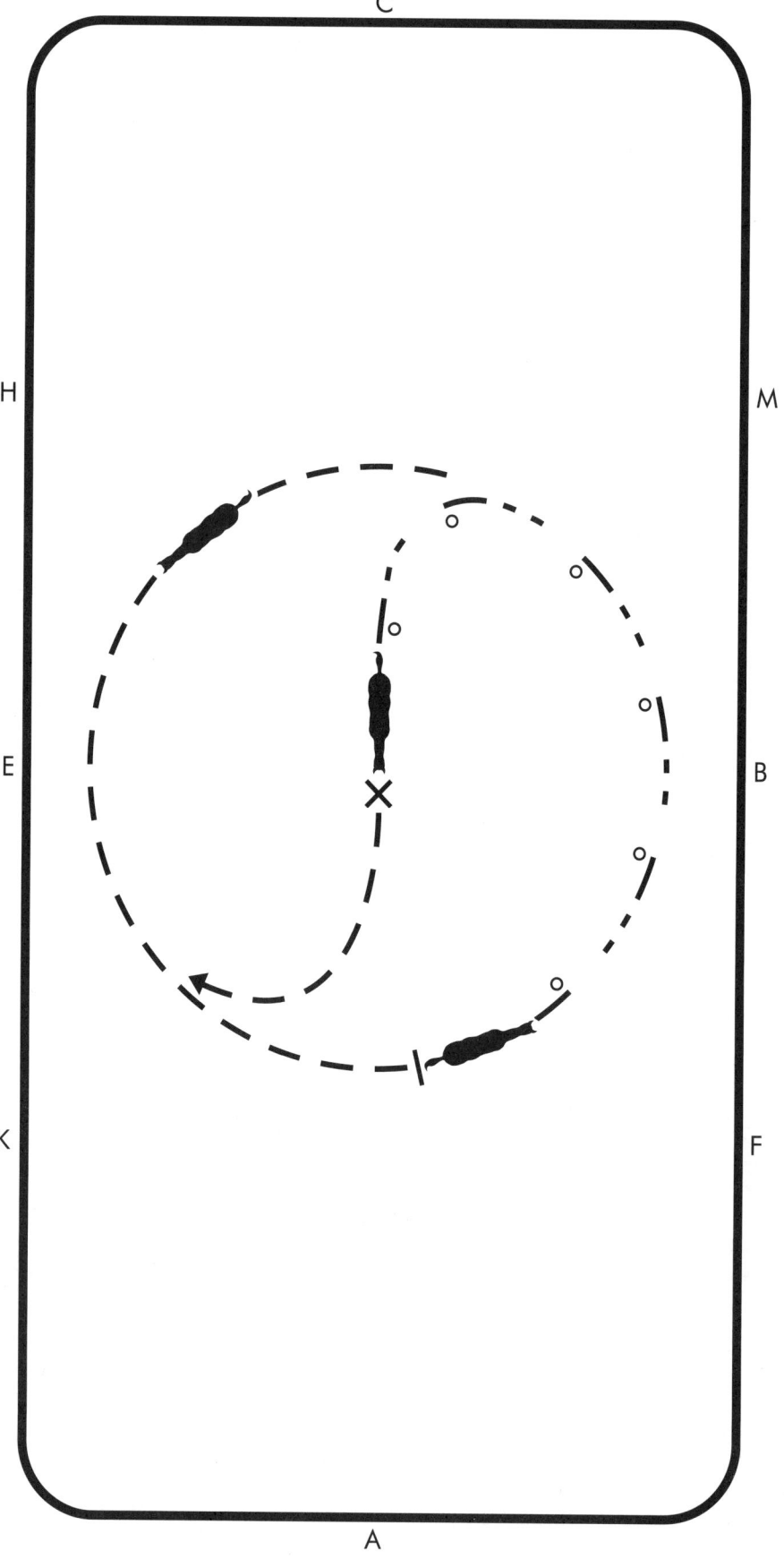

Key	
보통 속보(Working Trot)	— — — —
구보(Canter)	– – ○ – – ○
정지(Halt)	✗
이행(Transition)	|

EXERCISE 24
원운동과 구보운동(Circle and Canter)

방법

1. 20m 원동을 속보로 수행하라.

2. 원운동에서, 보통구보로 이행하라.

3. 구보운동에서 원의 중간쯤에, 원의 중앙으로 회전하라.

4. 중앙에서 정지하라.

5. 속보로 진행하라, 방향을 바꾸고 속보로 새로운 원운동을 수행하라.

6. 이 순서대로 여러 번 반복하라.

확인

이 운동은 많은 집중과 빠른 부조가 요구된다. 말과 승마자가 지치거나 집중이 산만해질 때는 이 운동을 수행하지 마라.

정지 운동에서, 말에게 정지 부조가 부정확하거나 말의 앞쪽에 체중을 두지 마라. 말은 즉각적으로 정면으로 정확하게 정지해야 한다. 구보와 속보에서도 지속적으로, 말이 느릿느릿 움직이거나 달려가게 해서는 안 된다.

EXERCISE 25

STRAIGHTNESS
어깨의 움직임
(Moving the Shoulders)

효과

운동 목표는 말의 평보 리듬에서 운동을 수행하는 동안 말의 등선에서 정수리와 어깨가 오른쪽과 왼쪽으로 천천히 구부러지게 하는 것이다.

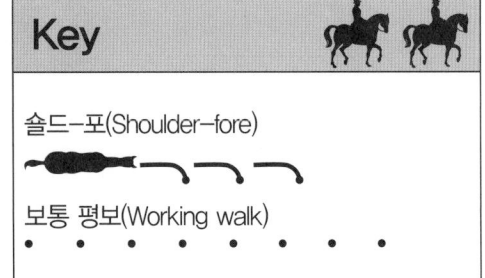

Key

숄드-포(Shoulder-fore)

보통 평보(Working walk)

EXERCISE 25
어깨의 움직임 (Moving the Shoulders)

방법

1. 보통 평보에서, C 지점에서 A 지점으로 중앙선에서 회전 운동을 수행하라.

2. 몇 걸음 직진으로 수행하라.

3. 왼쪽 숄드-포 운동으로 5 걸음 이상 수행하라.

4. 즉각적으로 오른쪽 방향으로 전환하라.

5. 마지막 몇 걸음을 다시 직진으로 수행하고 A 지점과 C 지점에서 다시 여러 번 반복하라.

확인

운동하는 동안 숄드-포(Shoulder-fore)운동을 확실하게 수행해야 한다.

변함없는 리듬(Rhythm)을 유지하는 것이 중요하다. 말에게 빈틈(불필요한 호흡 등)을 주지 마라, 그것은, 걸음걸이를 짧게 하거나 부조에 즉각적으로 반응하지 않은 원인이 될 수 있다. 한 걸음에서 다른 걸음의 숄드-포(Shoulder-fore)로 전환하기 위해 부조의 효과를 극대화 해야 한다.

EXERCISE 26

STRAIGHTNESS

1/4 라인에서 숄드-인
(Shoulder-in on Quarter Line)

효과

이 운동은 측면으로 후구의 흔들림 없이 정확한 연결운동을 할 수 있다. 측면 펜스의 도움 없이 수행하기 때문에 승마자의 기좌(Seat)에 의지해야 한다.

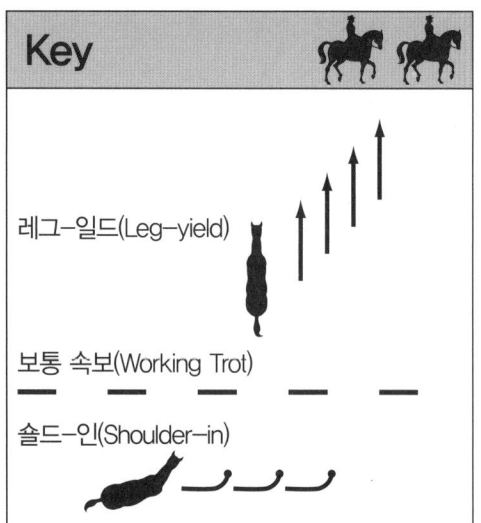

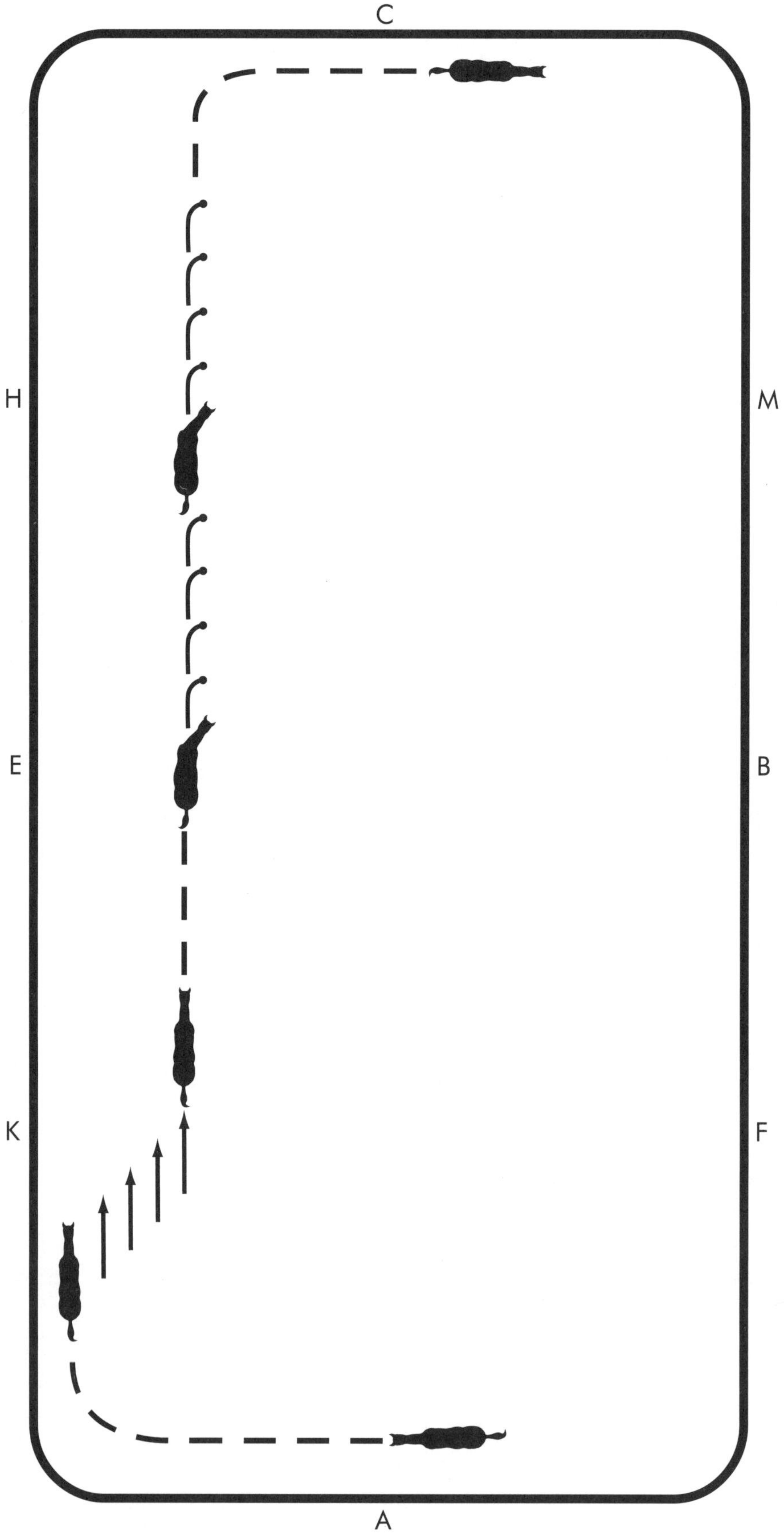

Key
레그-일드(Leg-yield)
보통 속보(Working Trot)
숄드-인(Shoulder-in)

C
H
M
E
B
K
F
A

EXERCISE 26
1/4 라인에서 숄드-인(Shoulder-in on Quarter Line)

방법

1. 승마장의 짧은 쪽 끝에서 속보로 수행하라.

2. 짧은 쪽 끝 지점 펜스로부터 1/4 지점에서 레그-일딩(Leg-yielding) 운동을 수행하라.

3. 레그-일딩(Leg-yielding) 운동 두 걸음에서 1/4 라인(Line)으로 직진으로 수행하라.

4. 말의 후구의 흔들림 없이 1/4 라인(Line)을 따라 숄드-인(Shoulder-in) 운동을 수행하라.

5. 짧은 면에 접근했을 때, 말은 펜스를 따라 직진운동을 수행하라.

6. 짧은 면의 끝 지점에서, 각 방향으로 반복 수행하라.

확인

말은 승마자의 다리부조에 즉각적으로 반응하고 측면 운동을 능숙하게 수행해야 한다. 만약 속보로 진행하는 것은 처음에는 매우 어렵다면, 속보 운동을 할 때와 같이 평보로 수행할 수 있다.

언제나, 같은 형태로 진행하는 동안 일정한 리듬을 유지해야 한다. 이 운동을 성공하기 위한 방법은 숄드-인(Shoulder-in)과 레그-일드(Leg-yield)운동 사이에서 벤드(Bend)의 이행이다. 말은 승마자의 다리부조에 자연스럽게 벤드(Bend)하고 머리는 자연스럽게 구부려야 한다. 의문이 생기면, 지도자에게 도움을 받아라.

EXERCISE 27

STRAIGHTNESS
나사형태의 측면운동
(Threading Lateral Work)

효과

나사형태의 측면운동은 부조에 따라 말이 직진운동을 하는데 가장 좋은 훈련방법이다. 이 운동을 반복하면, 말의 즉각적인 반응과 기동성이 발달하고, 거대한 움직임의 다양성, 가벼운 걸음걸이와 재갈굴레의 부드러운 연결의 발달을 가져올 수 있다.

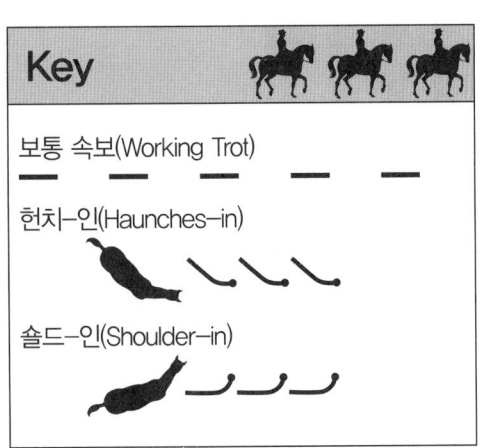

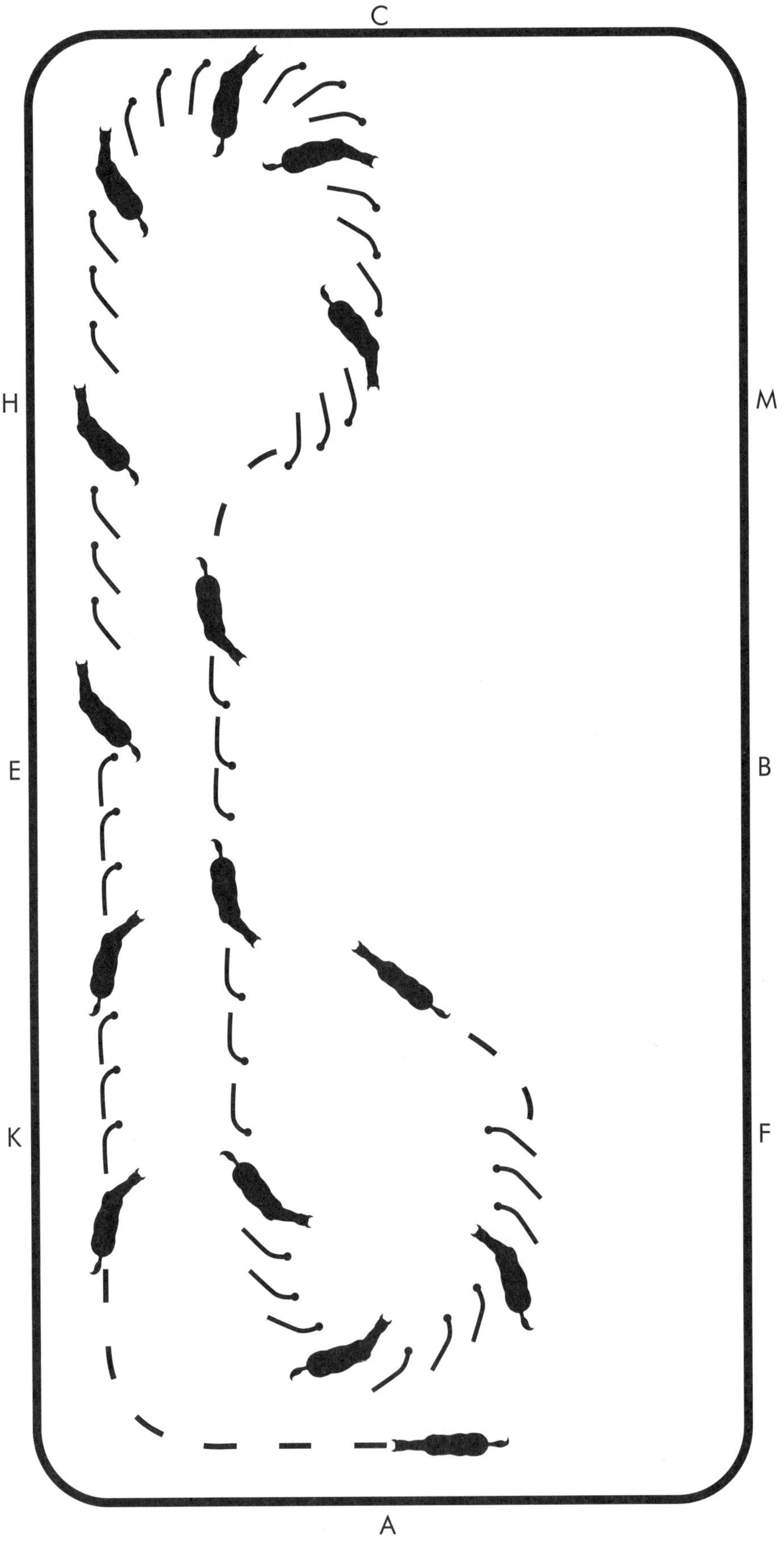

EXERCISE 27
나사형태의 측면운동 (Threading Lateral Work)

방법

1. 트랙을 따라 오른쪽 방향으로, 속보을 수행하라. 승마장의 짧은 측면을 지나서, 긴 측면으로 숄드-인(Shoulder-in) 운동을 수행하라.

2. 승마장 측면의 긴 측면의 중간(E) 지점을 지나면서, 헌치-인(Haunches-in)운동으로 이행하라.

3. 코너에서, 10m 반원 운동 헌치-인(Haunches-in)을 수행하고, 승마장 긴 측면 펜스의 반대 방향으로 수행하라.

4. 짧은 측면의 펜스 방향으로 왼쪽 숄드-인(Shoulder-in)을 수행하라.

5. 코너로 가기 전에, 10m 반원 운동 숄드-인(Shoulder-in)을 수행하라.

6. 여러 번 같은 형태로 운동을 수행하라, 각 운동마다 링(Ring)모양을 가로질러서 천천히 움직인다. 계속해서 측면 회전운동을 수행하라, 운동 수행할 때 마다 같은 형태의 도형으로 운동을 수행하라.

확인

이 운동을 수행하기 전에, 승마자의 자세에 집중하라(처음 세 번은 4장을 확인하라). 승마자의 기좌(Seat)와 다리부조가 안정되고 안장에서 침착하고 안정적이게 수행해야 한다.

말이 이 운동을 하는 동안 최소한의 작은 저항을 한다면, 속보(Rising trot)운동으로 말을 유연하게 하고 운동수행 전에 진진운동에 활력을 주어야 한다. 이 운동은 일주일에 10분에서 15분 정도 수행하라.

EXERCISE 28

STRAIGHTNESS
책략
(Maneuvering)

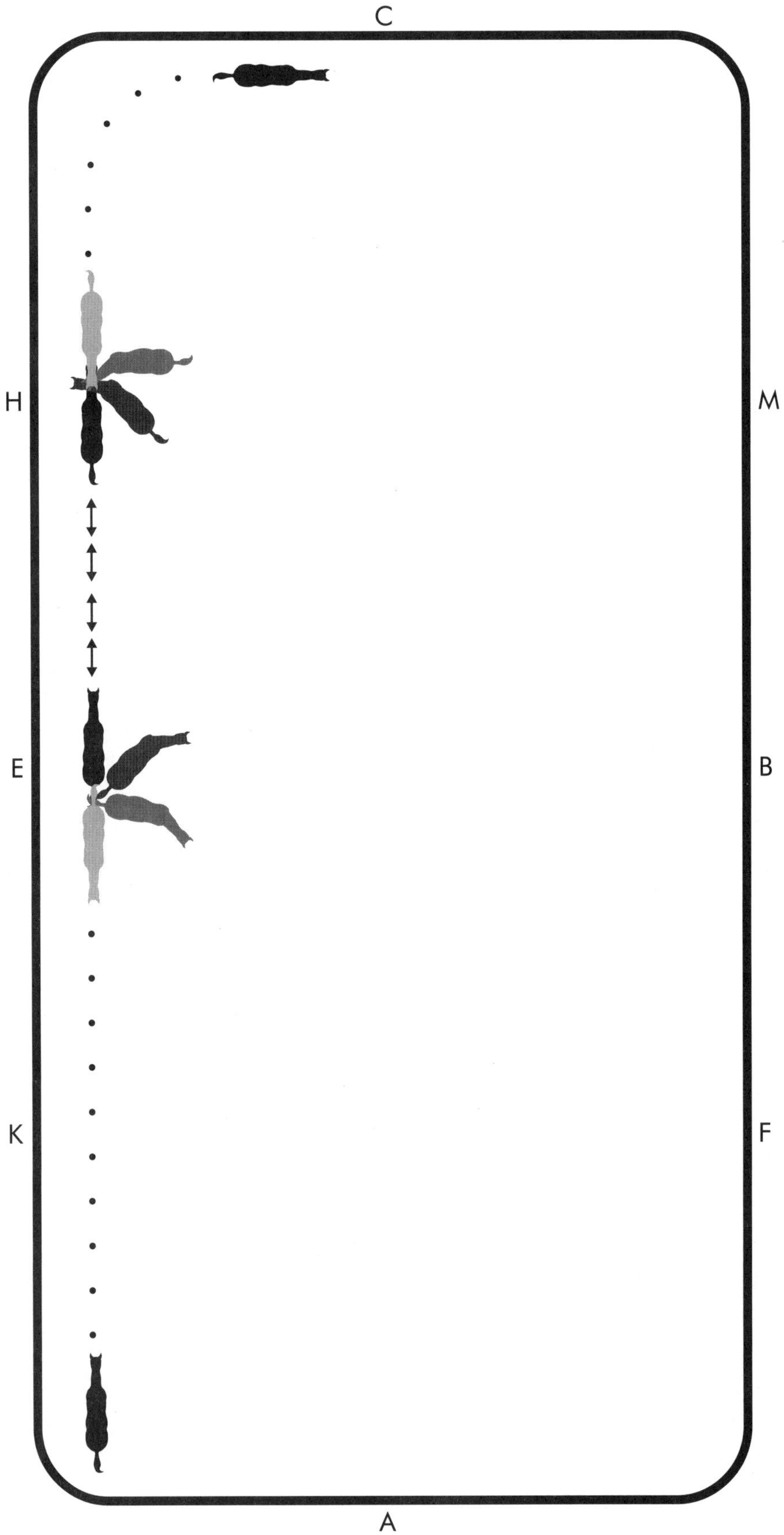

효과

이 운동은 말의 근육을 자연스럽게 전체적으로 유연하게 하고 승마자의 다리부조 없이 즉각적으로 말에게 활발한 움직임을 요구할 수 있다.

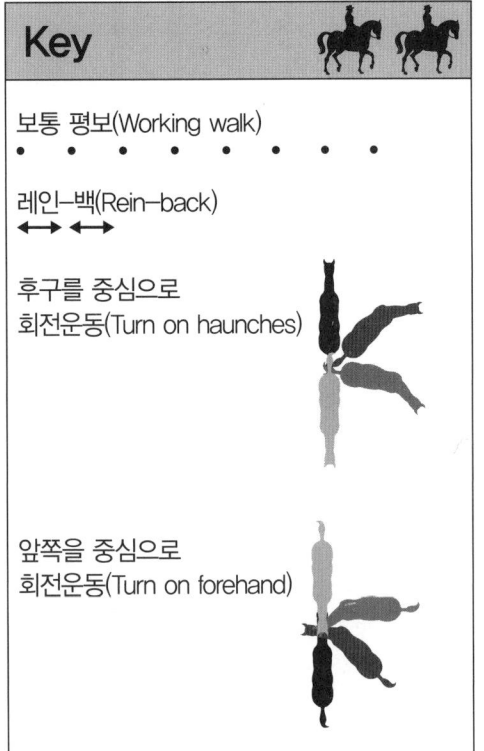

Key

보통 평보(Working walk)
• • • • •

레인-백(Rein-back)
↔ ↔

후구를 중심으로
회전운동(Turn on haunches)

앞쪽을 중심으로
회전운동(Turn on forehand)

EXERCISE 28
책략(Maneuvering)

방법

1. 승마장의 긴 측면으로 중간 평보를 수행하라.

2. 긴 측면의 중간 정도에서 곧바로 정지 운동을 수행한다.

3. 수 초간 부동한다, 그리고 후구를 중심으로 180° 회전한다, 그리고 다시 정지하라.

4. 네 걸음 레인-백(Rein-back) 운동하고 곧바로 정지하라.

5. 앞쪽을 중심으로 180° 회전하라.

6. 자유 평보 운동을 수행하라.

7. 고삐가 자연스럽게 될 때까지 여러 번 반복하라.

확인

이 운동은 오직 평보로 수행하라. 운동은 가능한 긴장 없이 신속하게 수행되어야 한다. 회전운동에서 다리부조의 반응에 지연되는 것을 허용하지 마라. 부드러운 부조에 말이 반응이 없을 때, 승마자의 종아리로 강하게 부조를 준다. 만약 부조에 무디게 반응한다면, 즉각적으로 채찍을 사용할 수 있다.

EXERCISE 29

STRAIGHTNESS

숄드-인에서 반대 숄드-인 운동
(Shoulder-in to Counter Shoulder-in)

효과

이 운동을 정확하게 수행하면, 말은 부조에 즉각적이고 긍정적으로 호응하게 할 수 있을 것이다. 다리 부조로 말의 좌우 벤딩(Bending)이 번갈아 가며 잘 수행될 것이다.

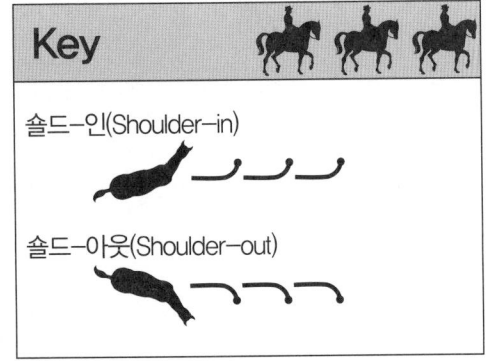

Key

숄드-인(Shoulder-in)

숄드-아웃(Shoulder-out)

EXERCISE 29
숄드-인에서 반대 숄드-인운동
(Shoulder-in to Counter Shoulder-in)

방법

1. 트랙(Track) 안쪽에서 속보로 수행하라.

2. 긴 측면에서, 3걸음 숄드-인(Shoulder-in)을 수행하라.

3. 즉각적으로 반대로 벤드(Bend)하여 세 걸음 숄드-아웃(Shoulder-out)을 수행하라.

4. 트랙(Track)으로 번갈아 세 걸음씩 숄드-인(Shoulder-in)과 숄드-아웃(Shoulder-out)을 수행하라.

5. 각 방향으로 여러 번 반복하라.

확인

말은 숄드-인(Shoulder-in) 운동을 확실하게 수행할 수 있어야 한다. 또한, 확실하게 준비 운동이 되어야 한다. 만약 그것이 속보에서 너무 어렵다면, 평보에서 자연스럽게 될 때까지 연습을 해야 한다.

이 운동을 쉽게 수행하기 위해 첫 번째, 숄드-인(Shoulder-in)을 가벼운 각도로 수행하고, 측면에서 측면으로 후구를 확실하게 흔들지 않도록 한다. 이 운동이 발전했을 때, 4트랙(Track) 움직임으로 각도를 증가할 수 있다. 이것은 완벽하게 수행했을 때 얻을 수 있다.

이 운동에서 리듬이 일정하게 수행할 수 있도록 노력해야 한다. 위의 모든 운동을, 안쪽 트랙(Track)에서 직진으로 수행할 수 있다.

멋진 연결과 말의 유연한 후구 운동.

CHAPTER 4
승마자세(RIDER POSITION)

고정되고, 안정된 승마자의 자세는 세 가지가 있다; 이것은 신체의 독립적인 움직임과 내구성, 그리고 육체의식이다. 이 장에서는 기승자의 위치적 측면에 따른 각 연습을 포함한다. 그들은 만약 말의 제어 없이 승마자의 몸의 정확한 초점을 맞추기 위한 승마운동을 수행하는 동안 런징 로프(Longe rope)로 말을 도와준다면 이것은 가장 효과적이다.

조력자의 도움없이, 폐쇄된 작은 승마장에서 혼자서도 수행할 수 있다. 이것은 아주 간단하게 정확한 위치에서 기좌(Seat) 강화 훈련을 할 수 있는 운동이다. 그들은 또한 승마자의 기좌(Seat)와 위치가 일정하지 않은 것을, 유연성을 강화하는데 도움을 줄 것이다. 이 번 과정을 통해 한 가지 자세나 혹은 정확한 자세를 잃고 운동수행을 하지 마라. 이 운동은 일상 운동을 포함한다.

승마자는 뒤꿈치와 팔꿈치 그리고 어깨를 통한 귀로부터 항상 가지런하게 일직선을 유지해야 한다.

EXERCISE 30

RIDER POSITION
중심
(Centering)

효과
이 과정의 승마운동을 수행하는 동안 다양한 운동에 집중할 수 있는 실질적인 기좌(Seat)를 얻을 수 있는 효과가 있다.

EXERCISE 30

중심(Centering)

방법

1. 등자에서 발을 빼고 승마자의 다리를 말이 측면으로 길게 내려라.

2. 평보에서 고삐를 길게하고, 승마자는 등 아랫부분(요추의 천골)에 집중하라.

3. 5분 동안 매우 깊이 숨을 쉰다, 이때 승마자의 등으로 숨을 들어마시고 내쉬어라.

4. 숨을 들어 마실 때 등 아랫부분(요추의 천골)을 부풀리는 것을 상상한다, 마치 그곳에 손을 대고 정지하고 있는 것처럼 수행하라.

5. 숨을 내쉬는 동안, 승마자는 풍만한 등을 지속적으로 유지하라.

확인

그것은 모든 승마자의 중심의 균형연습을 수행하는 동안 매우 중요하다. 그것은 말 등에서 모든 움직임에 즉시 실행할 때 도움이 되고, 특히 승마자가 모든 자세에서 의식하지 않을 때 도움을 준다. 이것은 오직 평보 연습에서 실행하고, 5분 동안 지속적으로 연습하는 것이 좋다. 승마자의 호흡을 유지하는 동안 집중한다. 이것은 생각보다 매우 어렵다!

이 운동의 변화는 조련용 줄을 잡은 지도자가 한다. 한 손은 배를 그리고 다른 한 손은 등에 가볍게 접촉한다. 호흡에서 허리가 팽창했을 때 양쪽 손으로 가득 채울 수 있게 가볍게 압박한다.

EXERCISE 31

RIDER POSITION
시계추
(Pendulum)

효과
지나친 불균형에 의해, 이 운동은 승마자가 안장에서 지면과 나란히 수직으로 높은 중심 감각을 발전시키는데 도움을 준다.

EXERCISE 31
시계추(Pendulum)

방법

1. 걸을 때, 등자에 있는 다리와 함께, 몸통에 의지하여 허리에서부터 신축성 운동을 수행하고. 가능한 앉은 상태에서부터 최대한 멀리하라.

2. 두 걸음 동안 중심으로 돌아오고 그리고 우측으로 치우쳐라.

3. 왼쪽으로 치우치기 전에 안장에서 앉은 자세를 반반하게 유지하라.

4. 승마자의 어깨는 한쪽을 떨어뜨리지 않게 나란히 해야 한다. 이때 기승자는 시선을 정면으로 향하고 상체를 열어라.

5. 몇 분동안 반복하라.

확인

고정된 다리는 상체의 움직임을 위한 기반이 된다. 승마자의 다리를 닫고 말과 함께 좋은 연결운동을 유지하는 것이 훈련하는 동안 도움이 될 것이다.

변화하는 동안, 흔들리거나 기울이지 않고 가운데에서 유연하게 된다.

EXERCISE 32

RIDER POSITION
쟁반나르기
(Carry a Tray)

효과

이 운동은 승마자가 안장에 앉은 자세에서 고삐의 연결운동을 발전시키기 위해 가장 많이 사용한다. 이것은 런징운동(Longe)으로 확실한 경속보(Rising trot) 운동을 할 때 효과적이다.

EXERCISE 32
쟁반나르기(Carry a Tray)

방법

1. 엄지와 검지로 물건을 잡고 안전하게 승마운동을 수행하라.

2. 유사한 물건을 승마자의 복부에서 수평으로 가져가면서 경속보 운동을 수행하라.

3. 이전(원운동을 할 때 바깥쪽 손을 인지) 운동이 끝날 때는 물론, 모든 운동을 수행할 때 손이 흔들리지 않도록 하라.

4. 경속보 운동에서 일어설 때, 채찍 위로 승마자의 복부가 올라가게 하라.

5. 경속보 운동 시 팽팽하거나 느슨해지는 고삐 연결을 꾸준히 유지하라.

6. 반대 방향으로 연습하라.

확인

속보 운동을 할 때 시선을 전방 위를 유지하도록 한다. 그리고 채찍을 유지하면서 경속보 운동을 수행할 때 자세의 정확도를 지속적으로 지도자의 지시에 따른다.

EXERCISE 33

RIDER POSITION
히프운동
(Hip Slides)

효과

승마자의 엉덩이는 골반 전체와 함께 붙어 있기 때문에, 고립되고 까다로운 영역이다! 그럼에도 불구하고, 이 운동은 한 번에 승마자의 균형을 발전시키는데 도움을 준다. 이 운동은 벤딩, 측면 운동, 그리고 플라잉 체인지(Flying change) 운동이 가능하도록 한다.

EXERCISE 33
히프운동(Hip Slides)

방법

1. 승마자의 발을 등자없이 유지한 체 말을 승마자의 다리로 친절하게 감싸고 평보를 수행하라.

2. 손은 골반 위치에 둔다, 그리고 각 골반에서 느껴라.

3. 오른쪽 골반을 고정시키고 왼쪽 골반을 밀어 전진하라.

4. 한 걸음 후 긴장을 완화시켜라.

5. 그리고 오른쪽 골반을 밀어 같은 운동을 반복하라.

6. 같은 방법으로 여러 번 반복하라.

확인

이것은 먼저 승마하지 않고 하면 더욱 좋다. 의자에 앉아하거나 평편한 지면에서 일어선 자세로 시도한다.

많은 승마자들은 너무 많은 움직임을 기대한다. 그리고 이 운동에 좌절감을 느낀다. 한쪽으로만 골반을 움직일 수 있다. 정확한 동작이 수행될 때 손의 동작 없이 실행한다. 각 골반이 가볍게 전진할 때, 앉아 있는 양쪽 골반은 안장에 깊이 앉고 전진할 수 있다. 확실히 자세가 흔들리지 않게 앉을 수 있다.

EXERCISE 34

RIDER POSITION

다리 강화훈련
(Strong Legs)

효과

반쯤 앉은 자세, 또는 전경자세는 일반적으로 헌터(Hunter)나 장애물 비월에서 주로 사용한다. 마장마술에서는 일반적으로 사용하지 않는 방법이다, 이것은 효과적인 다리 강화 훈련으로 활용할 수 있다.

EXERCISE 34
다리 강화훈련(Strong Legs)

방법

1. 등자끈을 한 구멍 짧게 하라.

2. 경속보로 수행하라(효과적인 운동을 위해 경속보를 활발하게 수행한다).

3. 8 걸음 동안 일어선 상태로 수행하라.

4. 8 걸음 동안 반쯤 앉은 자세로 수행하라.

5. 리듬의 변화 없이 최소 8걸음을 가벼운 경속보와 반전경자세를 번갈아 가며 수행하라.

6. 몇 분 동안 양쪽 방향으로 반복하라.

확인

반 전경에서는, 말에게 편안하게 승마자의 다리를 닫고 체중을 뒤꿈치로 깊이 떨어드려야 한다. 그것은 중요하다. 안장 위에서 기좌를 유지하기 위해 등자에 서 있는 상태로 승마자의 체중으로 말에게 부담을 가하지 않아야 한다. 이러한 지속적인 자세는 양쪽 다리에 가벼운 근육의 부담을 느낄 것이다.

초심자들이 가장 많이 활용하는 방법이다, 반쯤 앉는 자세는 균형을 잃거나 조금 흔들리는 경향이 있다. 그것이 좋다. 그것을 유지하라; 다리근육은 조금 더 강해질 것이다.

EXERCISE 35

RIDER POSITION
등자없이 하는 승마운동
(Work Without Stirrups)

효과

등자없이 수행하는 승마운동으로 자세는 개선될 수 있다. 말의 보법을 위한 승마자의 느낌과 타이밍(Timing)을 개선할 수 있다. 등자없이 수행하는 승마운동은 짧은 시간이라도 유익하다.

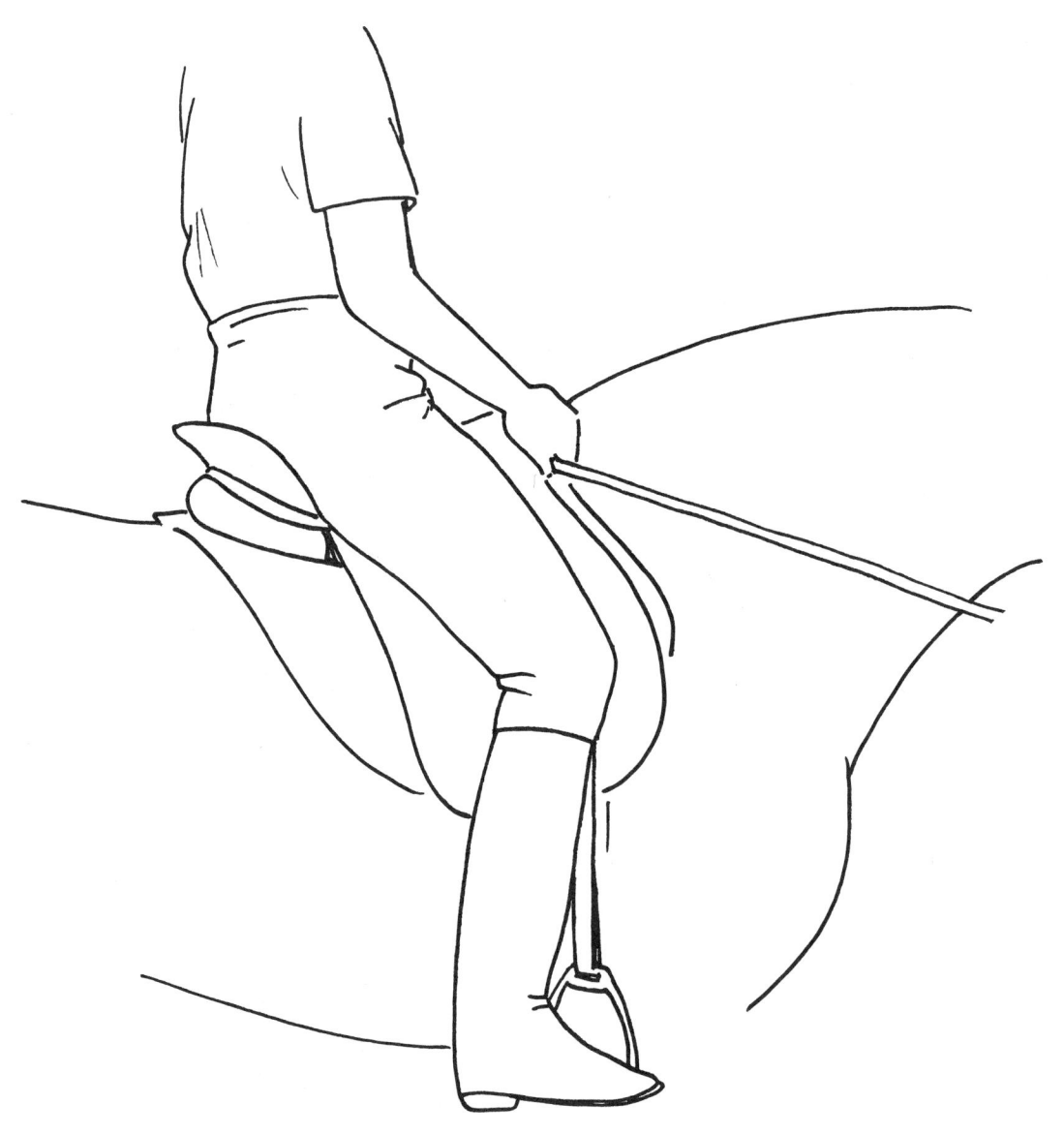

EXERCISE 35
등자없이 하는 승마운동(Work Without Stirrups)

방법

1. 승마자의 다리를 안장에 의지하고 길게 늘리고 평보를 수행하라.

2. 평보로 직선운동과 원운동을 교대로 이행하라.

3. 평보에서 레그-일딩(Leg-yielding)과 측면운동을 수행하라.

4. 큰 트랙에서 속보하고, 오직 승마자의 자세를 중점으로 운동을 수행하라.

5. 마지막으로, 속보에서 구보로의 이행운동을 20분 정도 원운동으로 수행하라.

확인

승마운동을 수행할 때, 말의 보법에 따라 승마자의 몸을 허용한다. 만약 등자없이 그냥 억지로, 쪼그리고, 경직되게 하는 운동은 기좌 강화에 효과가 없을 것이다. 말의 움직임에 따른 기승자세의 품질에 중점을 두어야 한다. 안장에서 튀어 오르거나 다리의 위치를 잃어버리면, 다시 평보로 되돌아오는 운동을 수행해야 한다.

만약 그라운드에 조력자가 있다면, 긴 측면으로 이 운동을 수행할 수 있다. 만약 확실히 안전함을 느낄 수 없다면, 운동수행이 신뢰가 있는 말을 사용해야 한다. 매주마다 등자없이 몇 분씩 이 운동을 수행한다.

EXERCISE 36

RIDER POSITION
다리 지느러미 A
(Leg Flippers A)

효과

이 운동은 승마자의 다리강화, 깊은 기좌 강화 훈련으로, 골반을 열고 수행하는 승마운동으로 다양한 승마운동에 보다 더 효과적인 훈련 방법이다. 그것은 또한, 초과시간, 다리를 열고 하는 승마운동은 말의 운동과 연결을 견고히 한다. 그것은 가장 가치있게 할 수 있는 승마자세 연습의 하나이다.

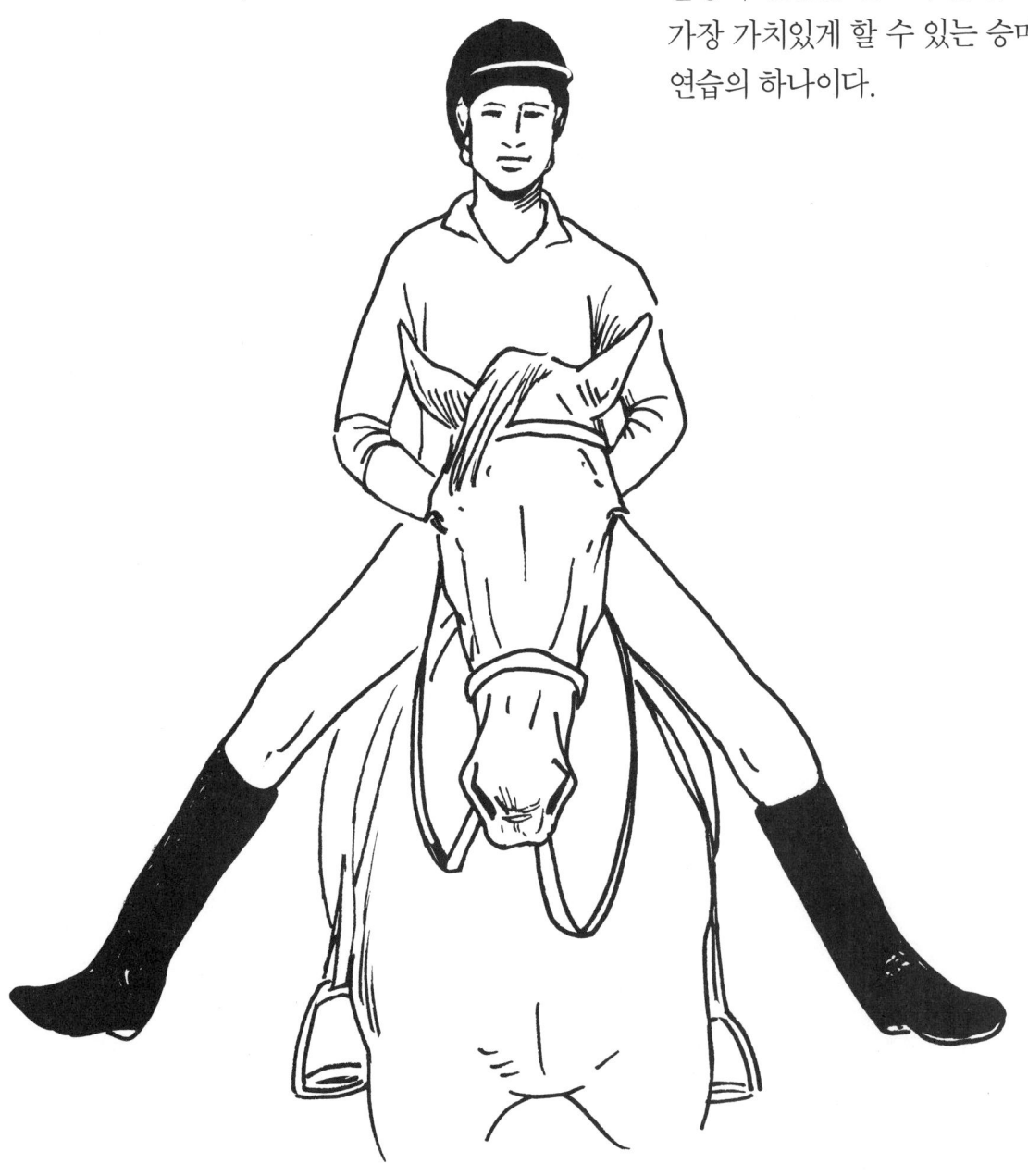

EXERCISE 36
다리 지느러미 A(Leg Flippers A)

방법

1. 등자없이 무릎을 쭉 펴고 평보로 운동을 수행하라.

2. 가능한 말의 측면에서 승마자의 양쪽 다리를 최대한 열고 평보로 수행하라.

3. 승마자의 골반에서 다리를 들어 올리고, 무릎의 구부림을 최소화한다. 허벅지 또한 위로 올린다.

4. 가능한 승마자의 다리를 최대한 넓게 들어 올리고, 다시 내릴 때는 부드럽게 측면으로 말과 하나가 되듯이 수행하라.

5. 일정한 리듬으로 반복하다 -열고- 닫고-열고-닫고- 가능한 길게 운동을 수행하라.

확인

등자없이 수행하는 평보는 골반을 부드럽게 하고 이 운동의 다리 늘림 운동의 준비운동이다. 이 운동을 조마삭 운동으로 수행한다면 아주 이상적인 훈련이 될 수 있다.

EXERCISE 37

RIDER POSITION
다리 지느러미 B
(Leg Flippers B)

효과
이 과정은 "Exercise 36"과 같다. 이 운동을 하기 전에 몇 분동안 등자없이 운동하는 것은 골반을 유순하게 한다.

EXERCISE 37
다리 지느러미 B(Leg Flippers B)

방법

1. 등자에서 발을 뺀 후, 말을 부드럽게 감싸면서 안쪽을 낮게 하고 연결을 지속으로 유지하라. 이때 발뒤꿈치는 낮게 유지하라.

2. 오른쪽 다리는 오른쪽 측면 아래로 향하라. 2초간 유지하고; 그리고 양쪽 다리의 연결을 유지하라.

3. 이때 승마자의 몸은 정면으로 바른 자세를 유지하고, 왼쪽 다리를 열고, 닫고 10~12회 반복하라.

4. 몇 걸음 걸으면서 휴식을 취하라.

5. 반대쪽 다리로 같은 운동을 반복하라.

확인

운동하면서 자세에 집중해야 한다. 일정하지 않거나 측면으로 진행하는 것이 우월하다는 것을 느껴야 한다. 운동하는 동안 승마자는 불규칙한 부조를 인지하는데 집중해야 한다.

기좌는 안장에서 좌우로 흔들지 않아야 한다. 승마자의 체중을 광범위하게 균형을 유지하고 한쪽 다리를 들 때, 허리가 붕괴되거나 한쪽으로 치우치는 경향은 자연스러운 현상으로 인지해야 한다.

EXERCISE 38

RIDER POSITION

다리 지느러미 C
(Leg Flippers C)

효과
이 운동의 효과는 다리 긴장완화와 승마자의 유순한 골반운동을 위해 등자없이 평보로 연습하는 것과 같다.

EXERCISE 38
다리 지느러미 C(Leg Flippers C)

방법

1. 고삐를 느슨하게 하여 평보를 수행하라.

2. 양쪽 다리를 동시에 열고, 2초 동안 그대로 유지하라.

3. 다시 말을 감싼다. 그리고 일정하게 유지하고, 뒤꿈치를 골반 직하방으로 위치하라.

4. 다리를 닫고 몇 걸음 운동을 수행하라.

5. 두 다리를 다시 들고 운동을 수행하라.

6. 몇 분동안 계속 반복하라.

확인

이 운동은 "Exercise 36"과 거의 비슷하다, 하지만 승마자의 무릎은 등자로부터 약간 구부러져 있다. 새끼발가락을 밀어주는 상상으로 말의 몸에서부터 최대한 멀리 등자를 들어 올린다.

승마자 다리의 긴장완화는 안장 측면으로 기울임 없이 운동하는 것과 같다.

만약 고관절 부위에 경련이 일어나면, 그것은 일반적이다, 다리에 긴장완화를 위해 등자 밖으로 발을 빼고 휴식을 취한다.

이 연습은 첫 번째와 다르게 충분한 운동수행을 할 때 까지 반복한다, 자주 연습하는 것이 중요하다. 안정적인 수준에서 연습하는 것이 좋다. 승마자의 다리를 말의 측면에서 최대한 높이 들어 올리는 것이 중요하다. 개인적인 운동 범위 내에서 수행하는 것이 좋고, 이 운동은 보다 유순하고 안정적인 기좌를 발전시킬 것이다.

EXERCISE 39

RIDER POSITION
자전거
(Bicycle)

효과
이 다리 연습은 운동의 범위를 발전시킨다. 깊게 앉고, 강하게 하고, 다리를 통해 균형을 유지할 수 있다.

EXERCISE 39

자전거(Bicycle)

방법

1. 등자에서 발을 빼고 평보를 수행하고, 기좌 아래로 길고 부드럽게 하라.

2. 한쪽 다리를 일직선으로 곧게 펼 때, 다른 쪽 다리는 가능한 무릎을 높게 가져가라.

3. 안장 머리 쪽을 당겨서 최대한 깊이 앉아라.

4. 자전거 타듯이 페달링 리듬은 꾸준히 유지하라.

5. 양쪽으로 기울거나 흔들지 말고 수행하라.

확인

승마자의 다리는 독립적으로 움직이고, 기좌의 연결을 방해하지 말고, 안정된 자세를 유지하라. 특별한 "Exercise 36"과정은, 다리 지느러미 운동을 수행할 때 가장 효과적인 운동이다.

안장의 머리를 당겨 안장에 깊이 앉는 과정을 간과하지 마라. 이것이 안장에서 좌우로 흔들림 없고 깊이 앉을 수 있도록 도움을 줄 수 있다.

EXERCISE 40

RIDER POSITION
무릎올리기
(Pulling Your Knees Up)

효과

상체를 앞으로 기울고 전진운동은 여성 승마자에게 조금 어려울 수 있다. 말의 움직임이 등으로 흡수할 수 있고, 안장에 붙어 깊이 앉은 상태에서 척추와 골반을 나란히 유지시켜주는 효과가 있다.

EXERCISE 40
무릎올리기 (Pulling Your Knees Up)

방법

1. 평보에서, 승마자의 다리를 등자에서 자연스럽게 빼라.

2. 승마자의 꼬리뼈가 흔들림 없이, 무릎을 안장 꼭대기까지 올려라.

3. 말의 네 걸음 동안 이러한 자세를 유지하라.

4. 다리를 내리고, 깊은 자세를 유지하라.

5. 여러 번 반복하라, 그리고 편안하게 등자를 사용한다.

확인

승마자의 무릎을 들어 올릴 때, 승마자의 골반은 안장에 깊이 내려가는 것을 느낄 것이다, 마치 삼각형의 꼭짓점과 같은 곳에 견고히 앉을 수 있을 것이다, 기좌는 쉽게 앞으로 뒤의 끝으로 가지 않고 안정적인 자세로 될 수 있을 것이다. 승마자의 낮춘 등은 곡선이나 반원형으로 되지 않고 곧은 직선으로 형성될 것이다.

EXERCISE 41

RIDER POSITION
상체 유연성운동
(Passing Overhead)

효과

이 운동은 승마자 상체의 균형과 유연성 발달에 좋은 운동이다. 런징 로프(Longe rope)로 운동을 도와주는 사람이 있을 때 승마자는 손을 자유롭게 할 수 있다. 그렇지 않으면 조금 어려울 수 있다, 이때는 원형마장 또는 밀폐된 작은 공간의 승마장에서 수행하는 것이 좋다.

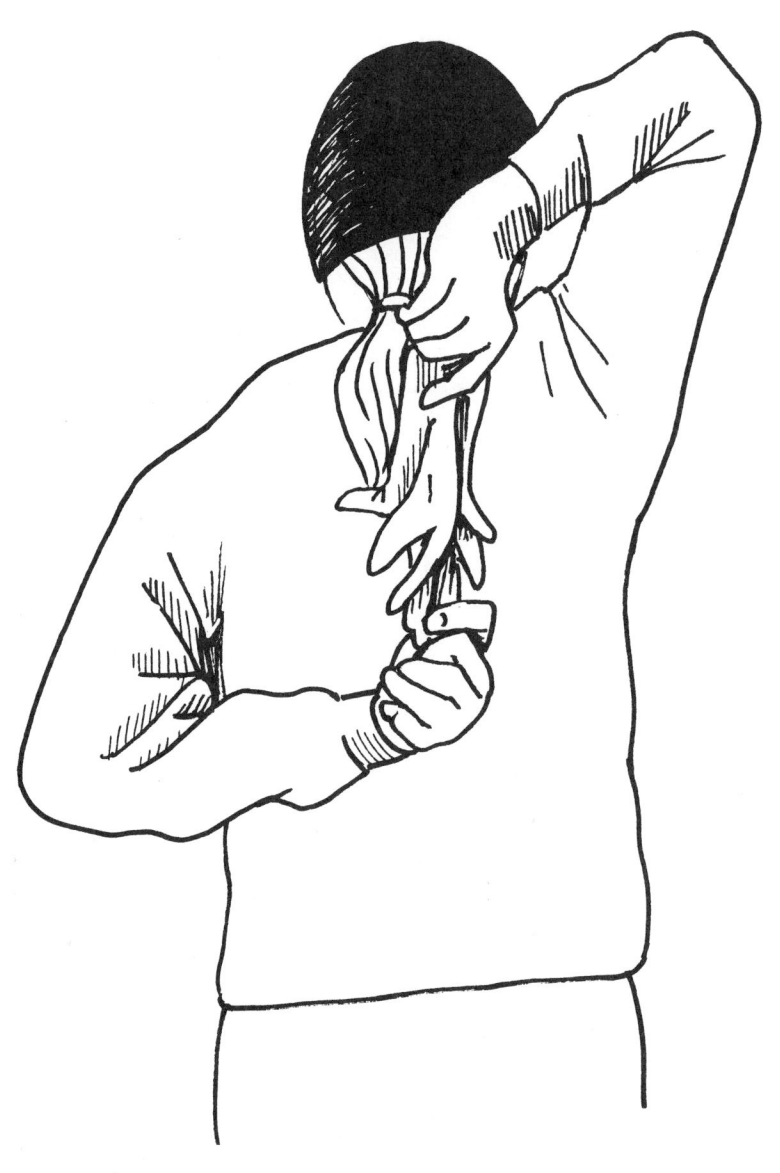

EXERCISE 41
상체 유연성운동(Passing Overhead)

방법

1. 가슴 위치에서 승마 장갑을 잡고, 똑바로 앉은 자세에서, 앞쪽을 보면서, 턱위로 조금씩 들어 올려라.

2. 오른손으로 장갑을 머리 위로 들어 올려 등 뒤로 가져가라.

3. 동시에, 왼손을 등 뒤로 가져가서 오른손 장갑을 잡아라.

4. 양손을 승마자의 앞쪽으로 가져가라.

5. 이제 왼손을 머리 위쪽을 통과해서 등 뒤로 가져가는 동안 오른손은 등 뒤에서 왼손 장갑을 잡아라.

6. 이와 같은 동작을 순서대로 10회 반복하라.

확인

이것은 도전적인 운동이다. 승마 상태에서 하기 어렵다면, 먼저 의자에 앉아 연습할 수 있다. 안장 위에서 균형 유지에 방해받지 않고 수행할 수 있을 때, 승마자의 가슴을 여는 방법을 확인할 수 있을 것이다.

한쪽보다는 양쪽 장갑으로 수행하는 것을 권장한다. 양쪽이 떨어지지 않고 조화로움을 유지하는 것이 중요하다. 평보 운동으로 안장 위에서 균형과 일정한 규칙으로 숙달하면, 속보를 수행한다. 이러한 방법은 편안하게 머물 수 있도록 깊은 호흡을 지속하는데 도움이 된다.

하프-패스(Half-pass)운동은 말의 부드러운 운동의 다양성과, 좋은 짐네스틱(Gymnastic)의 발전된 모습을 분명하게 보여준다.

CHAPTER 5

측면운동(Lateral Work)

측면 운동은 확실히 마장마술, 장애물 비월, 외승(Trail riding), 지구력 경기 등 말의 모든 운동에 대단히 중요하다. 특히 마장마술 경기용 말 조련에 초석이 될 것이다. 대부분 승마선수들은 측면 운동이 마장마술의 테스트와 관련하여 생각한다, 하지만 측면 운동은 모든 말 조련 과정의 짐네스틱(Gymnastic)운동이다.

일반적으로 말 조련은 균형감각, 유연성, 그리고 체력단련 등을 훈련하고, 느슨하면서, 더 기능적인 부드러운 말의 몸을 만드는 것이 중요하다.

승마지도를 할 때, 일반적인 훈련에서 최소한의 측면 운동 일부를 포함시키기를 강력하게 권한다. 측면 운동으로 말을 유연하게 할 수 있고, 대칭적으로 양쪽 운동을 만들 수 있고 또한 균형감각을 연마할 수 있다.

예를 들어, 어린말 초기 조련에 측면 운동을 시작한다면, 이것은 좀 더 강해지고 균형감각을 증가하는 등 모든 운동 수행이 발전되어 측면 운동 효과를 이해할 수 있을 것이다.

양쪽 방향으로 측면 움직임으로 운동을 할 때, 유연성을 확인할 수 있다. 말을 조련시키는 사람들에게 측면 운동의 즐거움과 창조적인 영감을 얻을 수 있길 원한다. 항상 측면 운동을 하고 난 후, 말이 살아있는 느낌과 자신감을 유지하는 것을 명심하라.

만약 급회전과 너무 활발한 운동으로 느낀다면, 측면 운동을 잠시 멈추고, 다시 이 조련 교육을 하기 전에 승마자의 활동적인 순간과 자신감을 얻기 위해 추진 연습을 하는 것이 좋다.

측면 운동을 하기 전에 항상 충분한 준비운동을 해야 한다. 만약, 성숙한 말의 적당한 운동을 원한다면, 스스로 채찍질하라. 예를 들어, 숄더-인(Shoulder-in) 몇 걸음으로 만족하지 마라. 순간을 위하여 꾸준히 연습하고, 휴식하고, 다시 시도하는 것을 반복하라.

주의 : 충분한 효과를 얻을 때 까지 같은 횟수만큼 반대방향으로 계속해서 연습해야 한다.

측면 운동은 조직적이고 체계적인 조련 과정으로 정확한 기술 수준으로 훈련하는 것이 중요하다.

EXERCISE 42

LATERAL WORK

벤딩유지

(Keeping One Bend)

C
H
M
E
B
K
F
A

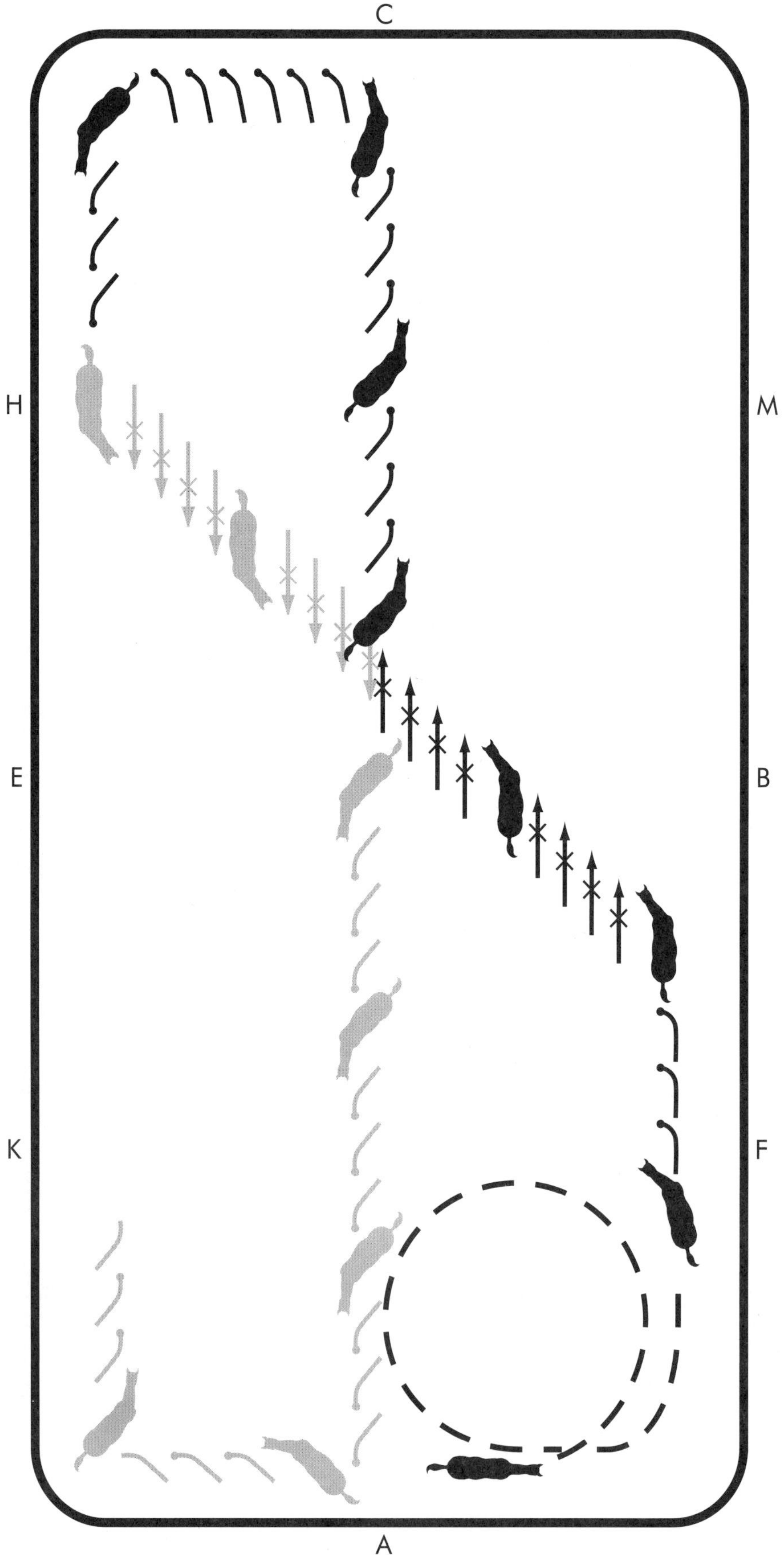

효과

이 운동은 점진적으로 한쪽 뒷다리의 유연성과 신장성을 발달시킨다. 다른 방향에서, 벤드를 바꾸지 않고 지속적으로 수행하면, 뒷다리 운동기능 발달에 많은 도움이 된다.

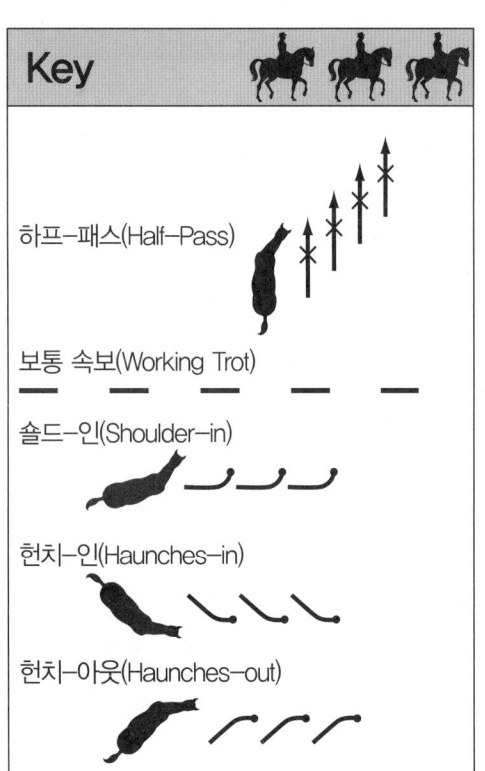

Key
하프-패스(Half-Pass)
보통 속보(Working Trot)
숄드-인(Shoulder-in)
헌치-인(Haunches-in)
헌치-아웃(Haunches-out)

EXERCISE 42
벤딩유지 (Keeping One Bend)

방법

1. 트랙 왼쪽으로, 짧은 측면 끝에서 6~8m 원운동을 수행하라.

2. 긴 측면으로 몇 걸음 숄드-인(Shoulder-in)을 수행하라.

3. 긴 측면의 1/3 지점에서, 중앙선으로 하프-패스(Half-pass) 운동을 수행하라.

4. 중앙선에서, 헌치-인(Haunches-in) 운동을 C 지점으로 정확하게 수행하라.

5. C 지점에서, 왼쪽 방향으로, 헌치-인(Haunches-in) 운동을 지속적으로 수행하라.

6. 코너를 지나서, 중앙선으로 하프-패스(Half-pass) 운동과 중앙선에서 A지점으로 헌치-인(Haunches-in) 운동을 계속 수행하라.

7. A 지점에서, 오른쪽으로 회전하여 렌버(Renvers; 헌치-아웃 Haunches-out) 운동으로 긴 측면까지 수행하라.

확인

측면 운동은 완만한 각도보다 약간 깊은 각도로 수행하는 것이 좋다. 숄드-인(Shoulder-in)을 위해, 예를 들어, 안쪽 어깨를 앞으로 가져가기 위해 노력하는 것은(말이 진행하는 쪽 다리를 향해 간다는 것은) 승마장 안쪽으로 한쪽 다리를 움직이는 요구에 의해 운동한다는 것이다.

이것은 승마자가 편안할 때, 평보와 속보에서 할 수 있다. 항상, 승마자는 리듬에 집중해야 한다. 말은 측면 운동을 하는 동안 지속적이고 활발한 전진이 필요하다. 만약 힘없이 시작하거나 멈추면, 승마장 주변을 다시 활발한 속보 운동을 수행한다.

EXERCISE 43

LATERAL WORK
역방향 원으로 가는 레그-일드
(Leg-yield to Counter Circle)

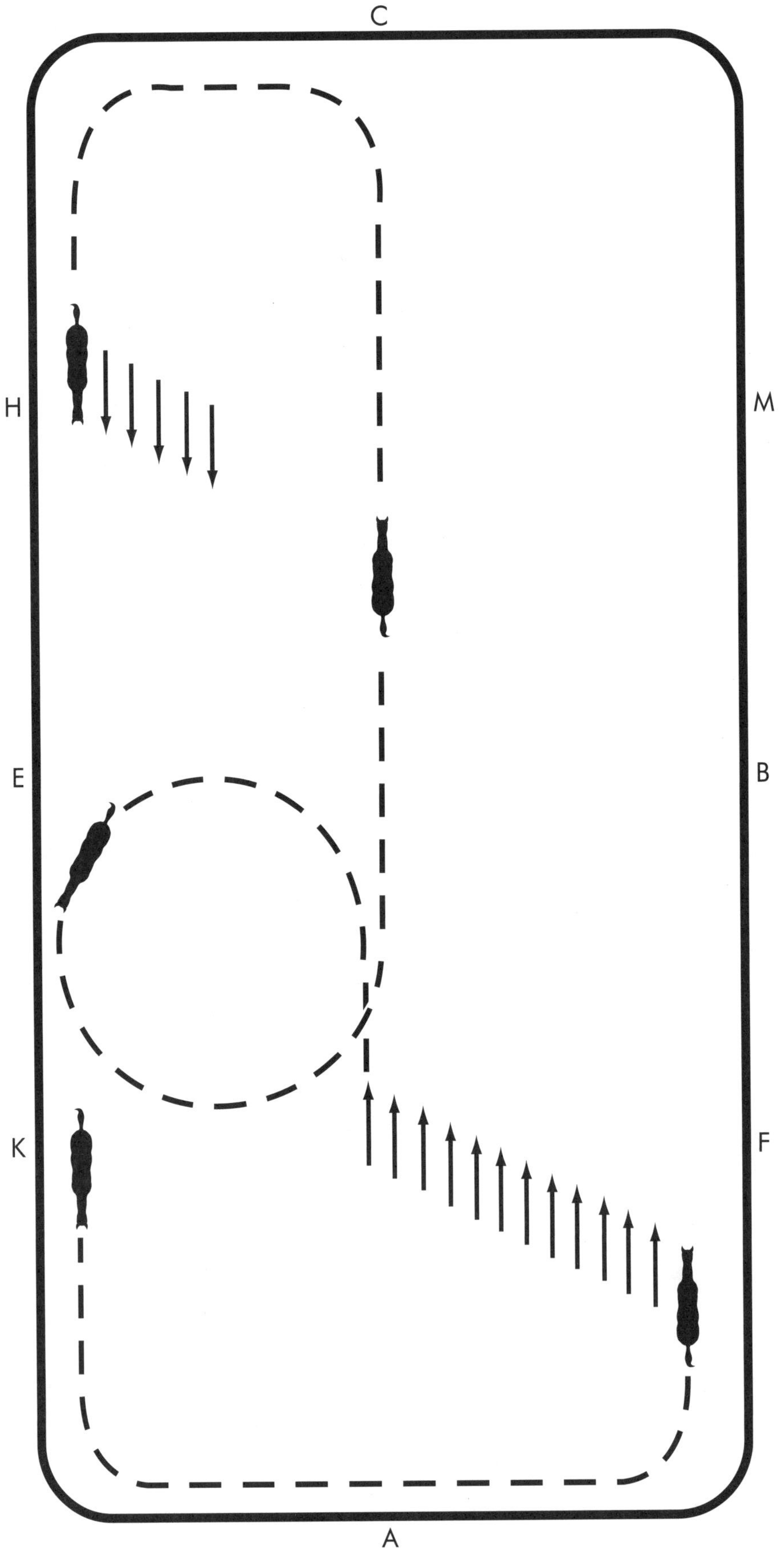

효과

"Exercise 15 구부리기, 반대로 구부리기(Flex, Counter-flex)"과정은 이 운동을 준비하는 과정이다. 원리는 같다: 말은 직진과 균형을 유지하여 측면 운동을 수행한다.

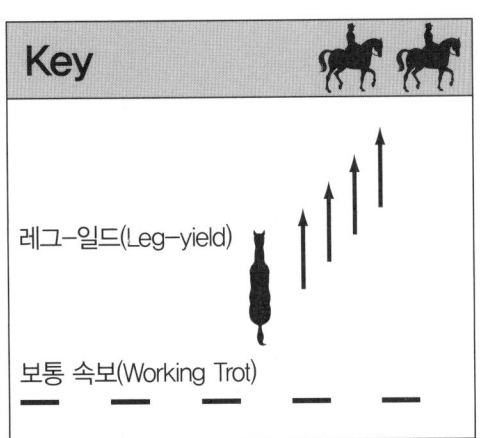

EXERCISE 43

역방향 원으로 가는 레그-일드
(Leg-yield to Counter Circle)

방법

1. 왼쪽 방향으로 속보 운동을 수행하라.

2. 짧은 측면 끝을 지나면서, 중앙선으로 레그-일딩(Leg-yielding)을 수행하라.

3. 중앙선에서, 즉시 왼쪽으로 10m 원운동을 수행하라.

4. 다시 중앙선을 따라 직진으로 수행하라.

5. 중앙선 끝에서 왼쪽으로 수행하라.

6. 코너를 지나면서 위의 1~5번 운동을 반복하라.

7. 양쪽 방향으로 3번을 반복하라.

확인

레그-일드(Leg-yield)를 할 때, 시선을 오른쪽으로 보고 말의 머리를 오른쪽으로 구부린다. 원운동을 시작할 때, 구부림을 왼쪽으로 바꾸고; 모든 시선을 왼쪽 방향으로 수행한다.

진행속도를 일정하게 유지하고 말을 무기력하게 하지 말고 활발하게 하라.

EXERCISE 44

LATERAL WORK

변형된 역방향 원으로 가는 레그-일드
(Leg-yield to Counter Circle Variation)

효과

이 운동은 레그-일드(Leg-yield)와 역으로 수행하는 원운동에서 한쪽 뒷다리 운동에 의해 말의 균형 발달에 도움을 줄 수 있다. 그것은 뒷다리를 즉시 바꾸는데 필요한 추진을 요구하는 것이다.

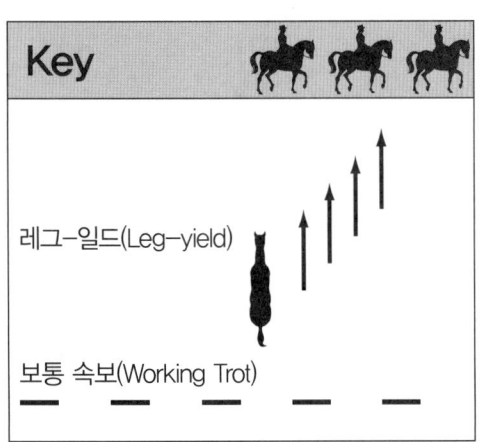

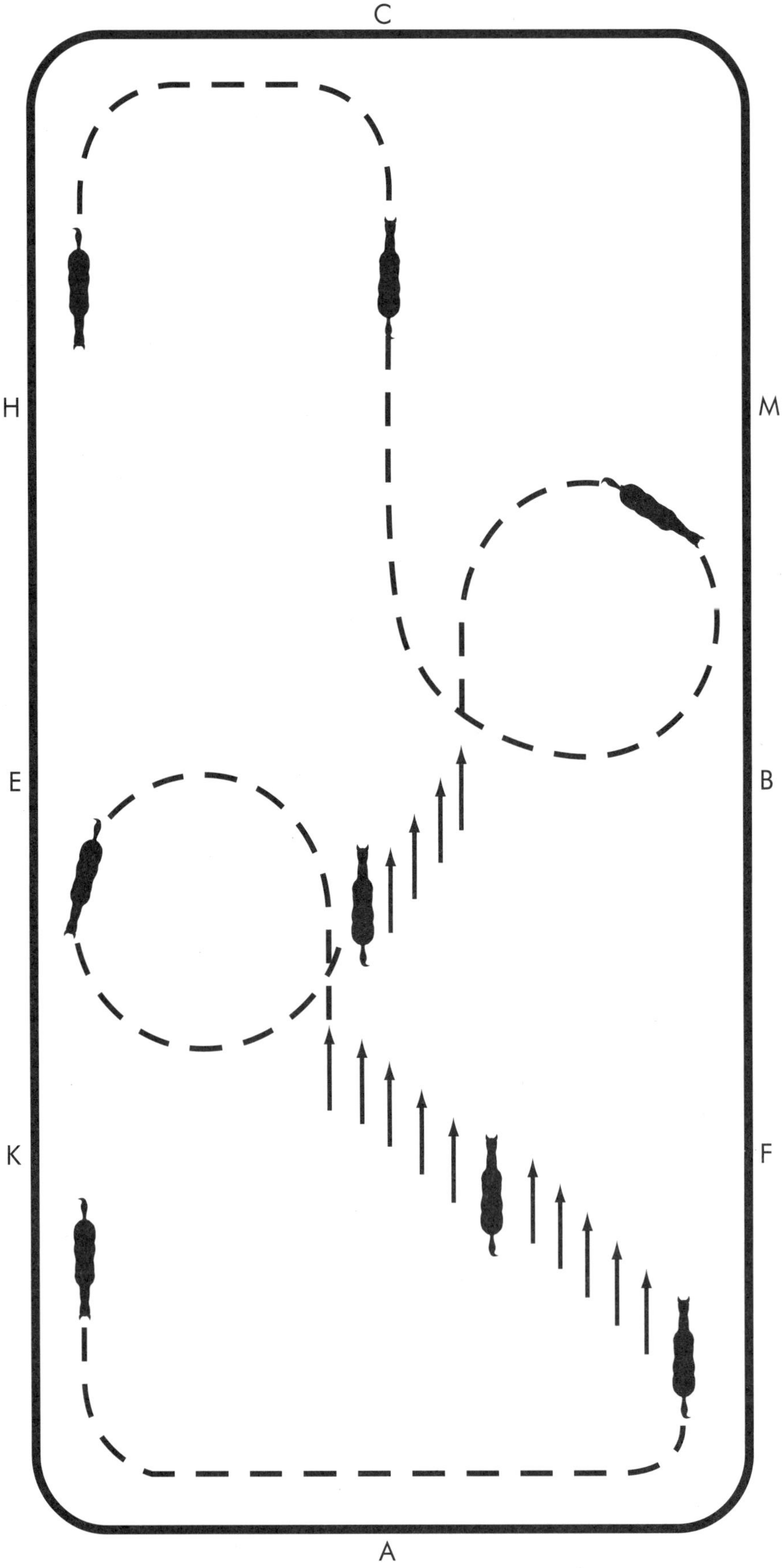

EXERCISE 44

변형된 역방향 원으로 가는 레그-일드
(Leg-yield to Counter Circle Variation)

방법

1. 트랙을 따라 왼쪽 방향으로, 속보로 시작하라.

2. 짧은 측면 끝을 지나면서, 중앙선 방향으로 레그-일드(Leg-yield) 운동을 수행하라.

3. 중앙선 지점을 지나면서, 왼쪽으로 작은 원운동을 수행하라.

4. 다시 오른쪽 방향으로 몇 걸음 진행하고 중앙선에서 레그-일드(Leg-yield)을 수행하라.

5. 오른쪽으로 작은 원운동을 수행하라.

6. C 지점으로 직선운동을 진행하라. 왼쪽으로 회전하고 짧은 측면 끝에서 전체 과정을 반복하라.

7. 양쪽 방향으로 여러 번 반복하라.

확인

양쪽 방향으로 수행 운동을 확인하고 다음날 이 운동을 다시 수행한다. 항상, 말이 사전에 정확한 측면 운동을 위한 충분한 준비운동이 되어 있어야 한다.

말이 정확하게 수행하지 않을 때, 휴식과 적절한 부조운동을 반복해야 한다.

EXERCISE 45

LATERAL WORK
계단식 레그-일드
(Staircase Leg-yield)

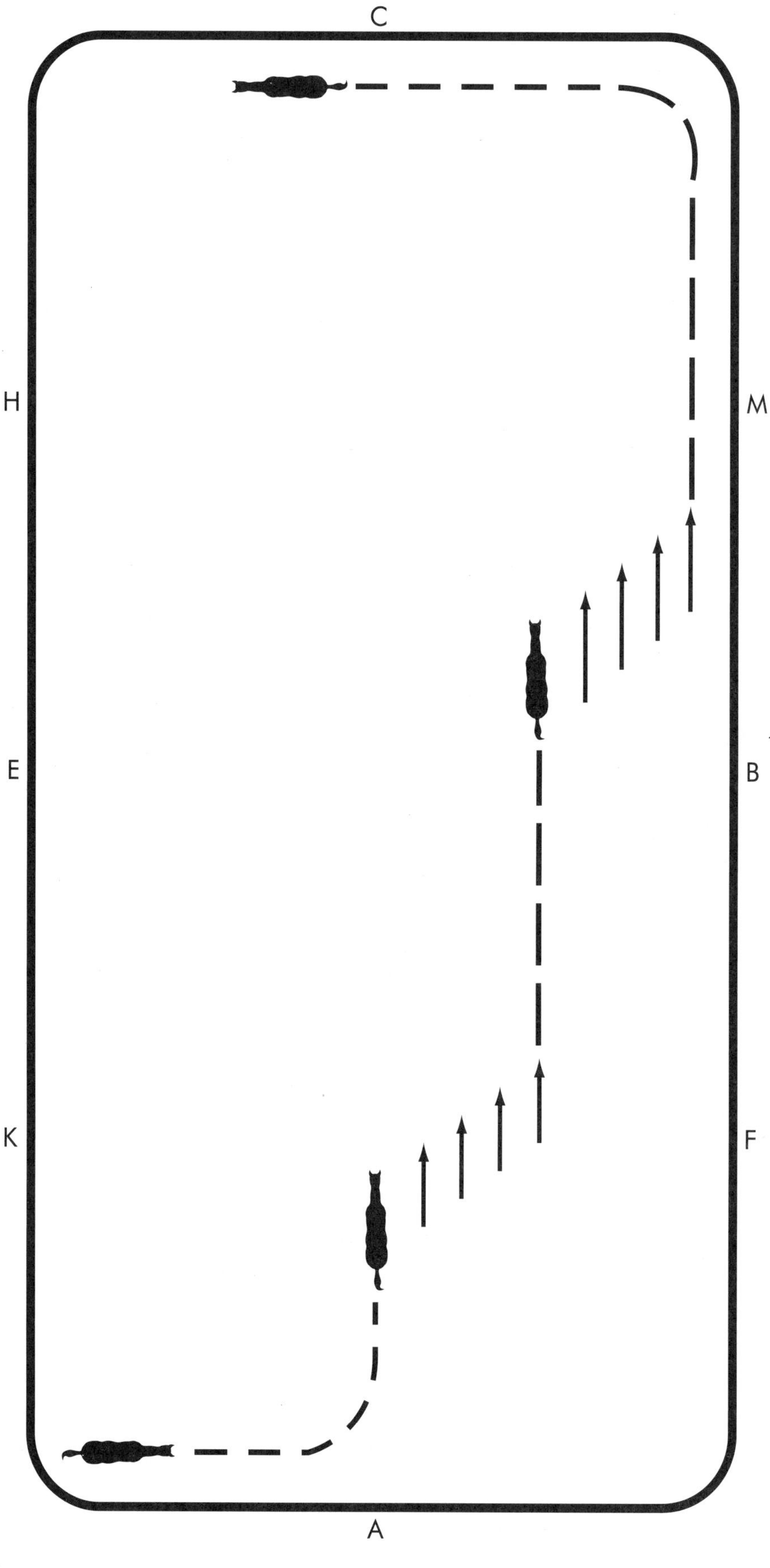

효과

이 운동은 측면 운동을 이해하는 말에게 아주 좋은 훈련 방법이지만 균형을 잃을 수 있다.
또한 이 훈련 방법은 말의 직진운동과 연결운동을 유지하는데 도움이 된다.

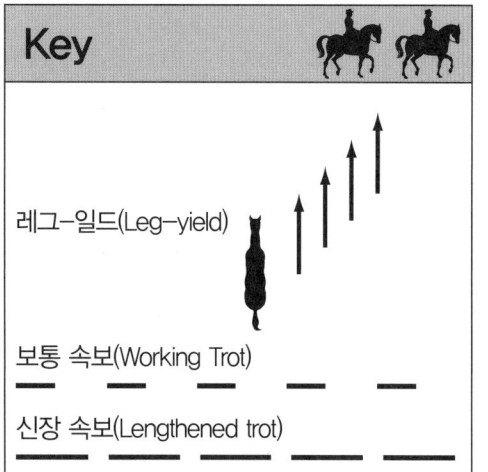

Key	
레그-일드(Leg-yield)	
보통 속보(Working Trot)	
신장 속보(Lengthened trot)	

EXERCISE 45
계단식 레그-일드(Staircase Leg-yield)

방법

1. 왼쪽으로 평보와 속보로 시작하라.

2. A 지점에서, 중앙선으로 수행하라.

3. 승마자의 왼쪽 다리에서 4걸음 레그-일드 운동을 수행하라.

4. 직선 방향으로 4걸음, 말에게 신장 걸음을 요구하라.

5. 다시 4 걸음이상 레그-일드를 수행하라.

6. 다시 말에게 직선 방향으로 4걸음을 신장 걸음으로 요구하라.

7. 이 운동을 자연스럽게 할 수 있을 때까지 반복하라.

확인

말에게 정확한 레그-일드(Leg-yield) 운동이 수행될 때까지 신장운동을 요구하라, 측면 운동을 하는 동안 전진운동은 잃을 수 있다. 말이 다리부조에 정확하고 즉시 전진운동을 수행할 수 있도록 만들어라.

EXERCISE 46

LATERAL WORK

각도 변경
(Change Angle)

C
H
M
E
B
K
F
A

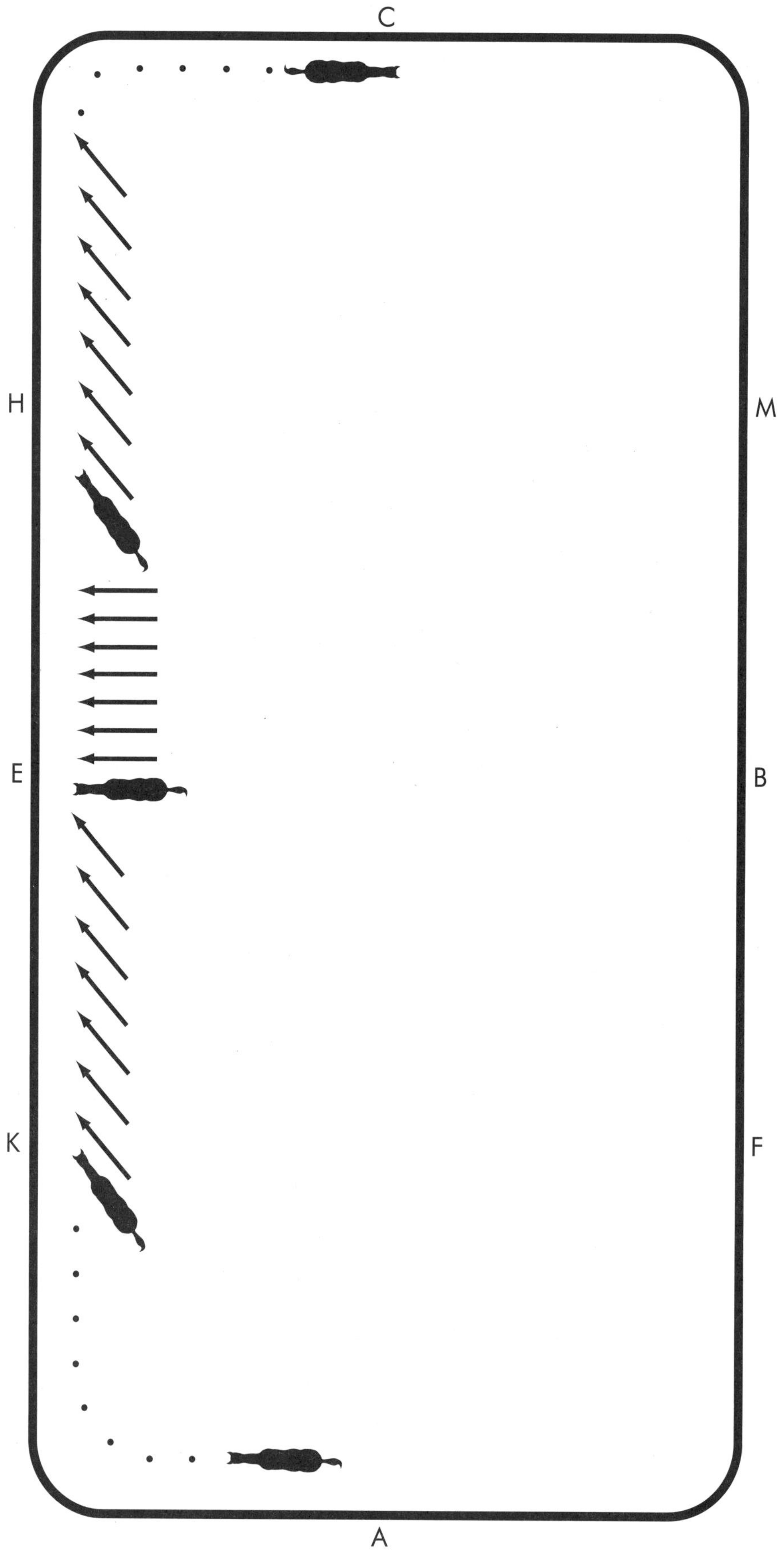

효과

말의 뒷다리에 운동 범위를 증가시키는데 효과가 있다. 말이 근육의 유연성 때문에 휴식을 취하고, 운동을 다시 시작할 때 천천히 움직이도록 해야 한다.

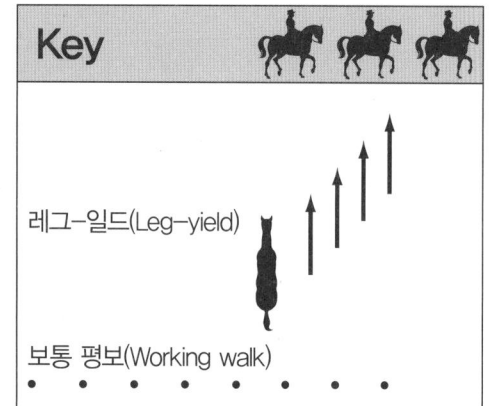

Key
레그-일드(Leg-yield)
보통 평보(Working walk)

EXERCISE 46

각도 변경(Change Angle)

방법

1. 트랙 오른쪽 긴 측면으로 보통 평보를 수행하라.

2. 3 트랙으로 시작하고, 펜스 방향으로 35° 정도로 수행하라. 7 걸음 정도 수행하라.

3. E 지점에서, 승마자의 안쪽 다리를 함께 말의 후구를 가져간다. 펜스와 90°를 유지하여 수행하라.

4. 이 각도를 유지하고 7 걸음 정도 수행하라.

5. 다시 얕은 각도에서 긴 측면으로 수행하고 마무리 하라.

확인

측면 운동을 수행할 때, 말의 뒷다리(왼쪽)가 지면에서 떨어지는 순간 그 위치에 해당하는 승마자의 다리(경우에 따라 왼쪽 다리)를 사용하여 유도한다. 정밀한 타이밍(Timing)으로 해야 한다.

선택시점(About Timing)

최선의 승마운동을 수행할 수 있다는 것은 말의 뒷다리 중 하나가 전진운동을 수행하는 것이다. 승마자는 느낌으로 배워야 하고 왼쪽, 오른쪽 등으로 호출할 수 있다(말의 다리 움직임을 직접 보지 않고).
측면 운동에서 다리부조를 남용해서는 안 된다. 혼란스러운 부조는 측면 운동을 어렵게 하고 둔감한 말을 만들 수 있다. 거의 대부분 승마자는 다리부조를 지나치게 많이 사용하는 것을 볼 수 있다. 차라리 승마자의 발뒤꿈치와 종아리가 말의 걸음을 위해 정확한 타이밍에 여러 번 접촉해 주는 것이 좋다.
정밀한 부조는 정밀한 응답을 얻을 수 있다. 다리부조는 말의 걸음걸이가 안쪽으로 전진할 때 말의 리듬에 따라 움직여야 한다. 예를 들어: 왼쪽 다리로부터 레그-일딩(Leg-yielding) 운동을 할 때, 말의 왼쪽 뒷다리가 지면으로부터 떨어져서 전진할 때 승마자의 왼쪽 종아리는 말의 정확한 측면을 압박해야 한다. 오직 말의 다리가 체공상태일 때 측면으로 인도하는 것이 효과적으로 영향을 줄 수 있다. 타이밍을 연습하라.
말은 진정으로 느낄 수 있을 것이다.

EXERCISE 47

LATERAL WORK
구보발진으로 가는 레그-일드
(Leg-yield to Canter Depart)

효과

이 과정은 어린 말에게 좋은 훈련 방법이다. 균형 있는 구보를 개선하는데 도움이 된다. 레그-일드(Leg-yield) 시선 방향으로 원뿔이나 지점 표시를 한다. 이것은 구보 발진을 할 때 레일을 넘어가는 것을 예방하는 차원이다.

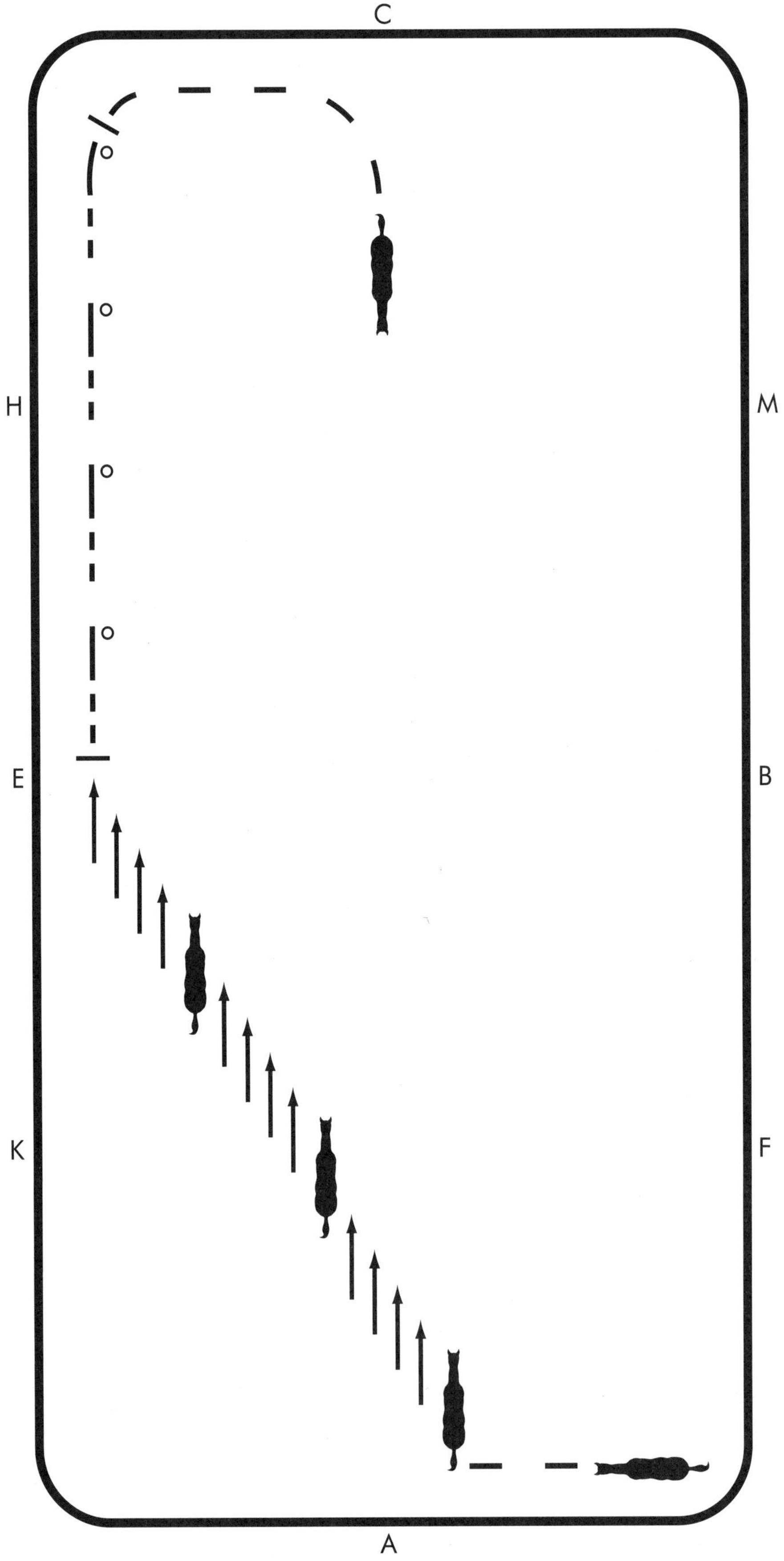

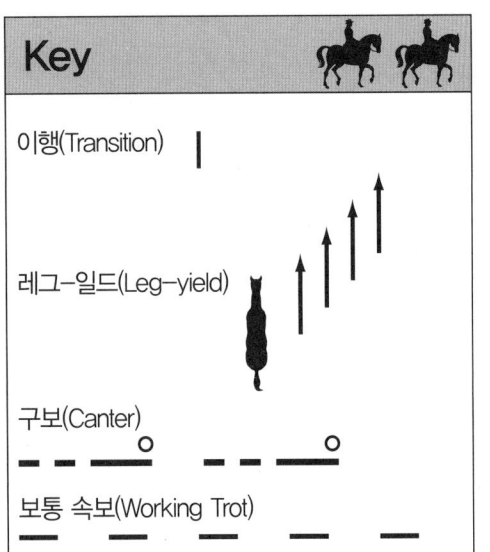

EXERCISE 47
구보발진으로 가는 레그-일드
(Leg-yield to Canter Depart)

방법

1. 오른쪽으로 속보 운동을 수행하라.

2. A 지점에서 중앙선으로 방향 전환을 수행하라.

3. 즉시 왼쪽 레그-일드를 수행하라. 긴 측면의 중간지점까지 수행하라.

4. E 지점에 도착했을 때, 즉시 우측 구보로 발진하라.

5. 코너까지 구보운동을 수행하라.

6. 코너에서 보통속보로 이행하라.

7. C 지점에서 중앙선으로 방향 전환하라, 이런 방법으로 반복운동을 수행하라.

확인

만약 어깨로 리드하여, 불균형한 레그-일드를 수행하면, 불안전한 구보 발진을 수행할 것이다. 부조에 따라 말을 조율하여 준비운동을 레그-일드 운동과 함께 수행한다. 구보 발진은 즉시 수행해야 한다.

EXERCISE 48

LATERAL WORK
원운동과 구보발진으로 가는 레그-일드
(Leg-yield to Canter Depart with Circle)

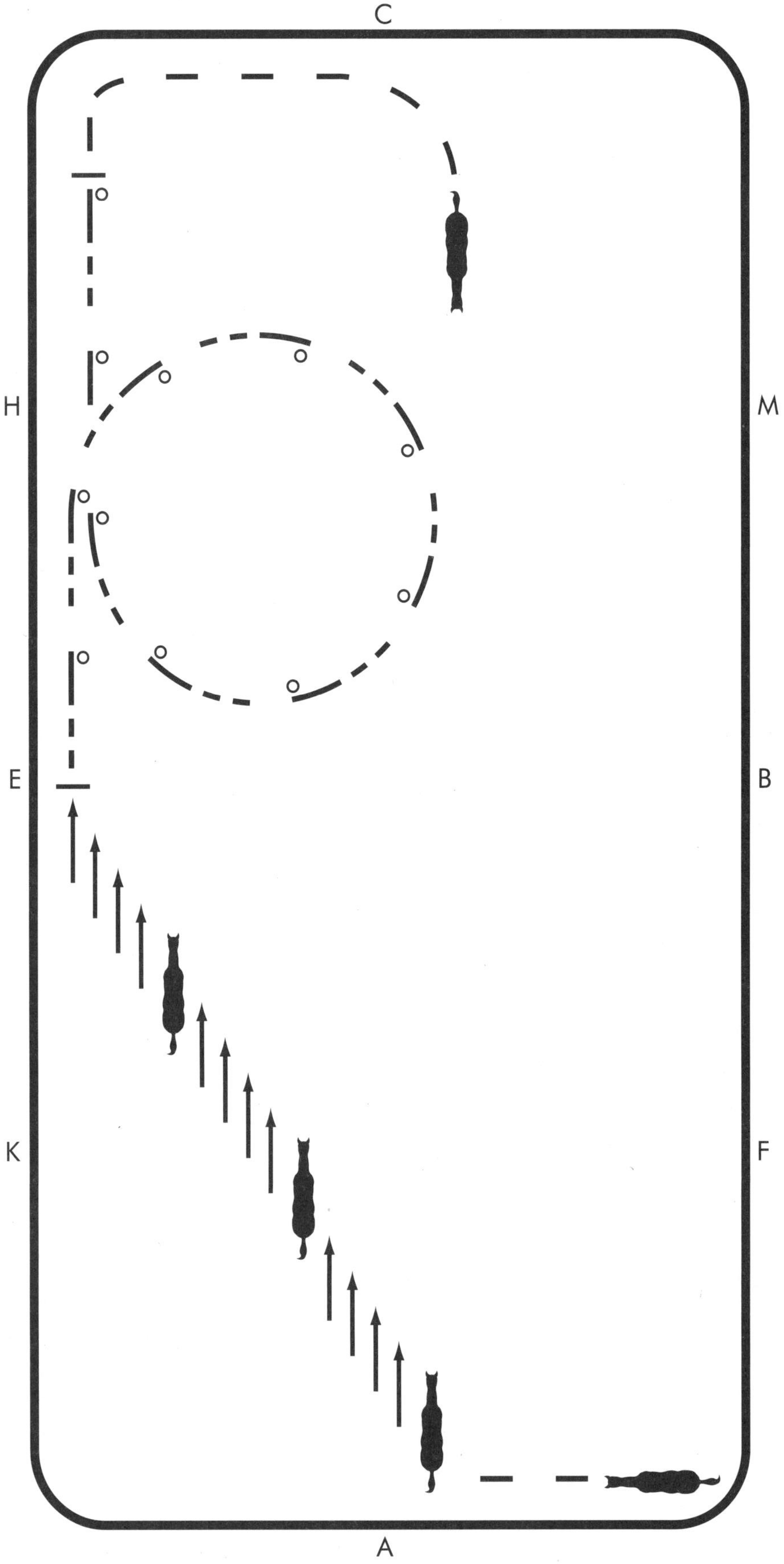

효과

이전 과정을 확인하라. 그것은 하루나 이틀 동안 할 수 있다, 하지만 끊임없이 지속적으로 수행해야 한다.

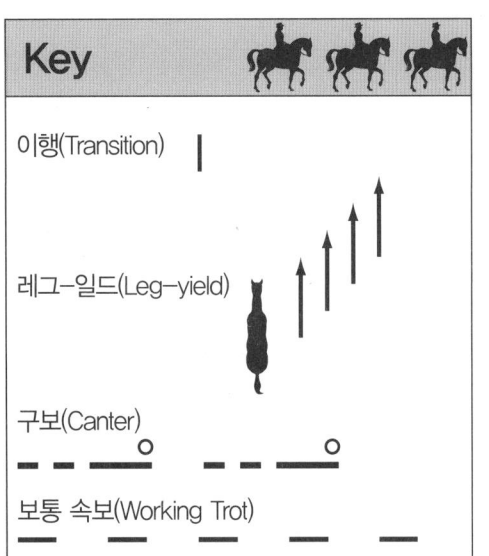

EXERCISE 48
원운동과 구보발진으로 가는 레그-일드
(Leg-yield to Canter Depart with Circle)

방법

1. 오른쪽으로 속보를 시작하라.

2. A 지점에서 중앙선으로 방향 전환을 수행하라.

3. 왼쪽으로 즉시 레그-일드(Leg-yield)로 레일의 E 지점까지 수행하라.

4. 펜스에 도착했을 때, 신속하게 우측 구보를 수행하라.

5. 즉시, 오른쪽으로 15m 원운동을 수행하라.

6. 긴 측면을 따라 운동을 수행하고 코너에서 속보 운동으로 이행하라.

7. C 지점에서 중앙선으로 방향 전환하고 전체 과정을 반복하여 수행하라.

확인

이 운동은 한쪽 방향보다 다른 쪽 방향은 조금 더 쉬울 것이다. 불규칙적인 측면을 정확하게 수행하기 위해 좀 더 어려운 운동을 시도한다.

이 연습을 시작하기 전에 레그-일드와 준비운동을 수행한다. 만약 말이 까다로운 경향이 있으면 5 걸음으로 두 번 원운동을 수행하여 꾸준한 리듬을 유지한다.

EXERCISE 49

LATERAL WORK
안쪽 트랙으로, 구보발진으로 가는 레그-일드
(Leg-yield to Canter Depart, Inside Track)

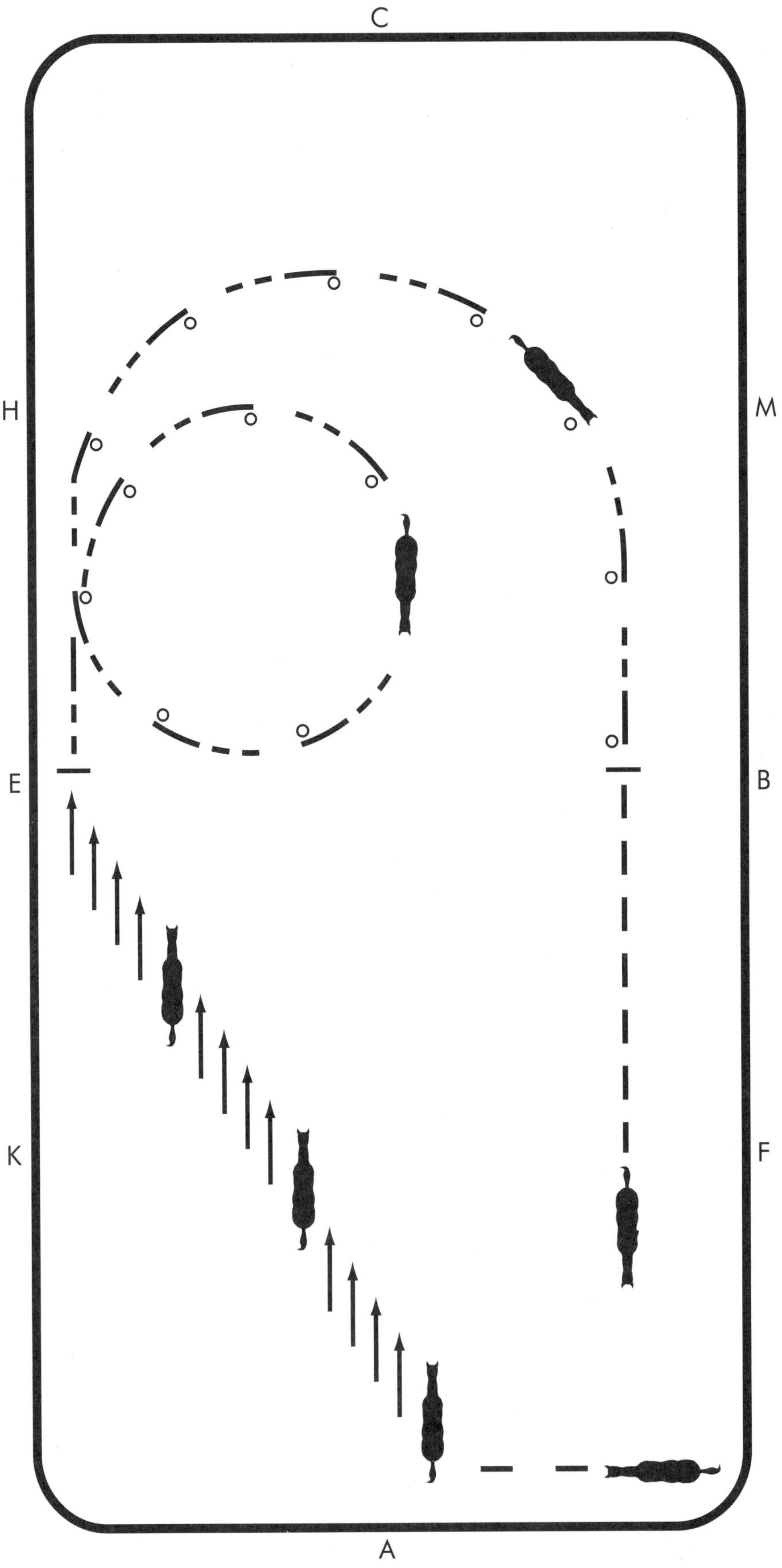

효과

이 훈련은 직진운동의 연장으로 말과 승마자의 민감한 부조를 유지하고 지원한다. 측면 E 지점에 도착했을 때, 말에게 트랙 안쪽으로 구보발진을 요구한다, 펜스 대신에, 승마자의 다리에 조금 더 균형과 직진성 요구에 초점을 둔다(펜스에 의지하는 것과 대조적으로 마체를 곧게 유지한다).

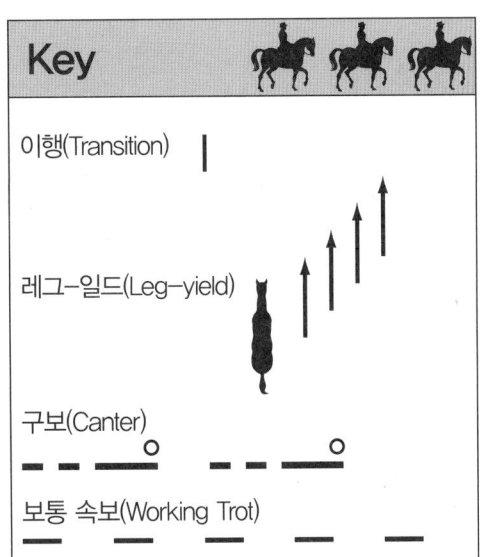

EXERCISE 49
안쪽 트랙으로, 구보발진으로 가는 레그-일드
(Leg-yield to Canter Depart, Inside Track)

방법

1. 오른쪽 트랙으로 보통속보를 시작하라.

2. A 지점에서 중앙선으로 방향 전환을 수행하라.

3. 즉시 왼쪽으로 레그-일드하고, E 지점에서 트랙 안쪽으로 지속적으로 수행하라.

4. E 지점에 도착했을 때, 신속하게 오른쪽으로 구보 출발을 수행하라.

5. 즉시 오른쪽 15m 원운동을 실시하고, 원운동의 중간쯤 다시 지속적으로 원 주변으로 운동을 수행하라.

6. 1/4 지점으로 직선운동하고, A 지점으로 방향을 전환하라.

7. 승마장 끝 지점 전에, 다시 속보나 평보로 이행하고. 다시 전체 과정을 반복하라.

확인

이 운동은 트랙 안쪽으로 승마하는 방법으로 펜스를 벗어나, 이 책에서 다른 연습 과정 다음에 수행하면 가장 성공적으로 수행될 것이다. 연습 19, "벽 없이 수행하는 서펜타인(Serpentine)"을 수행하라. 시작하기 전에, 레그-일드 부조에 즉각 반응하도록 준비운동을 하라.

말이 원운동 후에 1/4 지점에서 표류하도록 허용하지 마라. 대부분의 말들이 왼쪽으로 툭 튀어나갈 수 있을 것이다, 그래서 원운동의 리듬을 유지하고 왼쪽 다리부조를 강하게 유지하라.

EXERCISE 50

LATERAL WORK
방향전환과 구보발진 으로 가는 레그-일드
(Leg-yield to Canter Depart with Direction Changes)

효과

이 연습은 다리부조에 말의 전진운동과 균형을 유지하기 위해 아주 좋은 조련 방법이다.

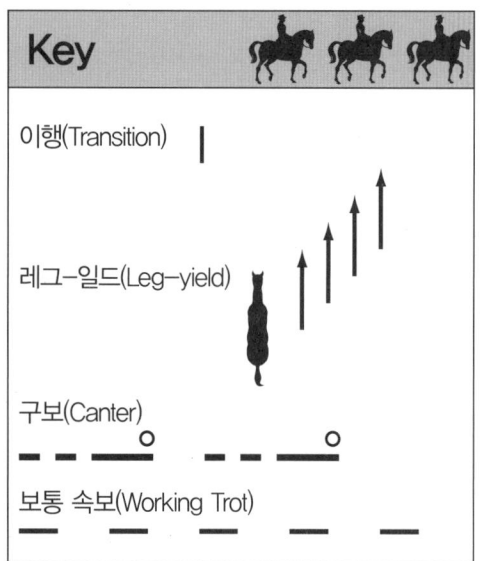

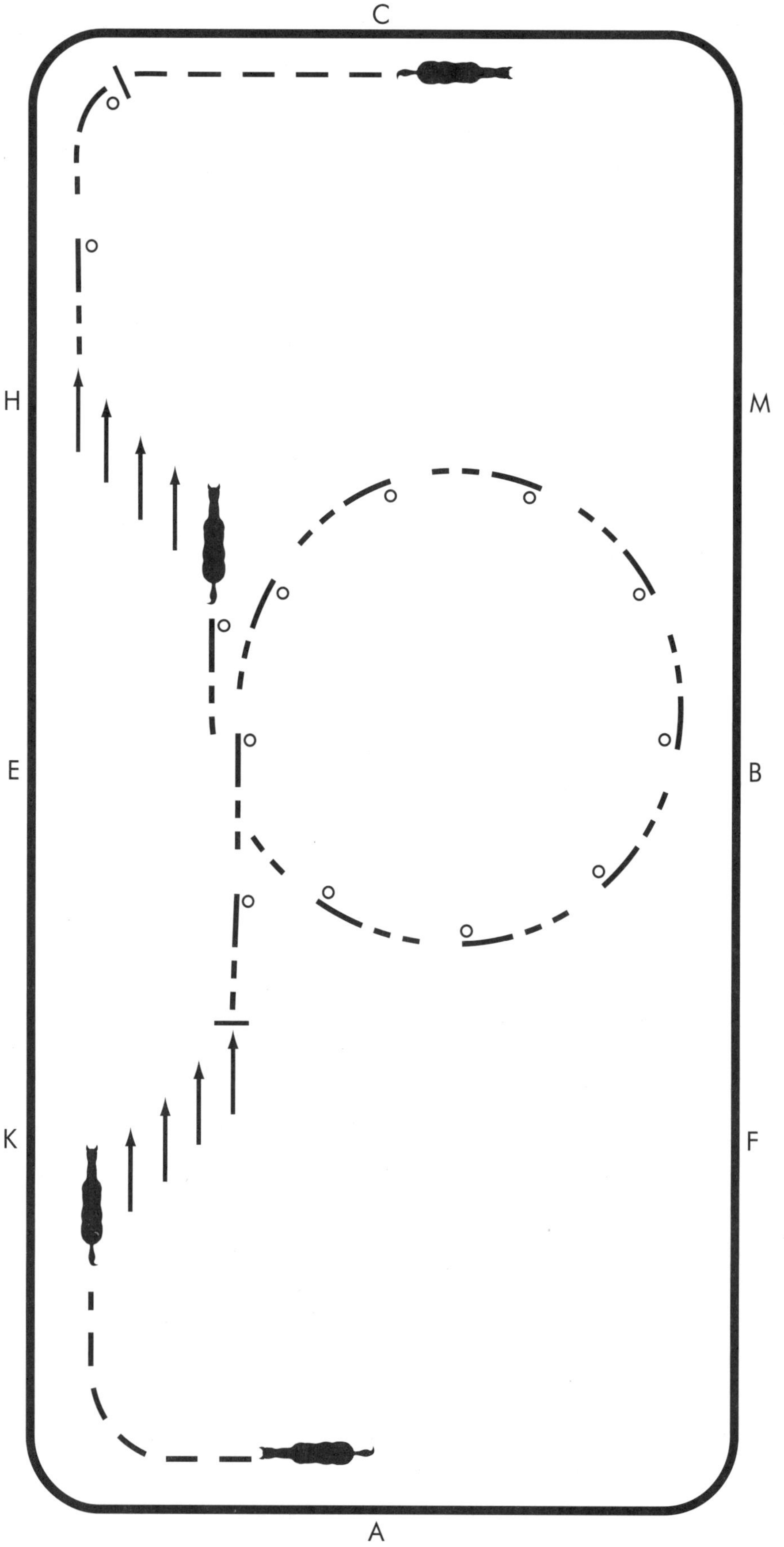

108 _ 마장마술 | CHAPTER 5

EXERCISE 50
방향전환과 구보발진으로 가는 레그-일드
(Leg-yield to Canter Depart with Direction Changes)

방법

1. 오른쪽으로, 보통속보를 시작하라.

2. 긴 측면으로 시작하고, 곧바로 중앙선으로 레그-일드를 수행하라.

3. 1/4 지점에서, 직진으로, 다시 중간지점에서 오른쪽 구보를 수행하라.

4. 즉시, 오른쪽 15m 구보 원운동을 실시하라.

5. 원운동 후에, 1/4 지점에서 펜스쪽으로 구보 레그-일드를 수행하라.

6. 펜스를 따라 직선으로 운동을 수행하라.

7. 코너에서, 보통속보로 이행하라.

확인

운동 전에, 제6장을 확인하라: 구보 개선운동과 레그-일드를 수반한 구보 연습이다. 이 운동을 수행하기 전에 부드러운 운동이 선행되어야 한다.

만약 4 번째 단계에서, 균형을 잡기 어려우면, 원운동을 두 번 수행한다.

EXERCISE 51

LATERAL WORK
바람개비 레그-일드
(Leg-yield pinwheels)

효과
이것은 승마자의 체중과 다리부조에 즉각적으로 반응하게 하고 말이 민첩하게 운동을 유지할 수 있다.

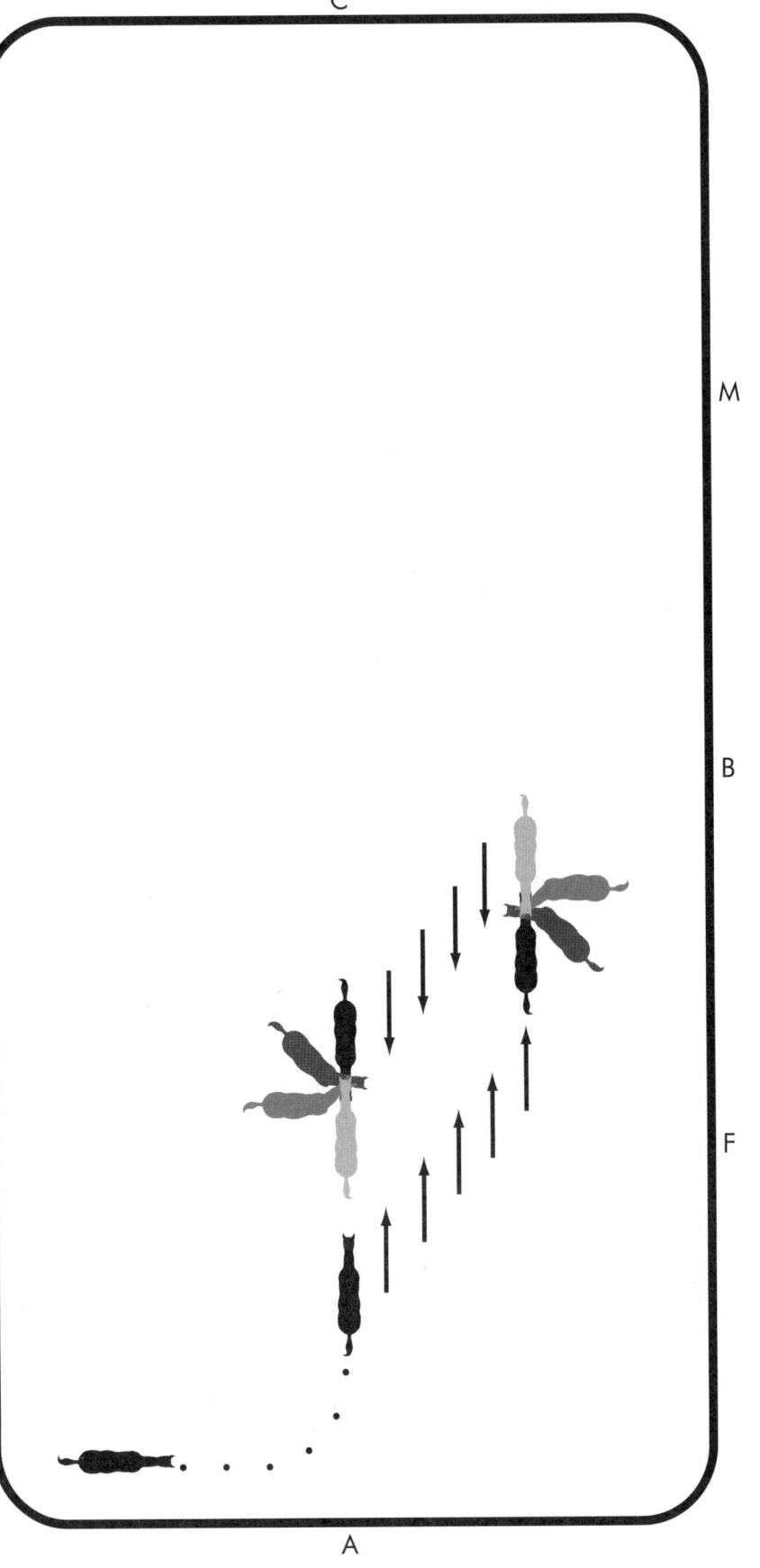

Key
- 보통 평보(Working walk)
- 레그-일드(Leg-yield)
- 앞쪽을 중심으로 회전운동(Turn on forehand)

110 _ 마장마술 | CHAPTER 5

EXERCISE 51
바람개비 레그-일드 (Leg-yield Pinwheels)

방법

1. 왼쪽으로 보통 평보를 시작하라.
2. A 지점에서 중앙선으로 방향 전환하라.
3. 1/4 라인으로 레그-일드하고 직선으로 정확하게 정지하라.
4. 승마자의 왼쪽 다리부조를 이용하여 180° 회전하라.
5. 중앙선으로 다시 레그-일드를 수행하라.
6. A 지점에서, 승마자의 왼쪽 다리부조를 이용하여 180° 회전하라.
7. 다시 1/4 라인으로 레그-일드를 수행하라.
8. 승마자가 충분하다고 생각할 때까지 같은 순서로 반복하라.

확인

이 운동을 위해 말이 평보에서 조용히 움직여야 한다. 재갈을 물고 돌진하려는 경향이 있는 말은 이와 같은 운동을 수행하지 마라.

모든 측면 운동을 할 때, 말의 양쪽 측면이 균등하게 발전할 수 있도록 양쪽 방향으로 균등하게 훈련해야 한다.

EXERCISE 52

LATERAL WORK
계단식 하프-패스
(Half-pass Staircase)

효과

이것은 말의 하프-패스(Half-Pass)에 필요한 리듬과 추진에 도움이 된다. 또한 측면 운동에 필요한 충분한 교차 운동이 되지 않거나 뻣뻣한 말에게 도움이 된다.

Key

- 하프-패스(Half-Pass)
- 보통속보(Working Trot)
- 신장 속보(Lengthened trot)

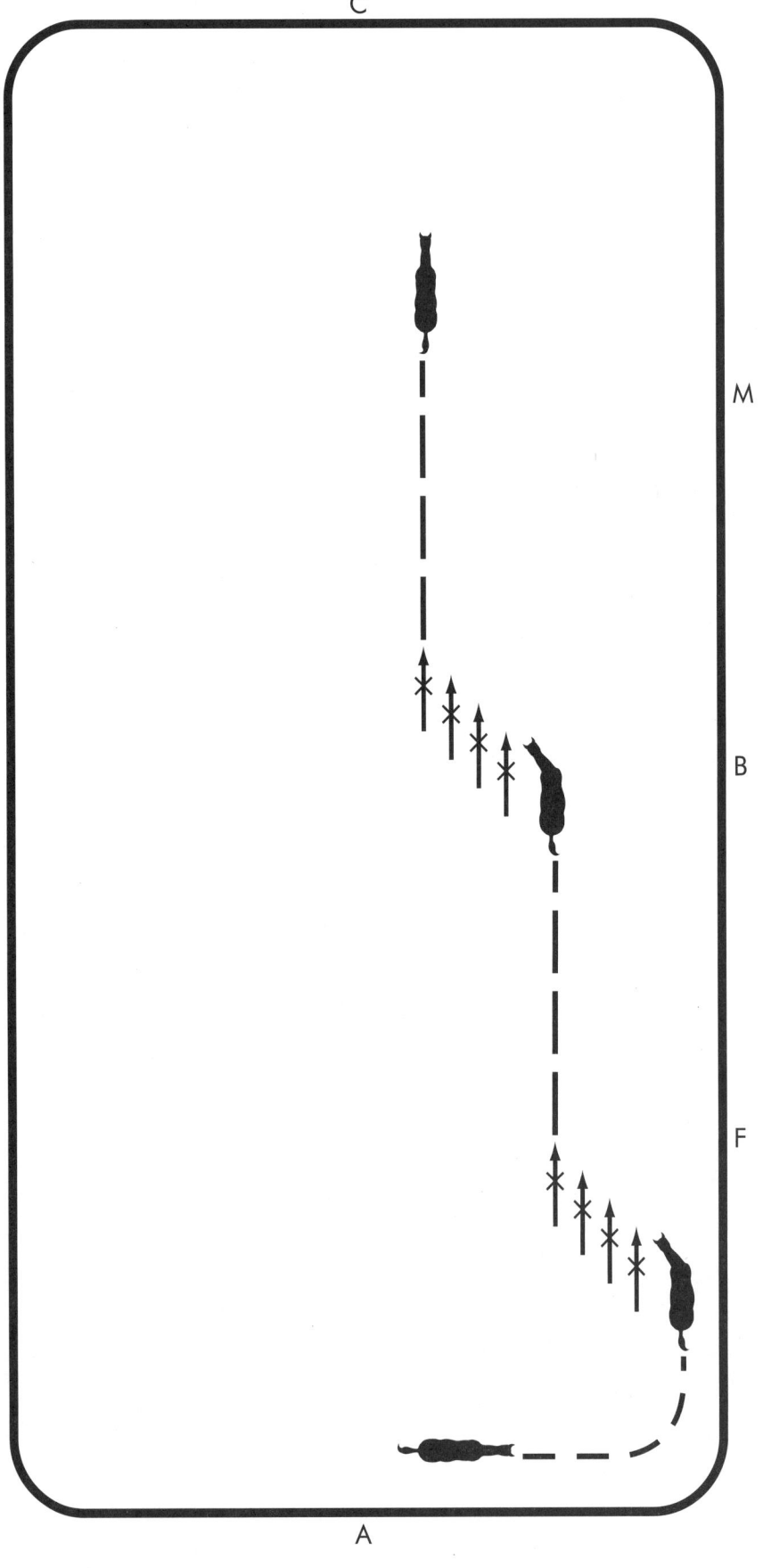

EXERCISE 52

계단식 하프-패스(Half-pass Staircase)

방법

1. 트랙 왼쪽으로 평보 또는 속보를 시작하라.

2. 긴 측면으로 시작하라, 왼쪽으로 하프-패스를 4 걸음 수행하라.

3. 즉시 신장으로 전진운동을 4걸음 수행하라.

4. 하프-패스를 4걸음 수행하라.

5. 3번처럼 즉시 직진운동을 4 걸음 수행하라.

6. 양쪽으로 반복하라.

확인

이 운동을 수행하기 전에 "Exercise 45", 계단식 레그-일드를 먼저 수행할 수 있다.

각 하프-패스 후에 일직선에서, 과감하고 큰 걸음걸이를 수행한다. 활발한 운동을 발생시키기 위해 하프-패스를 수행하는 동안은 속보((Seat the trot))로 수행하고, 직선운동을 수행할 때는 경속보(Post the trot)가 이 운동에 도움이 된다.

EXERCISE 53

LATERAL WORK
직선상에서 레그-일드로 가는 하프-패스
(Half-pass to leg-yield on a Straight Line)

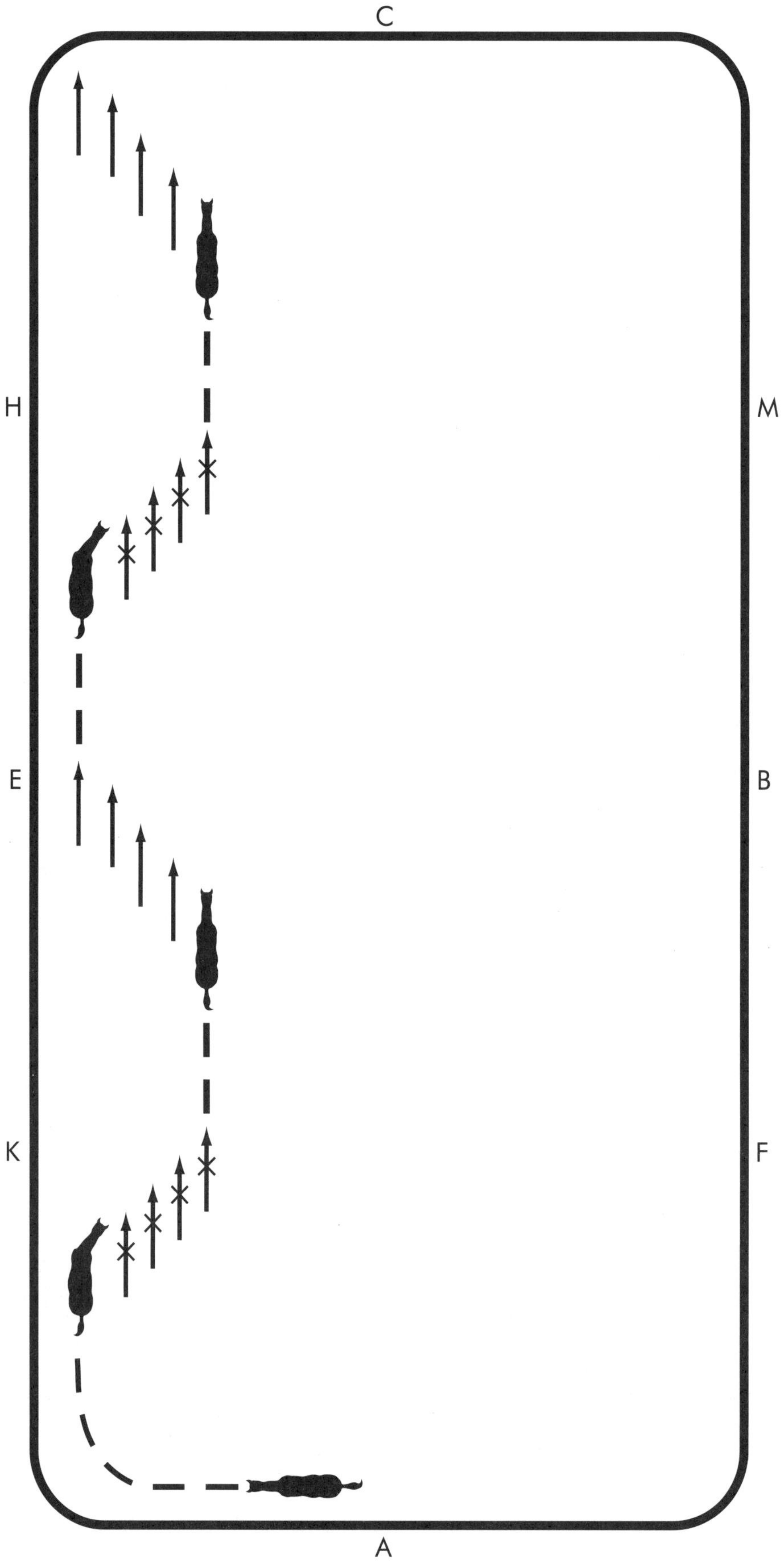

효과

이 운동은 이전 연습과 함께 수행하면 좋다. 기술 수준이 높은 말을 위해 준비운동에 활용하면 효과적이다.

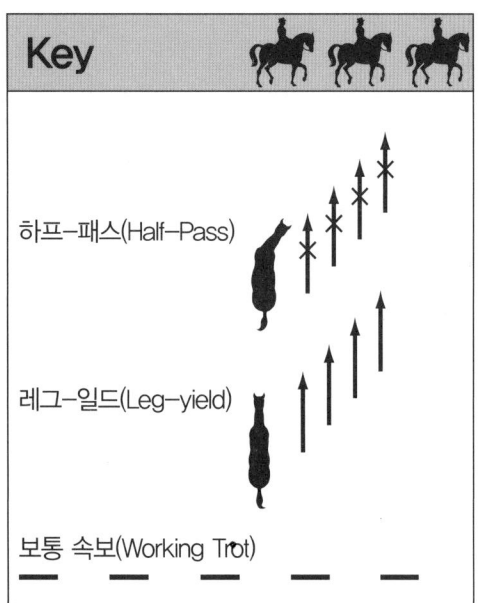

114 _ 마장마술 | CHAPTER 5

EXERCISE 53
직선상에서 레그-일드로 가는 하프-패스
(Half-pass to leg-yield on a Straight Line)

방법

1. 오른쪽으로 속보를 시작하라.

2. 짧은 측면을 지나, 1/4 라인 지점으로 오른쪽 하프-패스를 수행하라.

3. 1/4 지점에서, 한 걸음 직진을 수행하라.

4. 즉시, 트랙으로 레그-일드를 수행하라.

5. 각 측면 양쪽으로 반복해서 수행하라, 운동을 수행하는 동안 같은 리듬을 유지하는 것이 중요하다.

확인

이 운동을 시작하기 전에 승마자는 충분히 몸을 유연하게 풀어주어야 하고, 말은 좋은 리듬을 가지고 있어야 한다.

이 운동은 승마자의 부조가 가장 효과적으로 반응하도록 속보로 수행해야 한다.

만약 너무 강한 기좌(Seat aid)로 수행하거나, 리듬을 잃어버리면, 경속보로 긴장을 풀어줄 수 있다.

EXERCISE 54

LATERAL WORK
반대 숄드-인 으로 가는 하프-패스
(Half-pass to Counter-shoulder-in)

효과

이 운동은 둥근 원운동을 할 때 정확한 벤딩 없이 측면 운동을 할 때 다리를 흔들거나 돌진하려는 경향이 있는 말에게 좋은 운동이다. 말이 부조에 집중하고 정확한 반응을 유지하기 위해 아주 효과적인 운동방법이다.

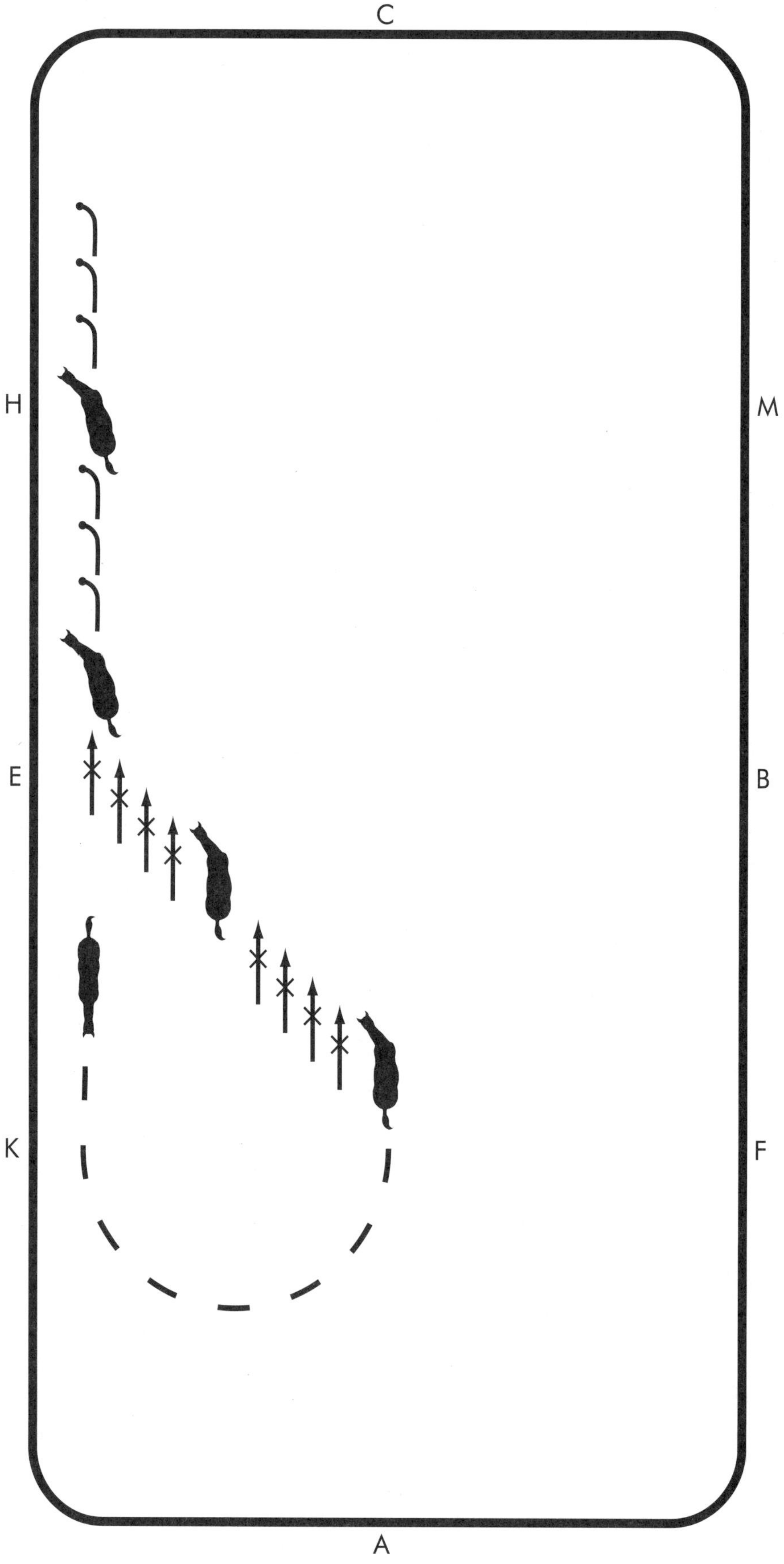

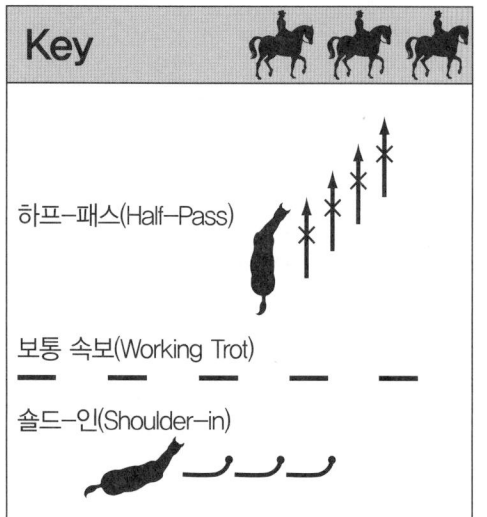

Key
- 하프-패스(Half-Pass)
- 보통 속보(Working Trot)
- 숄드-인(Shoulder-in)

EXERCISE 54
반대 숄드-인 으로 가는 하프-패스
(Half-pass to Counter-shoulder-in)

방법

1. 왼쪽으로, 속보를 시작하라.

2. K 지점에서, 10m 반원 운동을 수행하라.

3. 다시 하프-패스로 E 지점으로 돌아가라.

4. 트랙에서, 말이 왼쪽 방향으로 벤딩(Bending)을 유지하고, 말이 벤딩을 풀어 직선으로 하려는 것을 허용하지 마라.

5. 코너까지 반대 숄드-인(Counter Shoulder-in)을 유지해야 한다.

6. 승마자의 왼쪽 다리로 말의 벤드를 유지하고 말이 트랙 끝에 도착할 때까지 펜스에 떨어져서 어깨를 측면으로 밀고 나가려는 것을 허용하지 마라.

7. 코너에서 벤딩을 풀어 직선운동하라.

확인

어떤 승마자는 처음 이 운동의 기하학적으로 계획에 따른 운동을 위해 다리부조를 사용하면서 허우적거릴 수 있다. 그래서 속보로 수행하는 것이 좋다, 체계적인 운동수행을 위해 평보로 수행할 수 도 있다.

EXERCISE 55

LATERAL WORK

원운동에서의 하프-패스

(Half-pass on a Circle)

C
H
M
E
B
K
F
A

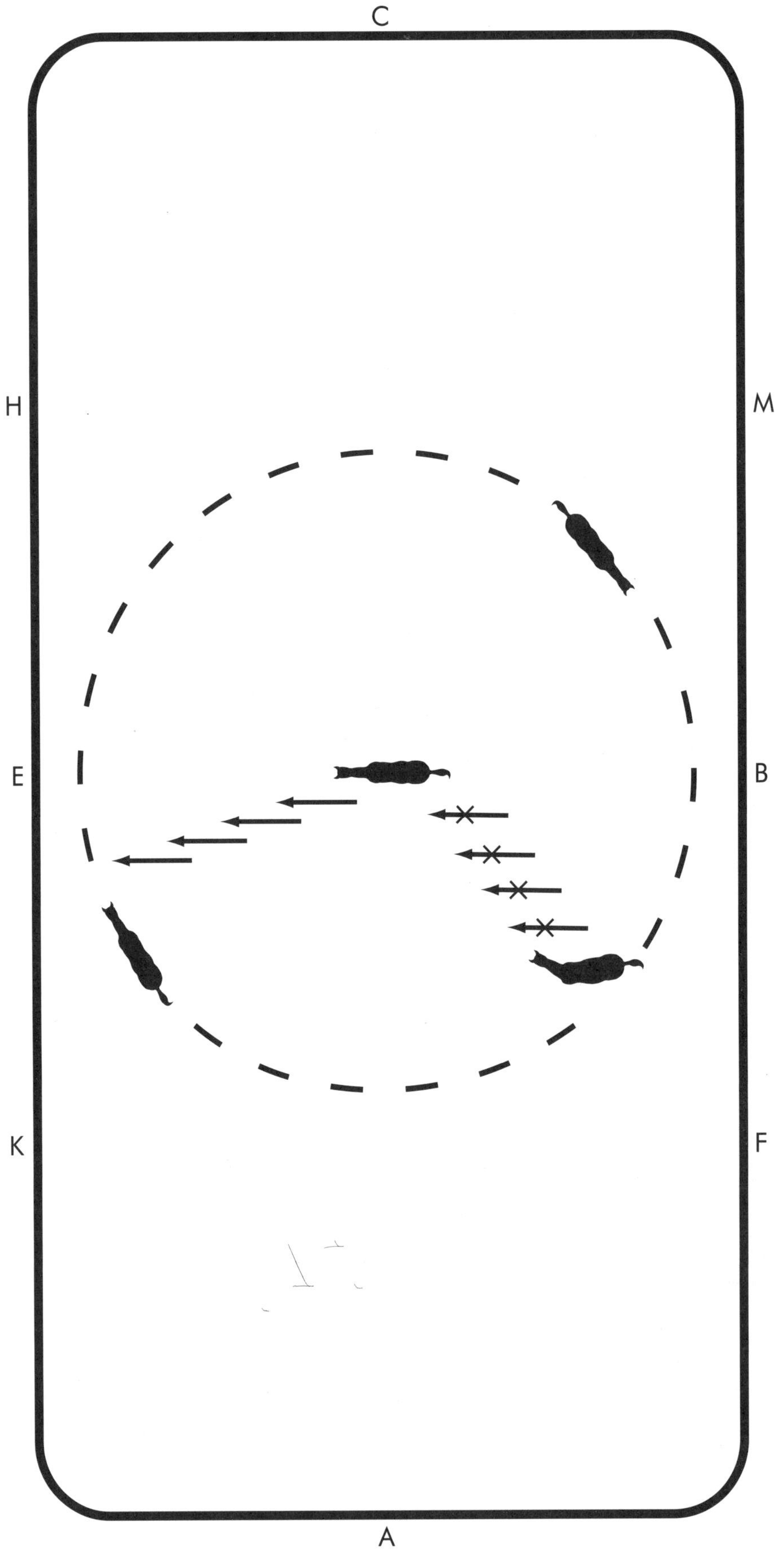

효과

원 운동의 하프-패스(Half-pass) 훈련은 운동수행 시 마체를 일직선으로 만들려는 경향이 있는 말을 일정하게 벤드를 유지하는데 도움이 된다. 승마자의 안쪽 다리는 말을 둥글게 유지하여 원운동의 하프-패스를 원활하게 하는데 도움이 된다. 이 운동을 원형마장에서 수행하면 많은 도움이 된다. 20m 원운동으로 수행하는 것이 최선의 조련 방법이다.

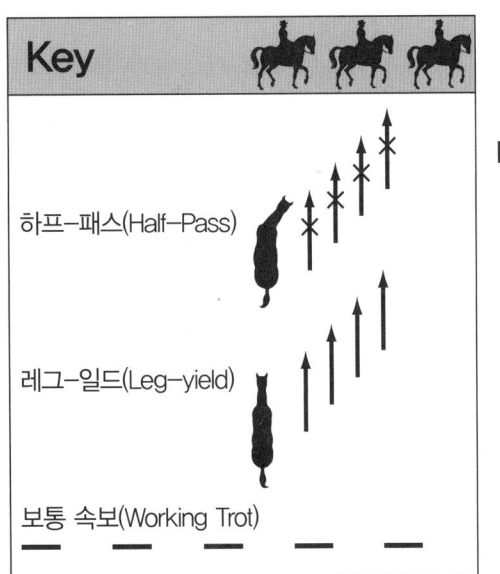

Key
하프-패스(Half-Pass)
레그-일드(Leg-yield)
보통 속보(Working Trot)

EXERCISE 55
원운동에서의 하프-패스 (Half-pass on a Circle)

방법

1. 오른쪽으로, 큰 원운동을 활발한 속보로 수행하라.

2. 원형의 중간쯤에서, 바깥쪽 다리를 닫고, 원형을 중앙으로 하프-패스를 3~4 걸음 수행하라.

3. 오른쪽 다리부조로 원의 바깥쪽으로 레그-일드를 수행하고, 이때 바깥쪽 다리의 긴장을 완화시켜라.

4. 다시 나머지 원운동을 수행하라.

5. 다시 Step 2 중앙으로 하프-패스를 수행하라.

6. 즉시 바깥쪽으로 레그-일드 운동을 수행하라. 이와 같은 순서로 반복하라.

확인

주의해야 할 점은 이 운동을 하는 동안 한쪽 벤드를 바꾸지 않고 수행해야 한다. 만약 말이 하프-패스나 부조에 혼란스러워하면, 자유로움을 느낄 수 있도록 평보로 수정해서 수행할 수 있다.

하프-패스에서 레그-일드로 전환될 때, 승마자의 다리부조를 바꾸는 것을 정확하게 수행하는 것을 명심해야 한다.

항상 시작 운동이 꾸물거리고 뒤떨어지면, 원운동을 다시 활발한 경속보 운동으로 수행한다.

EXERCISE 56

LATERAL WORK

렌버로 가는 하프-패스

(Half-pass to a Renvers)

효과

만약 하프-패스를 많이 연습한다면 이 조련 과정을 자주 사용해야 한다. 일반적으로 가슴에서부터 벤드를 잃어버렸을 때 아주 많은 도움을 받을 수 있다.

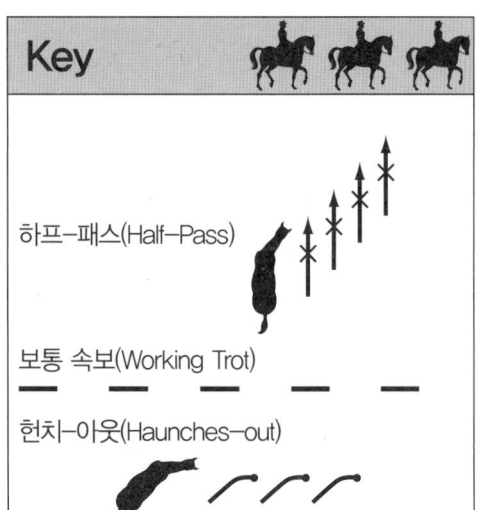

Key

하프-패스(Half-Pass)
보통 속보(Working Trot)
헌치-아웃(Haunches-out)

C
H
M
E
B
K
F
A

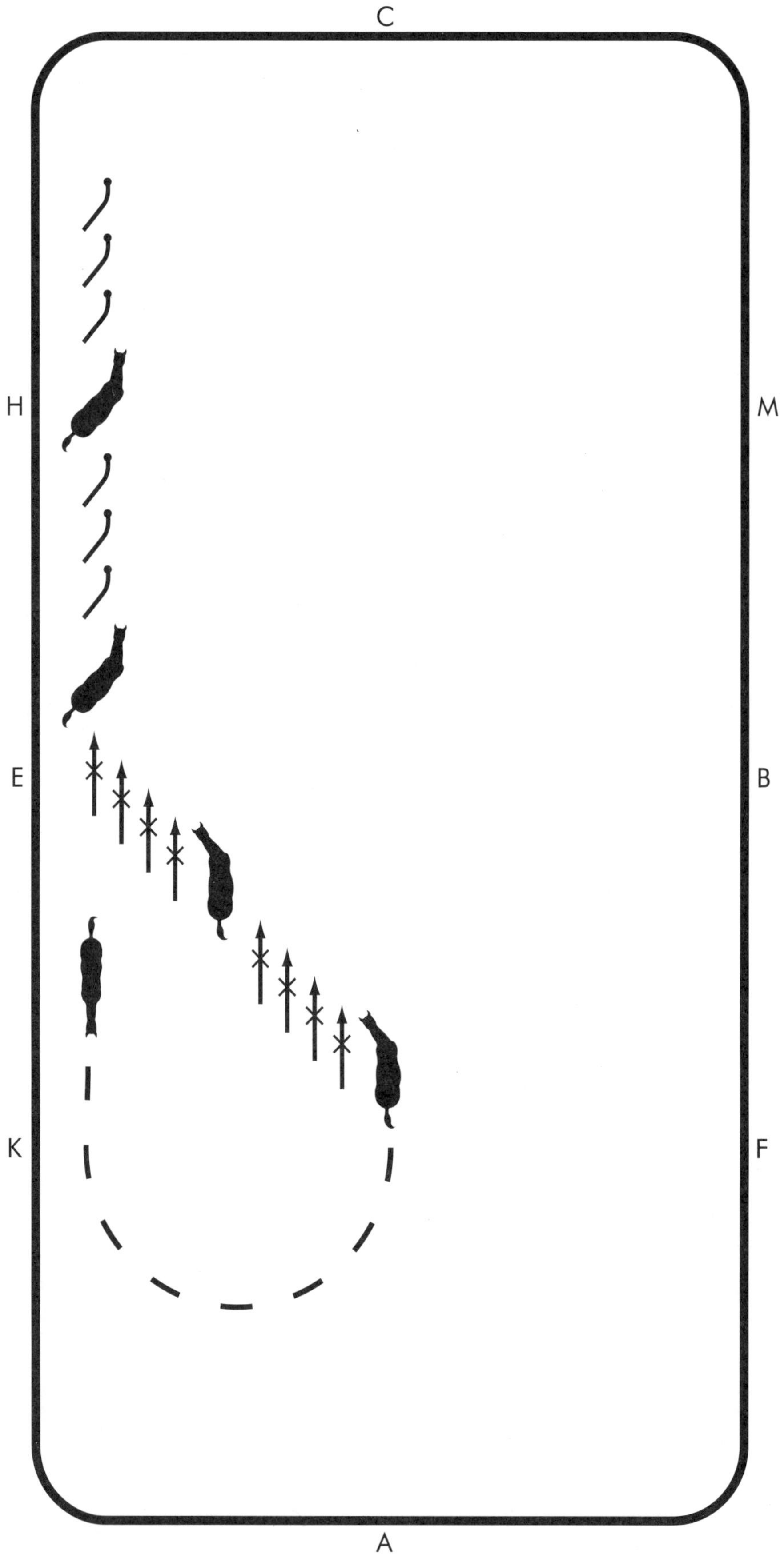

EXERCISE 56
렌버로 가는 하프-패스(Half-pass to a Renvers)

방법

1. 왼쪽으로 속보를 수행하라.

2. K 지점에서, 반원 운동을 수행하라.

3. E 지점 펜스로 하프-패스(Half-pass)를 수행하라.

4. 펜스의 1m 지점에서, 승마자의 오른쪽 다리를 사용하여 후구(Haunches)를 전진하라.

5. 즉시, 랜버(Renvers) 운동으로 전진하라.

확인

이 운동에서, 트랙을 따라 하프-패스(Half-pass) 운동을 수행하는 동안 절대로 말의 어깨 운동을 요구하지 마라 - 오직 헌치(Haunches)가 다시 트랙으로 갈 수 있도록 하라. 승마자가 요구하는 부조가 민감하게 반응하도록 해야 한다. 1/4 라인을 통과할 때, 혹은 트랙에 도착하기 전에 가능한 한 빨리 말에게 랜버(Renvers) 운동을 요구하라!

피루엣(Pirouettes)은 말의 기술수준에 따른 구보운동을 발전시킨다.

CHAPTER 6
구보 개선운동(IMPROVING THE CANTER)

모든 말들의 말의 보법 운동을 수행하는 동안 구보운동을 발전시킬 수 있다. 많은 일반 승마인들은 신뢰와 시간 부족 때문에, 구보운동을 위한 충분한 노력을 기울이지 못한다. 이번 과정은 승마운동을 발전시키기 위한 목적으로 활용할 수 있다! 모든 구보운동은 조금 지칠 때 까지 해야 한다.

이번 과정을 수행하기 전에, 펜스가 있는 곳과 없는 곳에서 구보운동과 속보, 평보 운동으로 출발하여 다양한 도형의 구보를 순종적으로 수행해야 한다. 이번 과정의 운동은 모든 수준의 말과 경험 없는 승마자가 고급 운동을 충분히 습득할 수 있는 적합한 운동이다.
어떤 연습 과정은 반대-구보(Counter-canter)를 포함한다. 말은 평보와 속보에서 구보로 안정적으로 이행할 수 있고, 다양한 크기의 원운동을 일정한 리듬으로 구보할 수 있고, 또한 직선상에서 반대-구보 연습을 수행할 준비가 되어 있어야 한다. 이것은 말이 느낄 수 있는 가장 좋은 첫 번째 훈련 방법이다.

말은 플라이-체인지(Fly-change)를 수행하기 위한 준비과정으로 멋진 상승 움직임을 보여준다.

EXERCISE 57

IMPROVING THE CANTER

소몰이식 8자도형
(Cowboy Figure Eight)

효과

연결운동이 잘 되지 않은 마장마술 교육생들에게 아주 좋은 훈련 방법이다. 말에게 항상 "온 더 빗(On the bit)"운동수행을 집중한다면, 말은 효과적인 부조의 느낌을 위해 더욱 발전할 수 있다. 그것은 고삐 사용을 최소화하고 기좌(Seat)와 다리부조에 말이 인지할 수 있도록 하는 가장 중요한 조련 방법이다.

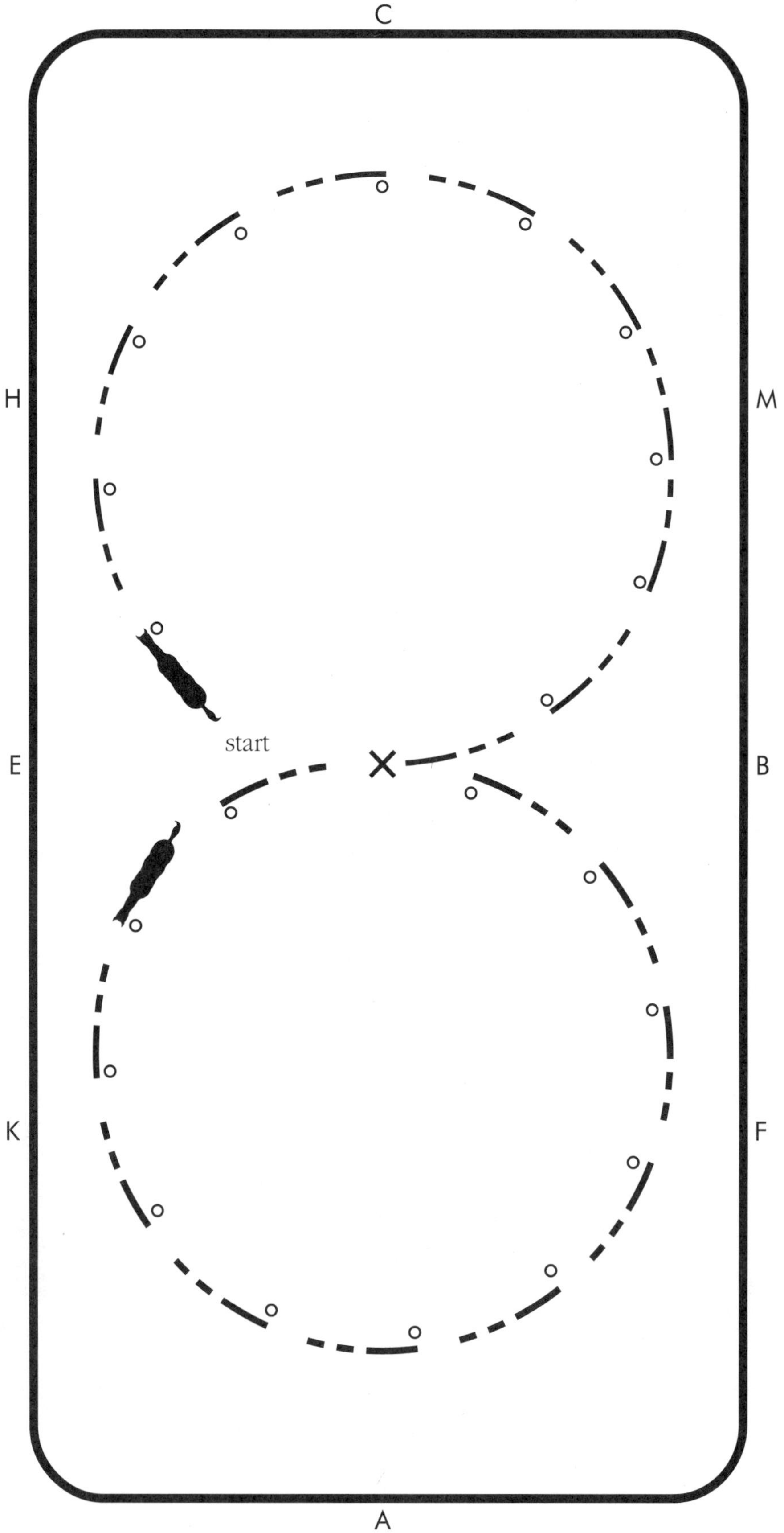

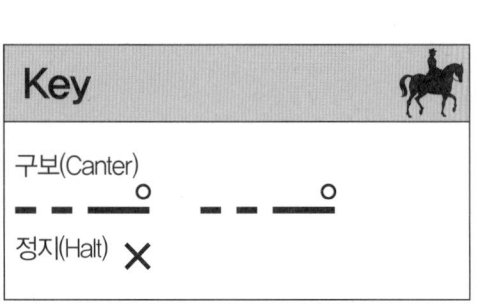

Key

구보(Canter) − − − ∘ − − − ∘

정지(Halt) ✕

EXERCISE 57
소몰이식 8자도형 (Cowboy Figure Eight)

방법

1. 20m 원운동을 오른쪽으로 구보를 수행하라.

2. 8자 동형을 시작하라. 두 원의 교차지점에서 정지하라.

3. 정지에서, 고삐를 느슨하게 하라.

4. 고삐를 자유롭게 하고 왼쪽 구보로 출발하라.

5. 다음 정지 지점에서 재빨리 고삐를 다시 잡고 8자 도형을 수행하라.

6. 위의 순서대로 3~4회 동안 반복하라.

확인

이 운동은 말이 자연스럽게 움직일 수 있도록 수행해야 한다. 운동을 시도하기 전에 고삐 연결에 의지하는 경향을 고칠 수 있다. 사전에 "연습 44"를 정확하게 숙달하는 것이 중요하다. 20m 원운동을 정확하게 연결된 8자 도형 운동을 수행할 수 있다(만약 운동수행이 어려우면 지점표시를 설치하고 할 수 있다).

이 훈련은 균형을 유지하고 말이 약간 지쳐있을 때, 운동의 마지막 단계에서 성공할 수 있다.

고삐를 자유롭게 하는 운동

고삐를 느슨하게 사용하는 것: 둥근 원형 마장에서 작은 훈련을 수행할 때, 말이 멀어지는 것을 초조해 하지 마라. 일반적인 고삐연결 보다 길게 잡고 느슨하게 승마하라. 간단한 형태로 걸음걸이 이행운동을 수행하라. 고삐를 2~3인치 길게 주고, 고삐가 느슨하도록 하고, 승마운동을 아주 짧게 수행하라. 다리와 기좌(Seat)의 사용은 집중해야 한다!

EXERCISE 58

IMPROVING THE CANTER

서펜타인에서 이행운동
(Transitions on a Serpentine)

효과

이 운동을 수행하는 동안 승마자가 무엇을 원하는지 말이 이해할 수 있는 첫 번째 훈련이다. 또한 균형 발달 향상 운동에 도움이 된다.

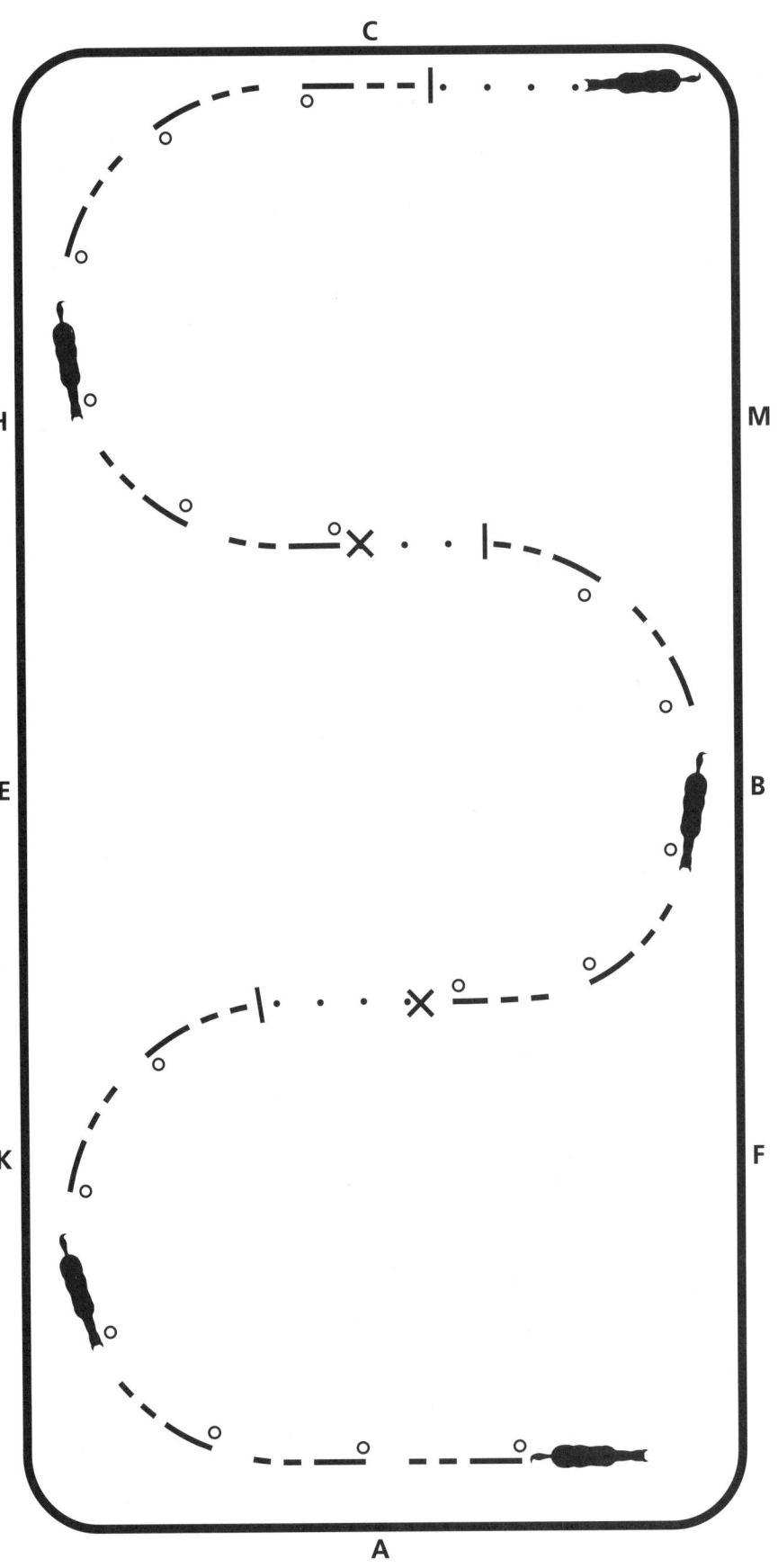

Key

보통 평보(Working walk) · · · ·

구보(Canter) ─ ─ ─ o ─ ─ ─ o

정지(Halt) ✕

이행(Transition) |

EXERCISE 58
서펜타인에서 이행운동(Transitions on a Serpentine)

방법

1. 속보로 이행운동을 수행하라.

2. A 와 C 지점에서 다른 방향으로 구보운동을 수행하라.

3. 첫 번째 구보운동 루프(Loop)의 끝 지점에서 정지하라.

4. 정지에서 3초 동안 머물다가 평보 또는 속보로 2걸음 전진하라.

5. 즉시 두 번째 순환 루프로 새로운 구보를 수행하라.

6. 위의 순서대로 반복하라.

확인

이 운동을 위해 구보에서 정지로의 이행운동을 확인한다. "연습 57"에서, 이것은 비교적 간단한 이행을 만드는 것이다. 하지만 루프의 마지막 단계에서 정확하게 수행할 때 조심해야 한다. 정사각에서 정지, 다시 수행 또는 수축하는 것에 대해 걱정할 필요 없다. 한쪽이 오목 또는 볼록하지 않게 척추를 통한 직선으로 정지 운동을 수행해야 승마자가 원하는 대로 정확하게 할 수 있다.

첫 번째, 잘못된 리드로 흥분하거나 다른 서펜타인에 돌진할 수 있다. 승마자의 목적과 수행하고자 하는 기하학적인 운동의 정확성이 중요하다. 부드러운 이행운동을 수행하기 전에 이 운동을 여러 번 반복한다.

EXERCISE 59

IMPROVING THE CANTER

사각에서의 이행운동
(Transition on a Square)

효과

이 과정을 수행할 때, 말의 후구가 아래로 내려가고 구보운동에서 천천히, 길게 움직이는 것을 느낄 것이다.

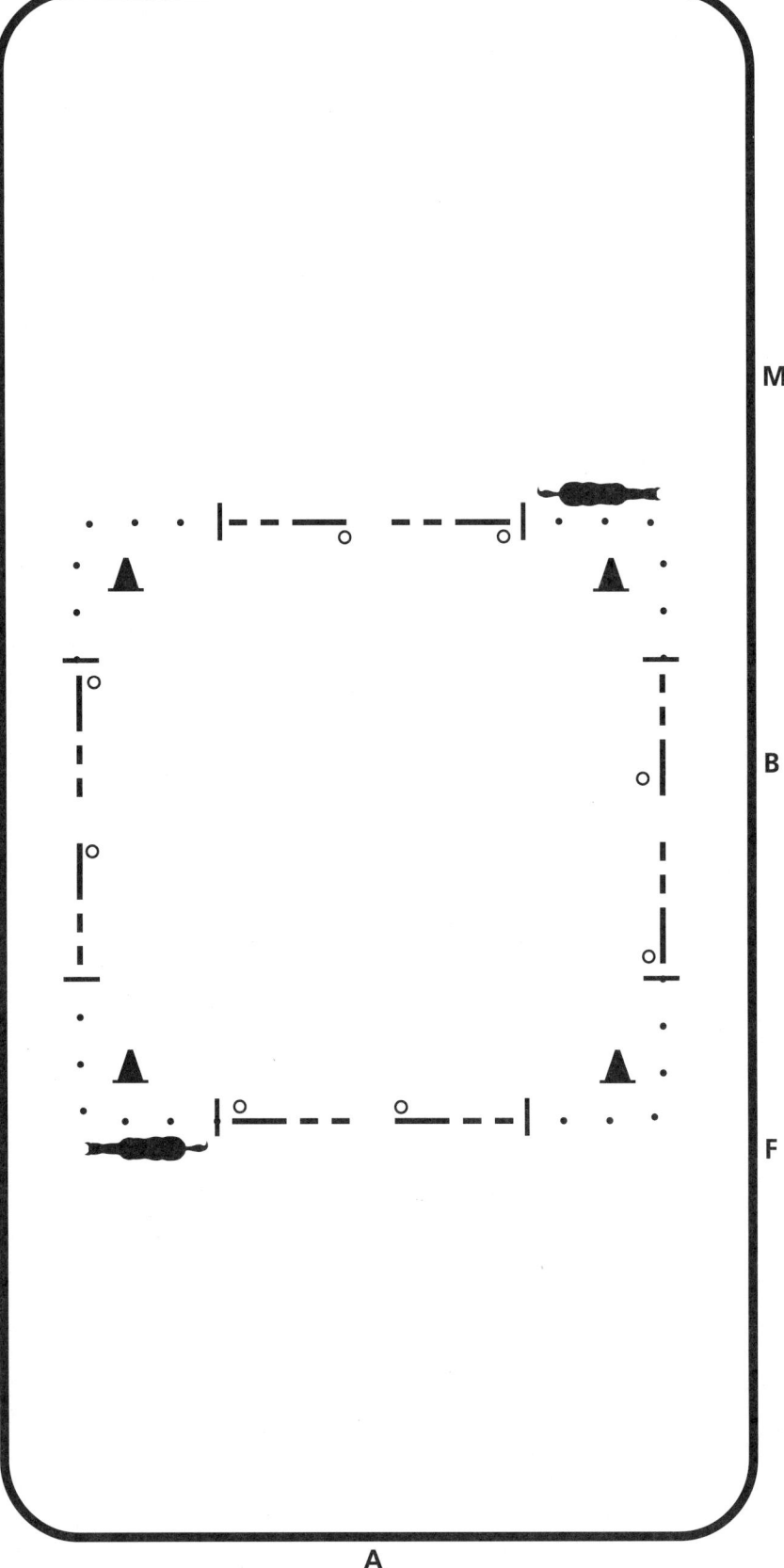

Key

보통 평보(Working walk)
• • • • • • •

구보(Canter)
– – ○ – – – ○

이행(Transition) |

원뿔(Cone) ▲

EXERCISE 59
사각에서의 이행운동 (Transition on a Square)

방법

1. 작은 원뿔(Cone)로 20m 정사각형을 설치하라.

2. 정사각형 주변으로 운동하기 쉬운 방향으로 구보를 수행하라.

3. 정사각의 한쪽 측면에서 구보운동을 수행하고, 코너 앞에서 평보 운동으로 이행하라.

4. 코너를 주변으로 평보 운동을 수행하고, 가능한 직선 상태에서 다시 구보를 수행하라.

5. 정사각의 한쪽 측면에서 아래로의 구보를 수행하고, 코너 앞에서 평보로 이행하라.

6. 같은 방법으로 양쪽으로 여러 번 반복하라.

확인

이 훈련과정 전에 구보에서 평보로의 이행운동을 확인해야 한다. 구보에서 평보로 또는 역으로 할 수 있는 이행운동을 아주 쉽게 수행해야 한다. 때로는, 그것이 필요한 것보다 더 큰 이슈가 될 수 있는 지나친 요구에도 기다려야 한다. 비록 어린 말이라도 구보에서 평보로의 이행이 깨끗하게 수행할 수 있도록 해야 한다.

구보로 출발 초기에 고삐를 조금 느슨하게 허용해야 한다. 승마자의 부드러운 손과 팔꿈치 호흡으로 출발한다. 구보할 때, 말목의 움직임에 따라 승마자의 팔꿈치는 구보 걸음 사이를 오고 가야 한다. 너무 강한 구보 때문에 발생하는 전진 가속도를 제어하는 것은 팔꿈치 운동이다.

EXERCISE 60

IMPROVING THE CANTER
구보 레그-일드
(Canter leg-yield)

효과
이 과정은 말의 안쪽 뒷다리를 일시적으로 몸통 아래로 가져가고 뒷다리 사이를 최대한 가깝게 하여 직진운동을 도와준다.

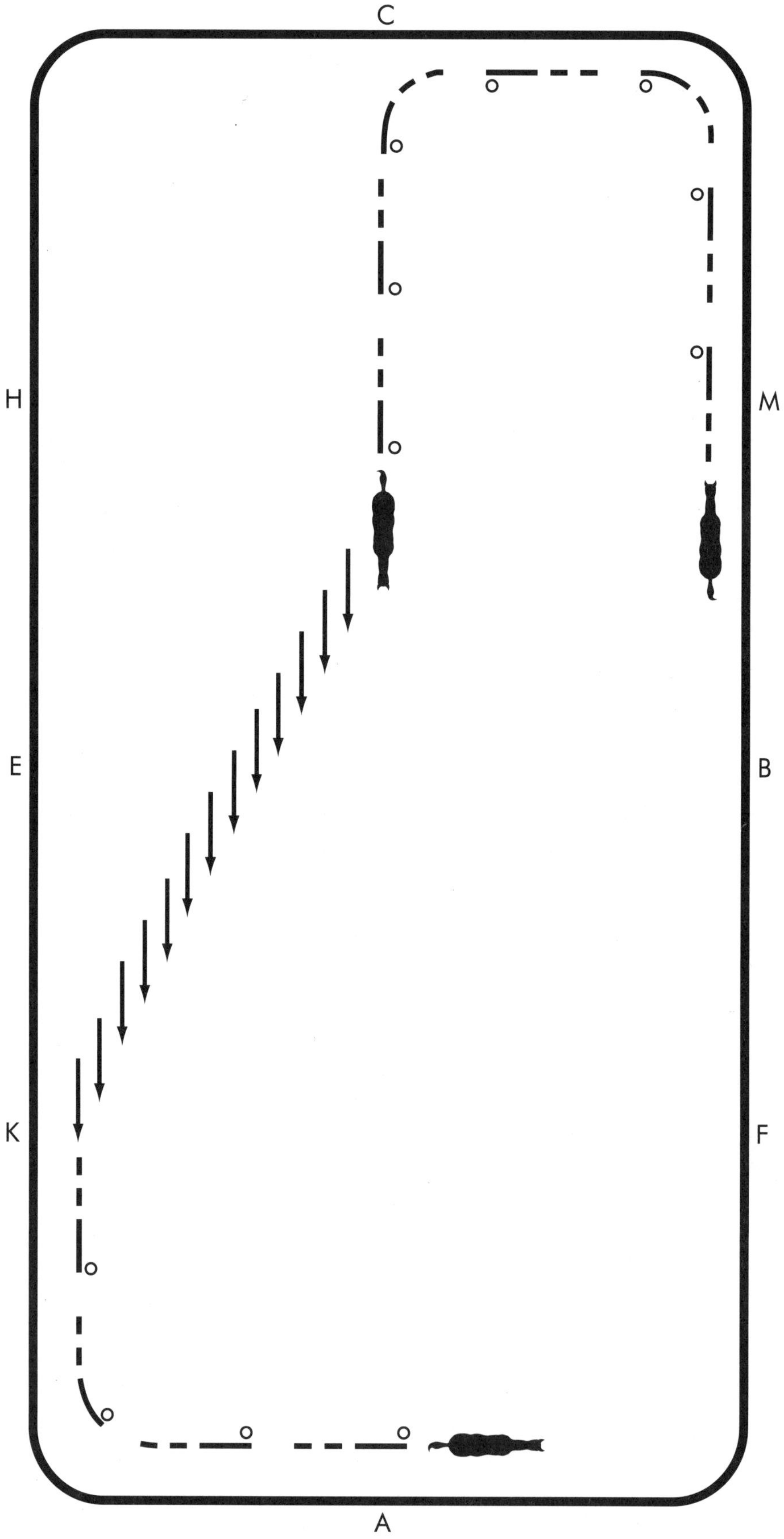

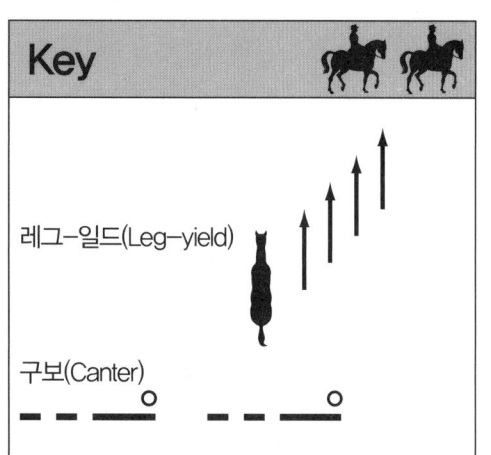

Key
레그-일드(Leg-yield)
구보(Canter)

EXERCISE 60
구보 레그-일드 (Canter leg-yield)

방법

1. 균형 있는 왼쪽 구보를 시작하라.

2. C 지점에서, 중앙선으로 방향 전환하고 직진으로 구보 몇 걸음을 수행하라.

3. 점진적으로 레그-일드 운동을 K 지점으로 수행하라.

4. 왼쪽으로 C 지점에서 반복하라.

5. 이 운동을 오른쪽으로 수행하라.

확인

이 운동을 수행하기 전에 균형 있는 다양한 크기의 원운동을 연습하라, 왜냐하면 측면 구보운동으로 영향을 줄 수 있기 때문이다.

어떤 말은 뒷다리를 활용한 교차 구보와 방향 전환을 수행할 수 있다. 운동의 핵심은 측면 움직임뿐만 아니라 용기있는 전진운동이다. 지속적인 연결과 안쪽 다리의 압박으로 멀어지는 말의 움직임에 바깥쪽 다리를 지속적으로 연결하라.

직진운동의 비법

만약 말이 예민해지면, 정확한 레그-일드 걸음을 고집하지 말고 일반적인 측면 움직임을 허용하라. 구보 레그-일드에서, 조금 더 수직되고 균형된 상태의 움직임을 느낄수 있도록 한다.
승마자의 다리가 아닌 체중에 말이 측면운동할 수 있도록 영향을 주어야 한다. 그렇게 하면 쉽게 방향을 바꿀 수 있다. 왼쪽 좌골(Seat born)로 체중을 아래로 떨어뜨릴 수 있고, 왼쪽 종아리 근육으로 복대쪽을 약하게 압박하여, 말의 리듬을 함께 한다.

EXERCISE 61

IMPROVING THE CANTER
반대-구보의 구간
(Miles of Counter-Canter)

효과

반대-구보(Counter-canter)는 말의 균형을 세련되게 발달시키는데 매우 유용하다. 말의 수축운동으로 두 뒷다리를 함께 수행한다. 이것은 어깨를 유연하게 하고, 규칙적이고 활발한 구보운동을 아주 고급스럽게 발전시킨다.

Key

- 보통 평보(Working walk)
- 반대-구보(Counter-canter)
- 이행(Transition)

EXERCISE 61
반대-구보의 구간(Miles of Counter-Canter)

방법

1. 평보와 속보로 시작하라 - 어느 쪽이든 구보로 균형있는 이행을 수행하라.

2. 짧은 측면의 끝 지점에서, 긴 측면으로 진입할 때 반대-구보를 수행하라.

3. 다음 코너에서, 평보와 속보로 이행하고, 짧은 측면의 끝까지 수행하라.

4. 짧은 측면의 끝 지점에서 즉시, 위의 순서대로 반복하라.

5. 양쪽으로 여러 번 반복하라.

확인

이 운동은 말에게 반대-구보를 인지시킨다. 만약 승마자가 반대-구보를 경험하지 못했다면, 교육용 말로 교육을 받을 필요가 있다.

아래로의 이행을 수행할 때, 반대-구보가 잘 수행되지 않거나 쉽게 예측이 안 된다면, 차라리 승마자의 신호로 균형있는 이행수행을 연습하는 것이 좋다.

반대구보의 비법

안쪽 좌골(Seat born)의 체중을 유지하라(반대-구보에서 레일쪽은 정확하게 막아주고, 벤드의 안쪽으로 체중을 실어준다). 반대-구보에서 일정한 수축 리듬을 유지하는 것을 배우고, 리듬을 잃어버리거나 방향을 반대로 바꾸지 않도록 유의한다.

EXERCISE 62

IMPROVING THE CANTER

바깥쪽 다리에 의한 레그-일드
(Leg-yield from Outside leg)

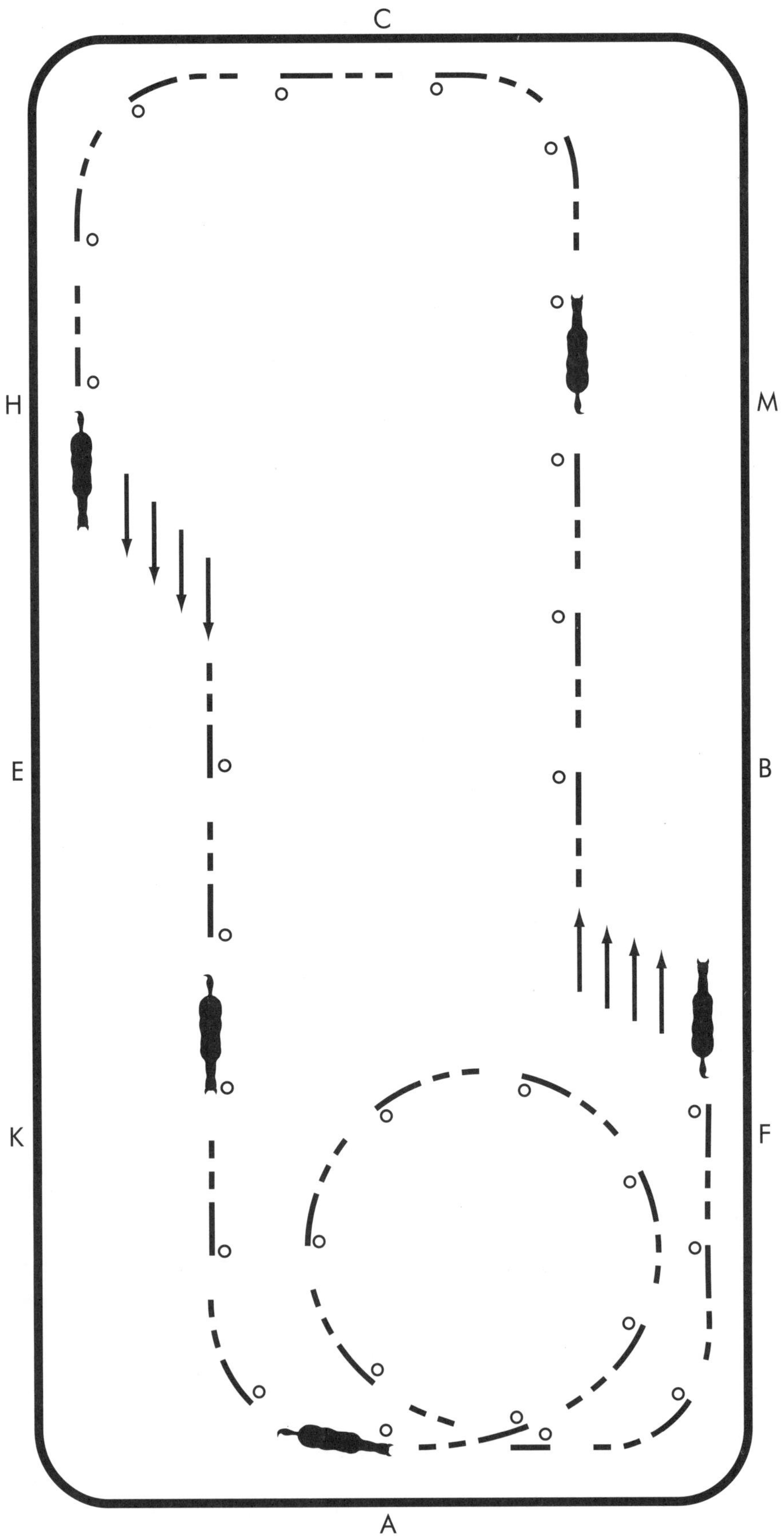

효과

이 운동은 "연습 49"의 후속편이다. 다른 한쪽 측면에서 볼록 튀어나오는 것(모든 말들의 경향)을 방지하고 걸음걸이를 유지하여 자연적으로 수축운동이 증가할 수 있기 때문에, 승마자의 다리부조에 의해 말은 좋은 균형을 유지할 수 있다.

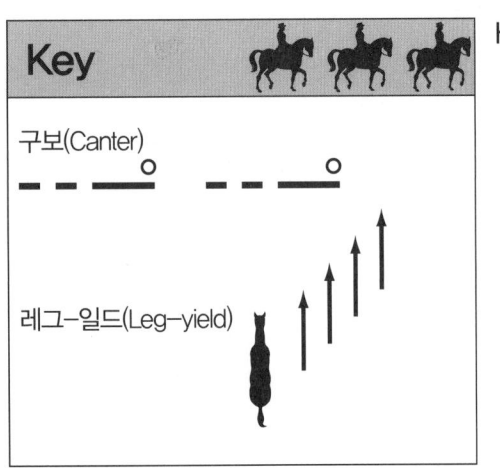

EXERCISE 62
바깥쪽 다리에 의한 레그-일드
(Leg-yield from Outside leg)

방법

1. 왼쪽 구보로 시작하라.

2. 다양한 원운동을 수행하고, 바깥쪽 다리를 사용하여 회전운동을 수행하라.

3. 긴 측면으로.

4. 코너를 지나, 측면 펜스로부터 안쪽으로 레그-일딩 운동을 3 걸음정도(승마장의 1/4지점까지) 수행하라.

5. 1/4 지점에서 직진운동을 수행하라.

6. 다음 긴 측면에서 반복하라. 반대 방향(오른쪽)으로 같은 운동을 수행하라.

확인

승마자의 자세를 생각하라. 구보를 수행하는 동안 바깥쪽 다리를 길게 늘려서 정확하게 닿고 안쪽 다리는 1 인치 뒤에 위치한다.

만약, 이 운동이 잘 수행되지 않으면, 전진운동을 수행하는 것이 좋다. 안장에 깊게 앉고 전방을 주시한다.

EXERCISE 63

IMPROVING THE CANTER
작은 원으로 가는 레그-일드
(Leg-yield to Smaller Circle)

효과
이 과정은 말의 고급 기술에 필요한 수축운동 발달을 위한 바깥쪽 뒷나리 세어에 도움이 된다.

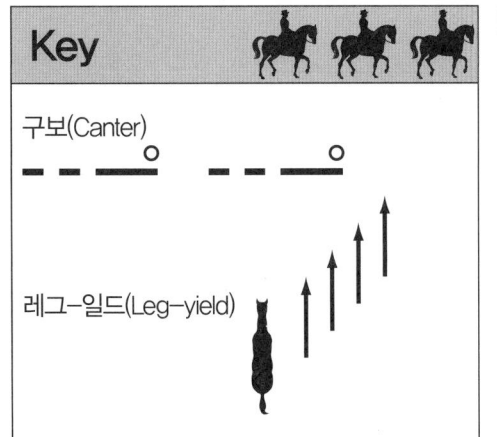

Key
- 구보(Canter)
- 레그-일드(Leg-yield)

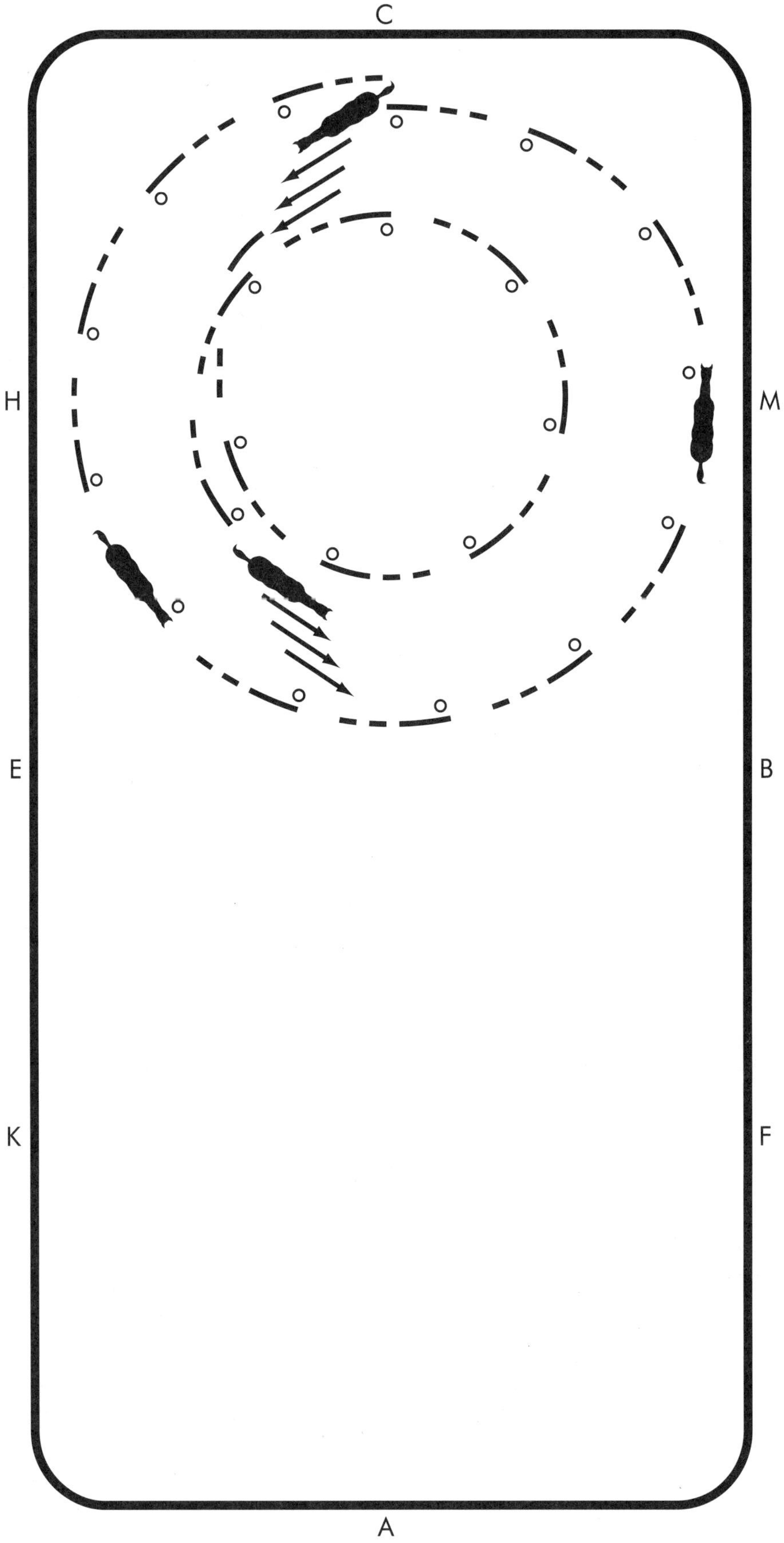

EXERCISE 63
작은 원으로 가는 레그-일드
(Leg-yield to Smaller Circle)

방법

1. 왼쪽 구보로 시작하라.

2. 준비운동을 위해 다양한 크기의 원운동을 수행하라; 그리고 큰 트랙으로 수행하라.

3. C 지점에서, 20m 원운동을 수행하라. 원운동을 두 번 수행하라.

4. 두 번째 C 지점을 통과할 때, 자연스럽게 원의 중앙으로 레그-일드 운동을 수행하라.

5. 원운동을 12m 원으로 줄어들게 하고, 그리고 20m 원을 다시 수행하라.

6. 양쪽으로 3 번씩 반복하라.

확인

"연습 49"를 확인하라 : 이 운동을 수행하기 전에 안쪽 트랙, 구보 발진을 위한 레그-일드(Leg-yield) 운동과 바깥쪽 다리로부터의 레그-일드(Leg-yield) 운동을 수행한다. 규칙적으로 운동하라.

만약 다리부조에 반응이 없고 작은 원운동을 수행하지 않을 때, 필요하다면 다리부조를 좀 더 강하게 하고, 반응을 확인 한 후 다시 부드럽게 요구한다.

EXERCISE 64

IMPROVING THE CANTER

반대-구보로 가는 구보운동
(True Canter to Counter-canter)

효과

이 운동은 구보와 반대-구보를 위해 말에게 지속적으로 예민한 부조와 기좌(Seat)에 즉시 반응할 수 있도록 한다.

정확한 운동을 수행을 위해 승마장을 여러 번 회전하는 동안 활발한 속보로 준비운동을 한다.

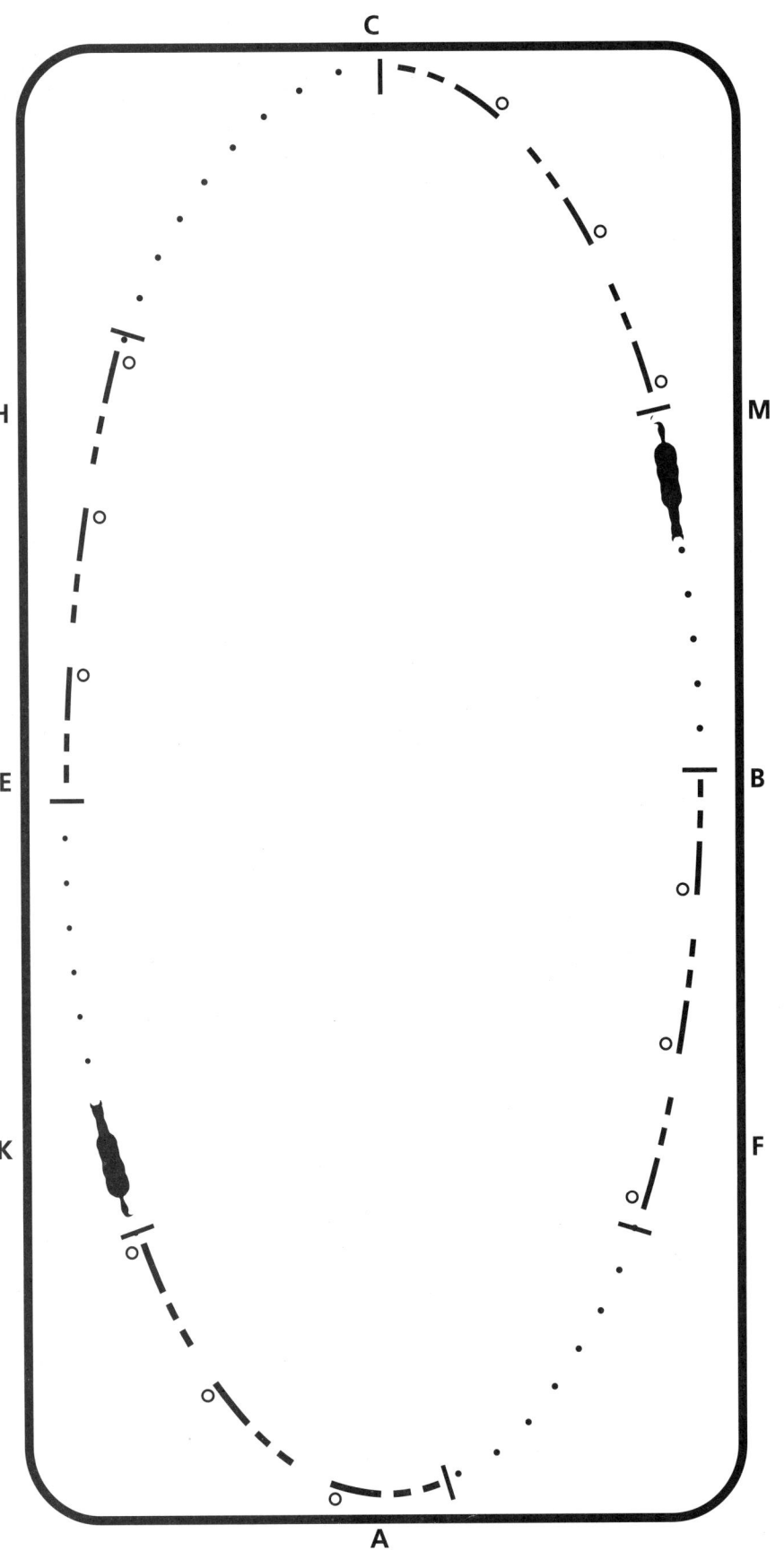

Key

보통 평보(Working walk) · · · · ·

구보(Canter) − − − ○ − − −

반대-구보(Counter-canter) − − − ○ − − −

이행(Transition) |

EXERCISE 64
반대-구보로 가는 구보운동
(True Canter to Counter-canter)

방법

1. 큰 트랙을 타원으로 운동하라, 코너를 둥글게 수행하라.

2. 평보와 속보에서 구보로 이행을 하고 승마장의 긴 측면으로 다시 수행하라.

3. 몇 걸음을 반대-구보(Counter-canter)로 이행을 수행하라.

4. 이행이 잘 수행되면, 구보와 반대-구보로 위로의 이행을 수행하라.

5. 양쪽으로 운동하고, 만약 말이 한쪽으로 조금 더 잘 수행한다면 이 점을 주목하라. 일정한 시간이 지나면, 뻣뻣한 쪽이 유순하게 되고 양쪽이 조금 더 대칭적으로 일정하게 운동을 하게 된다.

확인

운동 후에 말에게 마사지를 해줄 필요가 있고, 때때로 등자없이 승마운동을 시도하라. 이것은 보다 강한 기좌(Seat)를 만들 수 있도록 도와줄 것이다. 기좌에 의한 구보 발진을 쉽게 하고 깊은 기좌를 발전시키는 요소가 된다.

말이 만약 반대-구보 신호에 혼란스러워하거나 반응하지 않으면, 승마장 중앙과 외곽으로 얇은 루프(Loop) 운동을 수행하라, 그리고 다시 반대-구보를 수행하라.

도형을 만드는 위치에 이행을 수행하라. 만약 말이 민감하거나 비 협조적이면, 잠시 운동하기 전에 평보로 휴식을 하라.

EXERCISE 65

IMPROVING THE CANTER
피루엣과 반대구보
(Pirouettes and Counter-canter)

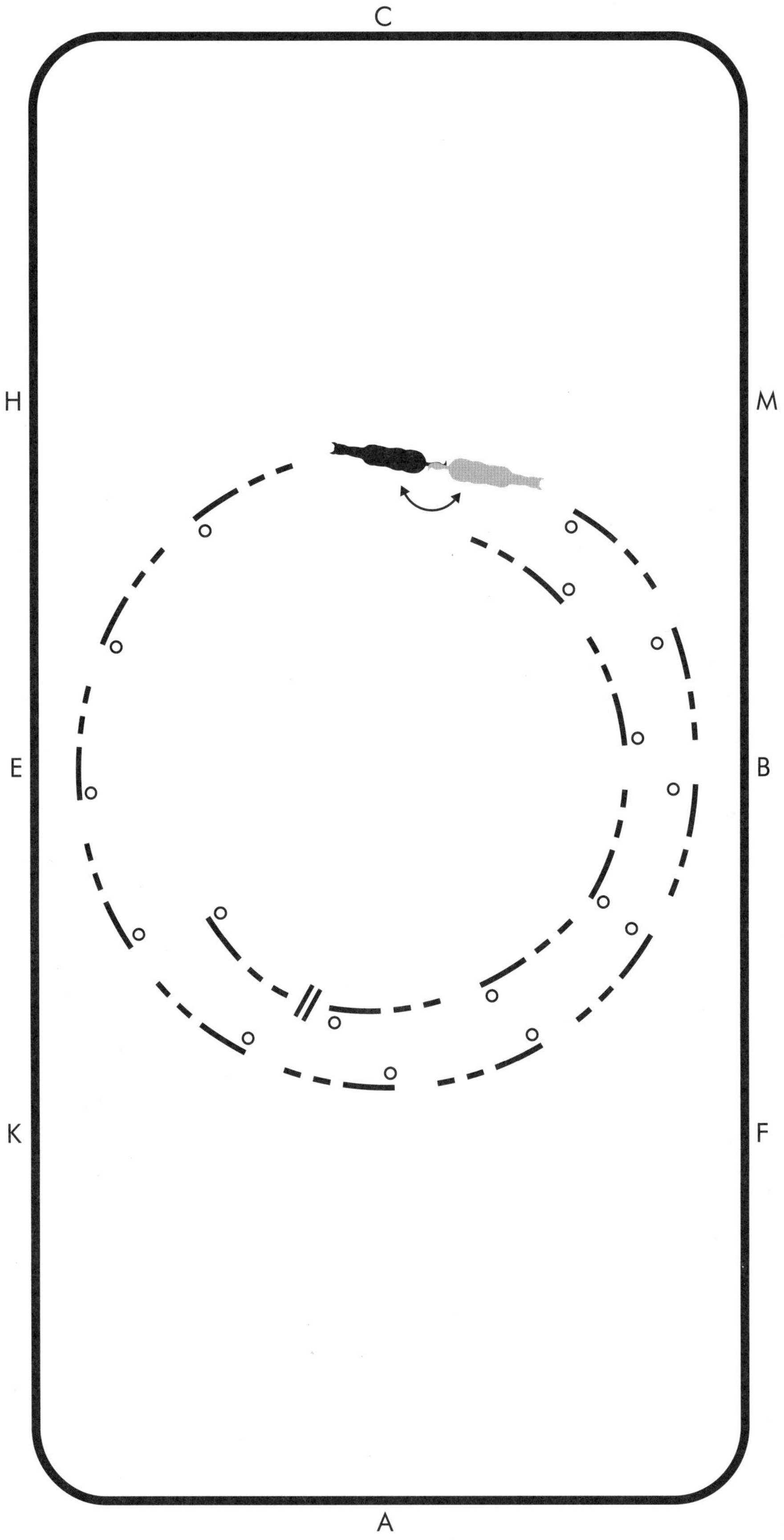

효과

이것은 아주 수준 높은 조련 방법이다 ; 말이 반대-구보(Counter-canter)와 플라잉-체인지(Flying-change)를 확실하게 보여준다면, 이 훈련을 시도할 수 있다. 이것은 신중하고 정밀한 부조(고급 기술을 가진 마장마술 승마자의 부조)가 일정하게 필요하다.

이 훈련은 거의 모든 장소에서 수행할 수 있는 구보 연습을 위한 수준 높은 수축 기술을 발전시킨다.

스페인 승마학교(Spanish riding school)의 앤드리아 하우스버거(Andreas Hausberger)로부터 각색되었다.

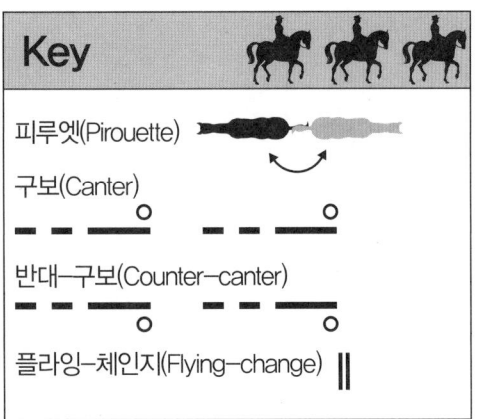

140 _ 마장마술 | CHAPTER 6

EXERCISE 65
피루엣과 반대구보(Pirouettes and Counter-canter)

방법

1. 왼쪽으로, 20m 원운동을 수축 구보로 수행하라.

2. 거의 제자리에서 구보를 수행할 준비가 될 수 있도록 서서히 수축운동을 증가하라.

3. 수축운동을 유지하고, 반-피루엣(Half-pirouette) 운동을 수행하여 원운동의 방향을 전환하라.

4. 반대-구보로 원운동을 계속하라.

5. 원운동의 중간쯤에서, 플라잉-체인지 운동을 수행하라.

6. 몇 걸음 후에, 다시 거의 제자리에서 구보를 수행할 때까지 수축 구보를 수행하라.

7. 다른 반-피루엣을 수행하고 이 순서대로 반복하라.

확인

이 운동에서 가장 중요한 측면은 지속적인 수축 구보를 유지하는 것이다. 만약 말이 거의 제자리에서 수축 구보를 할 수 있다면(그리고 고삐에 가볍게), 반-피루엣은 아주 쉽게 수행할 수 있다. 정확한 반-피루엣이 되지 않는다면 급선회가 될 수 있고, 그것도 괜찮다. 이 운동의 효과는 같게 될 것이다.

피루엣의 수행

운동수행을 할 때, 피루엣은 약간 숄드-인 운동과 같이, 말의 어깨가 이동한다. 안장에 깊게 앉는다. 안장 안쪽으로 체중을 유지하고, 다리부조는 복대에 확실하게 고정한다. 바깥쪽 고삐는 가볍게 압박하여 말의 전진을 제어하고, 말의 벤드(Bend)를 유지하기 위해 안쪽 고삐는 낮게 유지하고 바깥쪽 다리는 친절하게 압박한다. 마치 하프-패스(Half-pass) 운동처럼.

멋진 유연성을 보여준다: 말은 잠시 동안 공중에 떠 있다.

CHAPTER 7
유연성 발달(BUILDING SUSPENSION)

충격흡수장치는 말(Horse)이 할 수 있고, 없는 것이지 창작되어지는 것은 아니다. 승마자는 말의 보법을 더욱 발전된 형태와 평형이동을 도와줄 수 있다.

이 훈련은 습관적으로 말의 보법 변화를 요구할 수 있고, 무엇을 얻고, 어디로 가는지 생각하면서 걸음걸이를 올바르게 수행할 수 있도록 한다. 그래서, 말의 걸음걸이는 자동기계장치의 단조로움에 반대하여, 의도적이고 예술적이다. 이 조련법은 특히 지상횡목 운동을 자주 활용한다. 그리고 말의 걸음걸이가 발달하는 것을 확인할 수 있을 것이다.

횡목 운동의 좋은 움직임을 보여주고 있다. 말의 수축 운동에 도움이 된다.

EXERCISE 66

BUILDING SUSPENSION

속보 횡목운동
(Trotting Ground Pole)

효과

말의 후구는 횡목으로 직진운동하고 다리는 질질 끌며 가는 것보다 다리를 들어서 가는 것을 가르친다.
올림픽 메달리스트 레이너 클림크(Reiner Klimke)는 거의 매일 이 운동을 믿고 사용한다.
최고의 효과를 위해 "Exercise 66~69"를 순서대로 연습하라.

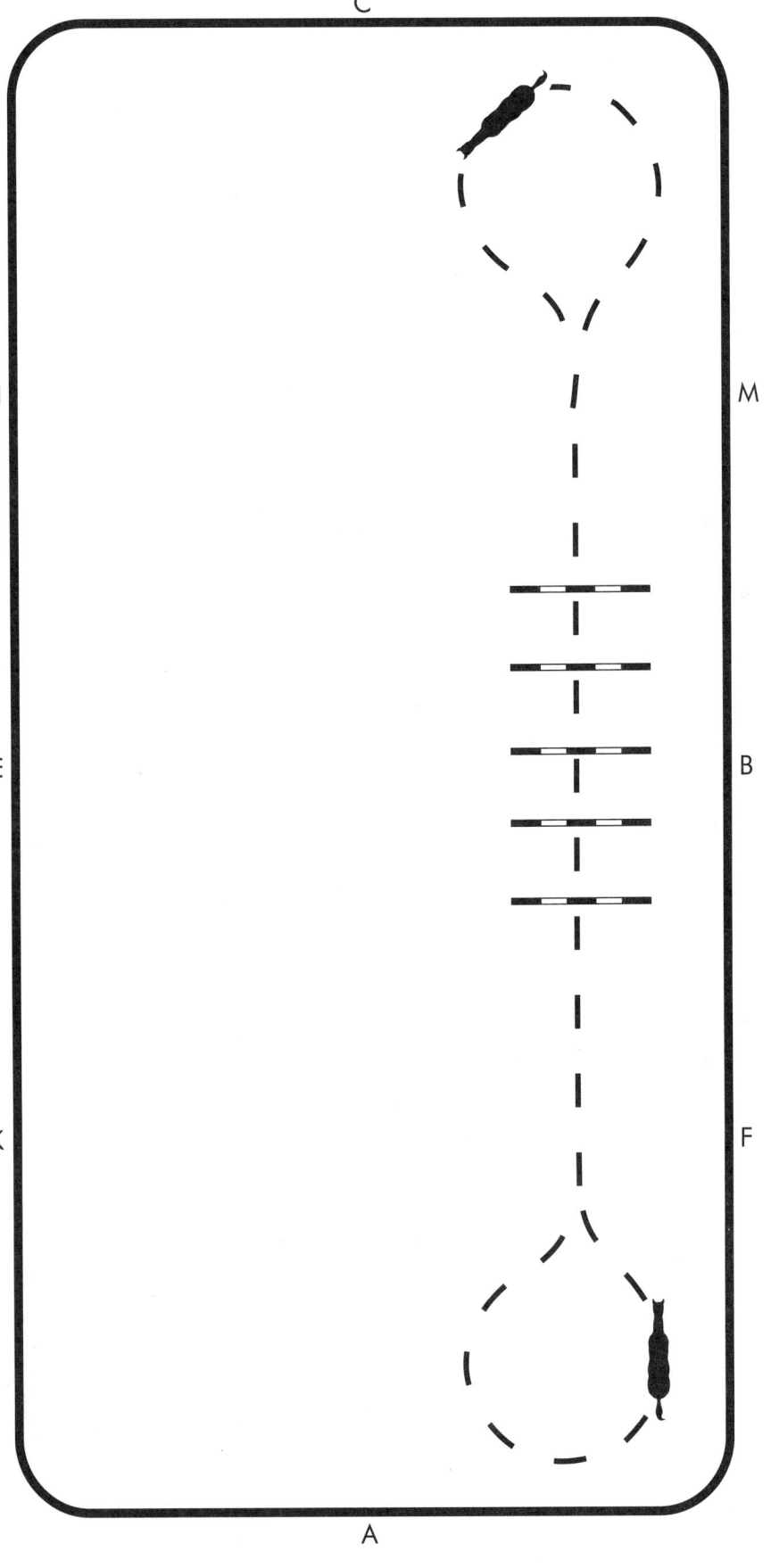

Key

보통 속보(Working Trot)
― ― ―

지상 횡목(ground pole)
▬▬▬

EXERCISE 66
속보 횡목운동(Trotting Ground Pole)

방법

1. 직선으로 4~5개의 횡목을 설치하라.

2. 양쪽으로 벤딩(Bending)과 함께 평보와 속보로 준비운동하라.

3. 횡목의 중앙으로 보통속보 운동을 활발하게 수행하라.

4. 횡목을 지나 12~15m 까지 속보 운동을 하고, 양쪽으로 작은 원운동을 하고, 다시 돌아와 횡목 운동을 수행하라.

5. 각 방향으로 15회 이상 운동을 수행하라.

확인

횡목 운동을 할 때 부상을 방지하기 위해, 말의 다리에 호스부츠(Horse boots)나 벨 부츠(Bell boots)를 착용시켜라. 4~5 개의 횡목에서 횡목 사이에 추가 걸음 없이 횡목을 통과해야 한다.

횡목을 사용할 때, 횡목의 중앙에 페인트나 테이프로 표시해 두면; 지속적인 자연적인 말의 경향은 횡목의 중앙지점으로 통과하고, 한쪽 측면과 다른 측면으로 이동하지 않아야 한다.

말의 걸음걸이 결정

시작할 때 각 횡목의 간격은 일반적으로 횡목 간의 거리는 1.2~1.4 m 간격이다. 조마용 로프로 횡목 운동을 시키면 각 횡목 사이를 똑바로 가는 것을 볼 수 있다. 간격이 너무 좁으면 두 개를 한 번에 넘어갈 것이다. 지나치게 간격이 너무 멀게 설치하면 운동 한계와 리듬을 잃어버릴 것이다.

EXERCISE 67

BUILDING SUSPENSION

타원형에서의 속보 횡목운동
(Trotting Ground Pole on an Oval)

효과

"Exercise 66"과 같다. 목적이 추가된 것은 활발한 횡목 운동의 연결운동으로 활용하여 이행을 수행하는 것이다.

Key

- 보통 속보(Working Trot)
- 보통 평보(Working walk)
- 지상 횡목(ground pole)
- 이행(Transition)

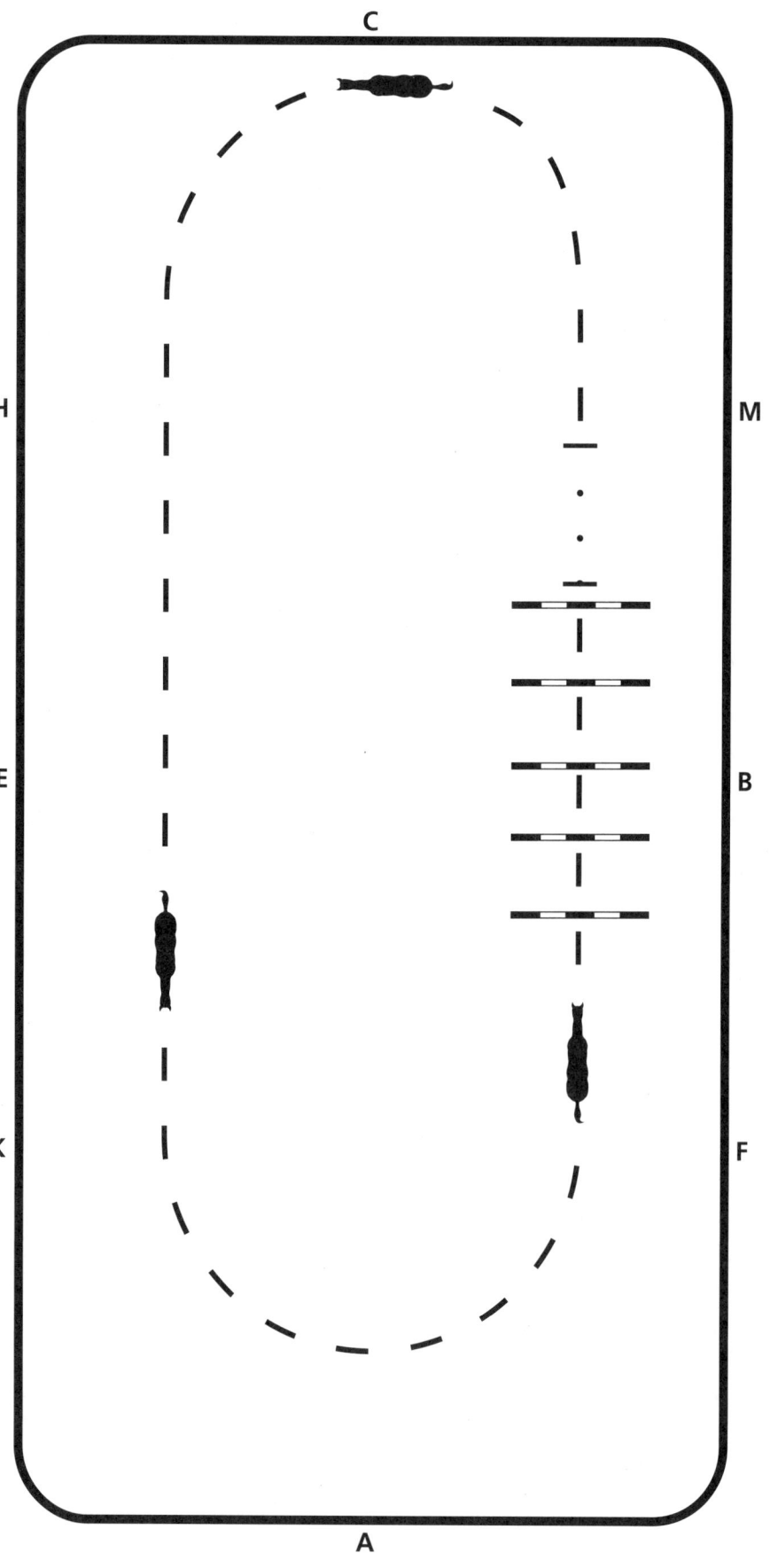

EXERCISE 67
타원형에서의 속보 횡목운동
(Trotting Ground Pole on an Oval)

방법

1. 준비운동에 이전 연습을 활용하라.

2. 타원형으로 운동하고, 타원의 한쪽 선상에 설치된 횡목을 통과하라.

3. 횡목을 통과할 때 보통속보로 수행하라.

4. 마지막 횡목을 통과한 직후, 평보로 이행하라.

5. 평보 5 걸음 후에 바로 보통속보를 수행하라.

6. 전체 과정을 여러 번 계속 반복하라, 마지막 횡목을 지나면서 아래로의 이행운동을 실시하라.

확인

말이 부조에 100% 반응한다. 마지막 횡목을 뒷다리가 최대한 빨리 통과하고, 곧바로 평보 운동으로 이행한다. 말의 반응이 늦지 않도록 하라.

EXERCISE 68

BUILDING SUSPENSION

속보 횡목운동에서의 이행운동
(Trotting Ground Pole with Transitions)

효과

이 훈련의 초점은 승마자의 부조와 기좌에 대한 걸음걸이를 말이 인지하는 것이다. "연습 66"과 같이 횡목을 설치하여 사용하라.

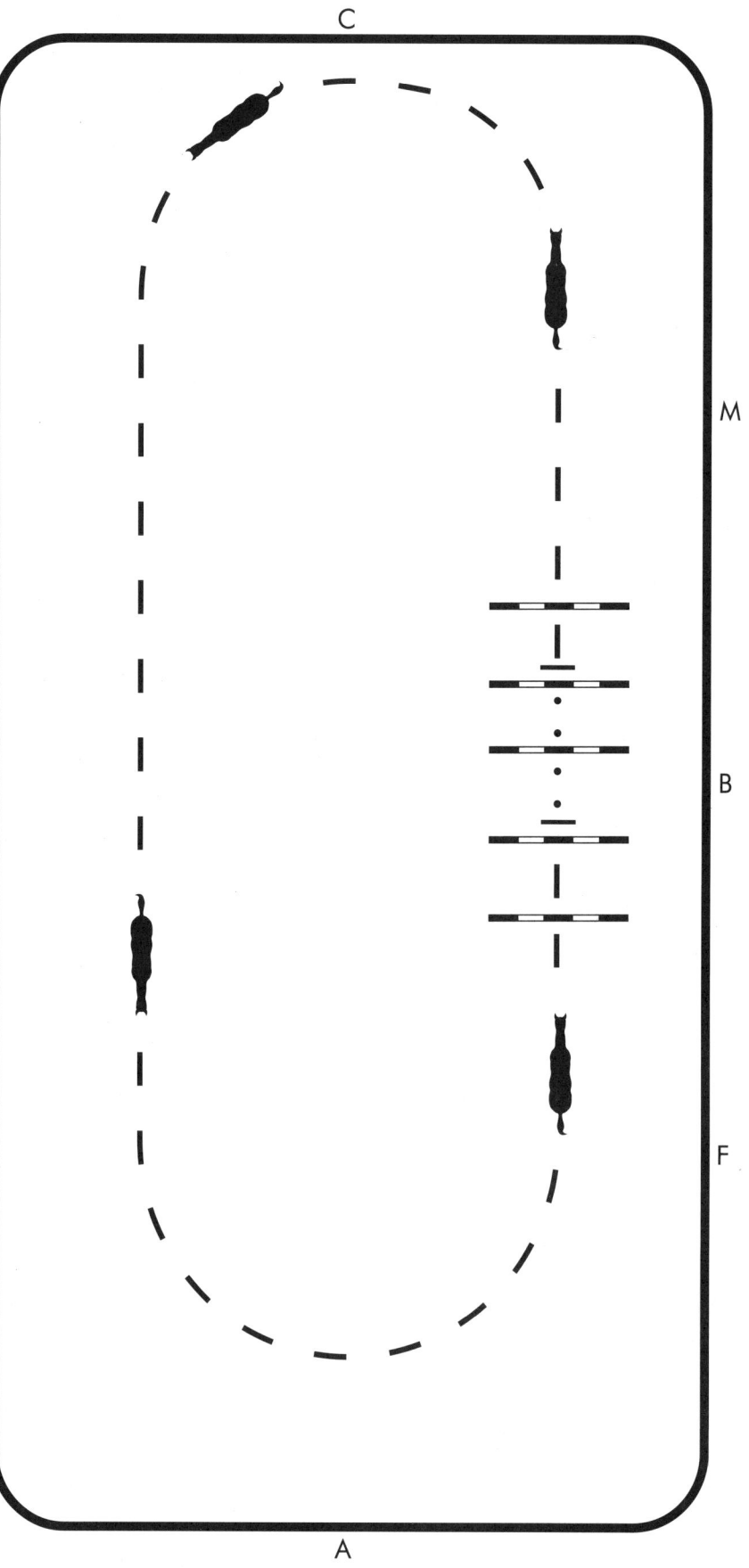

Key

- 보통 속보(Working Trot) — — —
- 보통 평보(Working walk) · · · · ·
- 지상 횡목(ground pole) ▬
- 이행(Transition) |

EXERCISE 68
속보 횡목운동에서의 이행운동
(Trotting Ground Pole with Transitions)

방법

1. 운동수행을 하기 전에 준비운동을 하라.

2. 큰 타원형으로 운동하라. 타원형의 한쪽 측면에 설치된 횡목을 통과하라.

3. 횡목을 통과할 때 속보로 수행하라.

4. 중간 횡목에서, 즉시 평보 또는 정지로 아래로의 이행을 수행하라.

5. 즉시, 속보로 나머지 두 개 또는 마지막 횡목을 통과하라.

6. 이와 같은 방법으로 여러 번 반복하라.

확인

처음에는, 이행이 부드럽게 수행되지 않을 것이다, 또한 횡목을 치고 지나간다, 하지만 단념하지 말고 지속적으로 수행하라.

EXERCISE 69

BUILDING SUSPENSION

반대로 하는 속보 횡목운동
(Trotting Ground Poles with Reverse)

효과

이 운동은 말이 횡목을 통과할 때 횡목 위에서 잠시 체공 상태로 머물 수 있도록 조련해야 한다.

Key

보통 속보(Working Trot)
― ― ― ―

지상 횡목(ground pole)
▬▬

후구를 중심으로
회전운동(Turn on haunches)

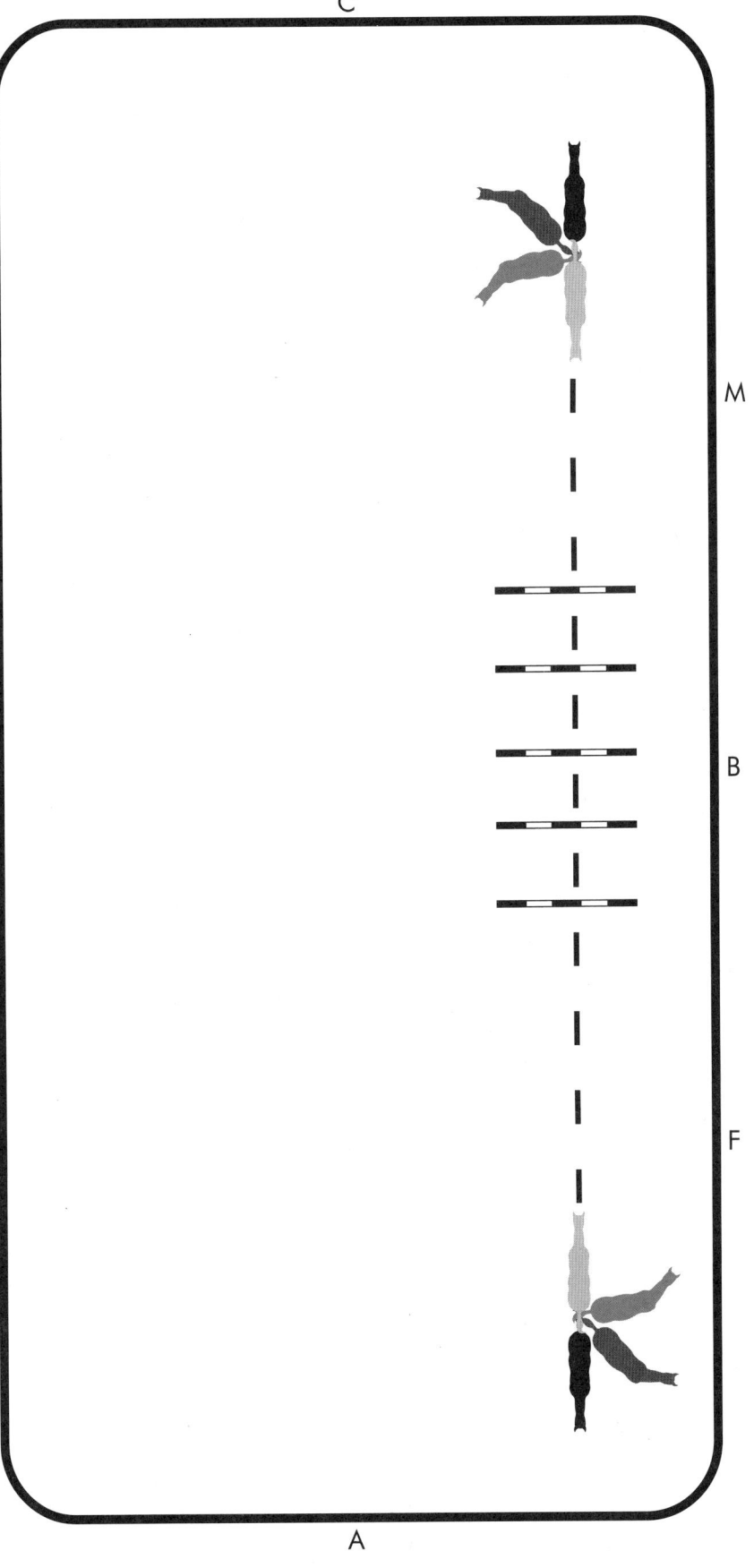

EXERCISE 69
반대로 하는 속보 횡목운동
(Trotting Ground Poles with Reverse)

방법

1. 평보나 속보로 벤딩(Bending) 운동하면서 준비운동을 하라.

2. 횡목울 통과할 때 활발한 속보를 수행하라.

3. 마지막 횡목을 통과할 때, 10m를 직진하라.

4. 곧바로 정지하라.

5. 방향 전환을 위해 "후구를 중심으로 회전(Turn on the haunches)" 운동을 수행하라.

6. 즉시, 속보를 수행하고 머리를 직진으로 향해 횡목을 통과하라.

7. 여러 번 반복하라.

확인

"후구를 중심으로 회전운동(Turn on the haunches)"은 양쪽으로 각기 다르게 수행한다.

EXERCISE 70

BUILDING SUSPENSION
등선의 시작
(Opening the Topline)

효과

이 연습은 매우 활발한 말의 보법을 유지하는 동안 말의 등선을 신장과 수축을 교대로 조련하는 방법이다. 이것은 특별히 흥분하지 않으며, 침착하고 속도가 증가될 수 있는 말에게 사용하는 것이 좋다.

EXERCISE 70
등선의 시작 (Opening the Topline)

방법

1. 20m 원운동을 경속보로 시작하라.

2. 말의 구조가 운동 연결이 된 상태를 유지하라.

3. 원운동을 지속하면서, 고삐를 서서히 늘리고 활발하게 전진하라. 정확한 속보를 수행하라.

4. 한 번은 최대한 신장속보의 형태로 수행하라.

5. 속보 운동을 하는 동안 서서히 다시 고삐를 짧게 유지하라.

6. 두 번 원운동을 수행한다. 이 과정을 여러 번 반복하라.

확인

이 운동을 정확하게 수행하기 위해 일정한 시간이 필요하다. 호흡하는 콧소리와 뒷다리에서 작은 흔들림은 재미를 느낄 수 있다. 운동을 수행하는 몇 분 동안 느슨하게 수행하라.

말에게 신장을 요구할 때, 조마용 채찍을 사용하는 것을 상상하라. 등선(Top-line)은 아코디언(Accordion)을 열고 닫는 것을 상기시켜라. 속보에서, 좀 더 빨리 움직일 수 있다. 하지만, 천천히 수행하는 속보와 같은 리듬으로 수행하라. 이러한 운동방식으로 다시 돌아올 때, 지속적인 힘을 만들 수 있다.

EXERCISE 71

BUILDING SUSPENSION

앞부분과 뒷부분
(Fore and Aft)

효과

이 훈련의 마지막은, 말의 후구에서 강한 엔진과 더 큰 힘을 가진 것처럼 느낄 수 있도록 해야 한다, 그리고 어깨는 가벼워야 한다. 승마자가 이행을 요구하는 곳에서 엄밀하고, 즉각적으로 기어변속을 할 수 있어야 한다. 이것은 후구로 부터 체중이동을 자연스럽게 반응하는 하는 것이다.

Key	
보통 속보(Working Trot)	– – – –
신장 속보(Lengthened trot)	— — — —
이행(Transition)	|

EXERCISE 71
앞부분과 뒷부분(Fore and Aft)

방법

1. 큰 트랙으로 속보를 시작하라.

2. 신장운동과 수축운동을 번갈아 가며 수행하라.

3. 각 6~8 걸음마다 기어 변속을 하라.

4. 양쪽으로 연습하고, 20m 원운동을 수행하라.

5. 원운동에서 두 가지 속보 운동을 일정한 지점에서 이행하라.

6. 각 라운드의 정확한 지점에서 이행운동을 수행하라.

확인

말은 일정한 운동의 속도를 느리게 하기 위해 승마자의 상체를 통하여 제한된 부조에 반응하도록 해야 한다. 천천히 승마자의 어깨를 뒤로하고, 작은 긴장으로 안장에서 뒤로 길게 잡아당길 때, 말은 천천히 그리고 짧게 걸음걸이를 유지할 것이다.

활발한 전진으로 원의 모양과 크기를 만들지 마라. 또한, 말에게 처음 충격흡수를 가르친다는 것을 기억하라, 초기에는 확실하게 수행하지 않는다. 인내력을 가지고 반복하면 발전할 수 있다.

EXERCISE 72

BUILDING SUSPENSION
한 걸음 이행운동
(One Stride Transition)

효과

이 운동의 핵심은 활발한 구보발진과 후구를 사용한 즉시 아래로의 이행운동이다. 구보발진 직후에 마체를 낮게 유지해야 한다.

Key

구보(Canter)

보통 평보(Working walk)

이행(Transition)

EXERCISE 72
한 걸음 이행운동(One Stride Transition)

방법

1. 큰 트랙으로 평보나 속보로 운동하라.- 어느 쪽이든 구보로의 이행을 깨끗하게 수행하라.

2. 구보로 발진하라.

3. 구보 한 걸음 후에, 다시 평보와 속보로 돌아오라.

4. 평보와 속보를 몇 걸음 수행하라.

5. 다시 구보발진을 하라, 오직 구보 한 걸음만 수행하라.

6. 이런 방식으로 승마장 주변으로 운동을 수행하라.

확인

이 것은 좀 더 도전적인 것이다. 말은 아래로의 이행에 필요한 승마자의 이행부조에 달리지 않고 확실히 구보에서'정지'의 기능을 가진다. 이것은 구보에 민감하게 반응하는 말은 좋은 훈련대상이 아니다.

이것은 승마자의 중심으로 안정성과 침착성에 중요한 조련방법이다. 부조를 침착하게 사용하라.

EXERCISE 73

BUILDING SUSPENSION

구보 횡목운동
(Cantering Ground Poles)

효과

마장마술 말들은 지상운동을 심하게 강조하기 때문에 조금은 어설픈 경향이 있다. 이 연습은 좀 더 효과적인 다리와 후구를 사용할 수 있는 효과가 있다. 20m 원운동에서 같은 공간으로 횡목을 설치한다.

Key

구보(Canter)

지상 횡목(ground pole)

EXERCISE 73
구보 횡목운동 (Cantering Ground Poles)

방법

1. 쉬운 방향으로 구보운동을 시작하라.

2. 횡목의 중앙으로 원운동을 수행하라.

3. 횡목에 접근할 때, 약간 활발하게 전진하라, 그래서 조금 높이 구보운동을 수행하여 횡목에 접근하고 통과할 수 있다.

4. 각 방향으로 10회 원운동을 수행하라. 잠시 휴식을 하고 다시 시작하라.

확인

이 운동은 상당히 규칙적인 구보운동을 수행하는 말에게 효과적이다. 하지만 더욱 상승 균형이 필요하다. 그것은 구보운동에서 다리를 끌거나 무거운 말들에게는 항상 성공(또는 즐겁게)할 수 없다. 이 운동을 하기전에 "6장"을 충분히 연습해야 한다.

마장마술 말들은 이런 종류의 연습에서 약간 비틀거리거나 혹은 발걸음이 어려울 수 있다. 만약 말이 횡목을 향해 돌진하거나 약간 앞쪽이 내려가거나 상승하는 반응이 없다면, 사전에 각 횡목에서 아래로의 이행을 연습하라, 평보로 그것을 통과하고, 다음 횡목을 구보로 수행하라.

승마자의 자세를 상승하는 구보로 조절하고, 상체를 약간 뒤로 유지하라.

플라잉 체인지(Flying-changes)는 말의 유연성 발달과 강화운동에 아주 좋은 조련방법이다.

CHAPTER 8
플라잉 체인지(FLYING CHANGES)

여기는 플라잉-체인지(Flying-changes)를 소개하기 위한 다른 몇 가지 조련법들이다. 만약 승마자가 플라잉-체인지에 익숙하지 않다면, 말을 훈련할 때 부조에 정확한 반응을 수행하는 말을 가지고 연습할 필요가 있다.

말과 승마자 어느 쪽이든 가장 적합한 연습으로 시작해야 한다. 만약 여러 번 연습으로 수행이 안 된다면, 다른 방법으로 시도하라.

이 연습방법은 말을 대상으로 수행하는 플라잉-체인지(Flying-changes) 조련방법이다. 정확하게 수행하고 신호를 이해할 수 있도록 해야 한다. 한번 성공하면, 다른방법을 선택할 수 있다. 이미 플라잉-체인지(Flying-changes) 운동을 수행하는 고급 말은 이 훈련에 적합하지 않을 수 있다.

이 운동을 하기 전에 "6장"의 구보훈련을 충분히 성공하고 난 후 이 과정을 수행하는 것이 좋다.

어린 말들은 저항을 예방하기 위해, 말의 입이 앞으로 조금 나간 상태(Above the bit)로 조련을 수행할 수 있다.

EXERCISE 74

FLYING CHANGES

헌치-인으로 가는 대각선운동
(Diagonal to Haunches-in)

효과

이 연습의 자연스러운 과정으로 말의 두려움과 긴장없이 플라잉-체인지(Flying-changes)운동에 접근하도록 도와준다.
이 과정은 구보운동을 충분히 수행할 수 있는 말에게 적합하다.

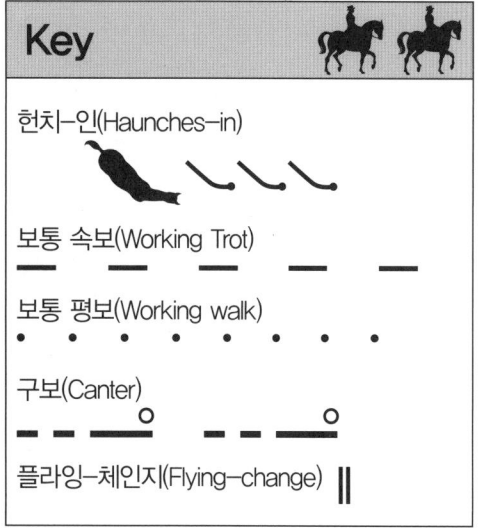

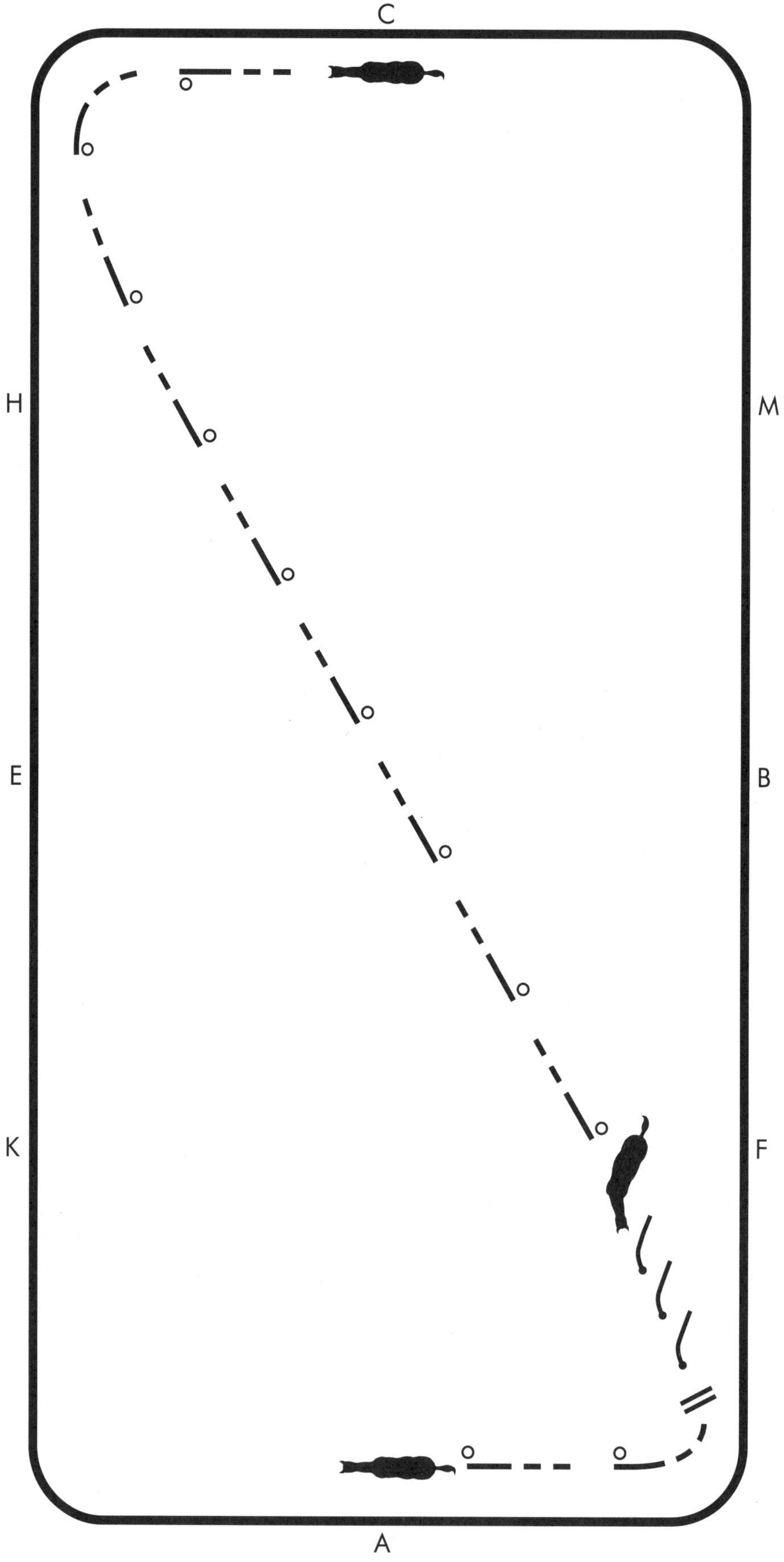

Key	
헌치-인(Haunches-in)	
보통 속보(Working Trot)	
보통 평보(Working walk)	
구보(Canter)	
플라잉-체인지(Flying-change)	

162 _ 마장마술 | CHAPTER 8

EXERCISE 74
헌치-인으로 가는 대각선운동
(Diagonal to Haunches-in)

방법

1. 대각선 방향으로 평보를 수행하라(작은 대각선). 펜스에 접근했을 때, 몇 걸음 헌치-인(Haunch-in)을 수행하라.

2. 코너에서 직진으로 속보를 수행하라.

3. 평보로 되돌아오고 다음 대각선으로 같은 방법으로 반복하라.

4. 여러 번 반복하라; 그리고 구보로 수행하라(큰 대각선으로). 왼쪽으로 대각선 운동을 수행하라.

5. 코너에 접근했을 때, 가볍게 헌치-인(Haunches-in)을 수행하라.

6. 직진운동을 수행하고 코너에서 오른쪽으로 수행하라.

확인

전체적으로 연결을 유지하고 말의 운동수행을 도움이 될 수 있도록 한다. 말에게 강한 부조를 사용하지 말고, 걱정보다 신뢰를 형성하라.

플라잉-체인지(Flying-change)운동은, 많은 인내력이 필요로 한다! 만약 말이 불안하거나 잘못되면, 다른 시간에 편안하게 다시 수행하라. 지나친 끈기에 의해 구보운동이 정확하지 않은 상태에서 이 운동을 시도하지 마라.

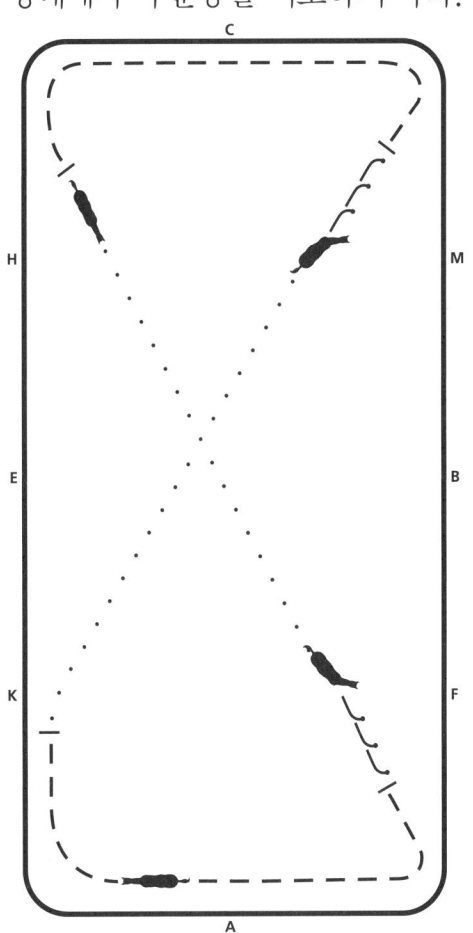

FLYING CHANGRES _ 163

EXERCISE 75

FLYING CHANGES
음성사용 A
(Using the Voice A)

효과

음성 부조에 즉각적으로 반응하는데 많은 도움이 된다. 음성신호는 다른 부조를 가볍게 도울 수 있다.

Adapted from Janne Rambaugh, U.S. Grand prix rider

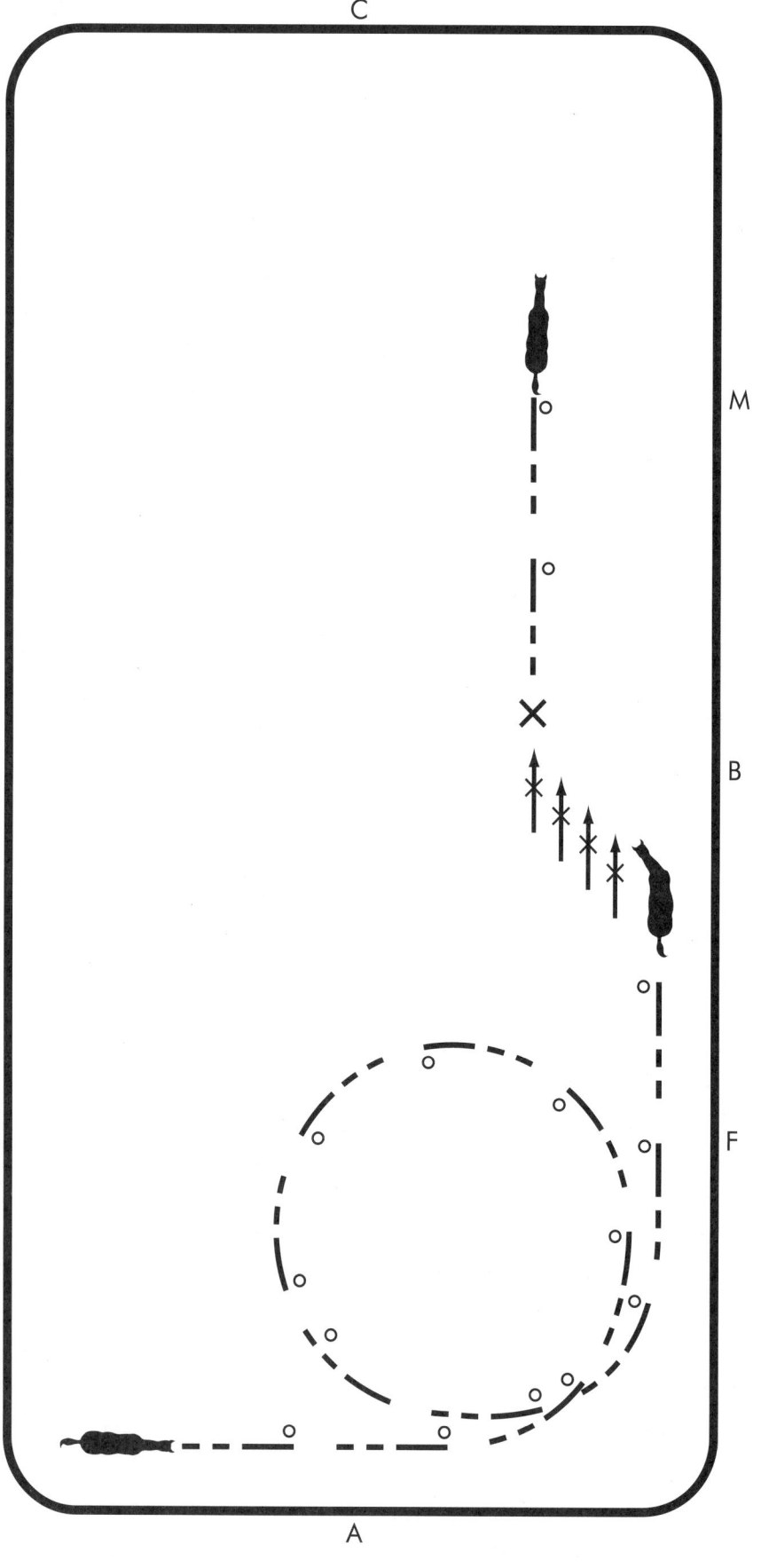

164 _ 마장마술 | CHAPTER 8

EXERCISE 75
음성사용 A(Using the Voice A)

방법

1. 왼쪽 구보로 시작하라.

2. 긴 측면으로 가기 전에 10m 원운동을 수행하라.

3. 원운동 후 펜스를 따라 계속 진행하다가 '워~ ' 라고 하면서 1/4 지점으로 하프-패스(Half-pass)나 레그-일드(Leg-yield) 운동을 수행하라.

4. 만약 말이 정지하거나 평보를 하면, 말에게 칭찬하라.

5. 1/4 라인의 끝 지점으로 반대구보 운동을 직진으로 수행하라.

6. 이 순서대로 여러 번 반복하라.

7. 1/4 지점에 '워' 소리 없이, 부조를 반대 방향으로 위의 연습을 수행하라.

확인

이 연습을 수행하기 전에 일반적인 승마운동에서 음성신호의 반응을 확인하라. 속보와 평보로 수행할 때, 기좌와 음성부조 '워'를 동시에 수행하라. 신체적 부조를 가르치는 것은 승마자의 목소리를 듣고 반응하는 것이다. 최소한, 승마자가 '워'라고 할 때 정확하게 천천히 운동을 수행할 것이다. 최선으로, 정지를 수행한다.

마지막 걸음으로, 그것은 정지를 위한 정지를 완성하고, 그리고 구보에서 즉시 정지를 이행하고 새로운 방향으로 반대-구보를 수행한다.

EXERCISE 76

FLYING CHANGRES
음성사용 B
(Using the Voice B)

효과

이전 과정에서는 "반대-구보(Counter-canter)로 가는 플라잉-체인지(Flying-change)"를 말에게 가르쳤다. 이것은 바른 구보에서 어떻게 반대-구보로 수행하는지 보여준다. 플라잉-체인지는 각기 다른 균형이 요구된다, 그래서 이것은 둘 다 편안하게 수행하는 것이 중요하다.

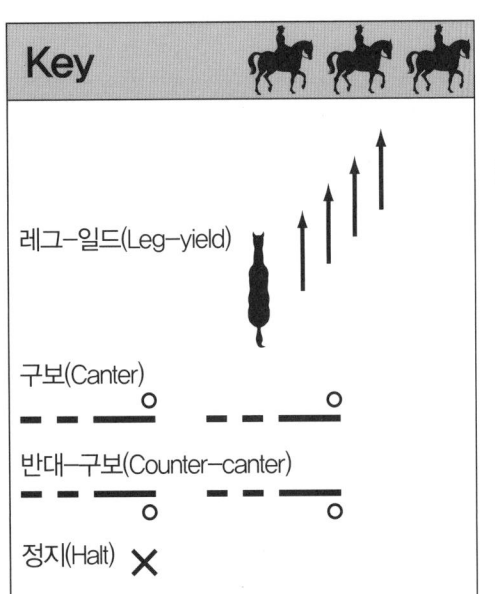

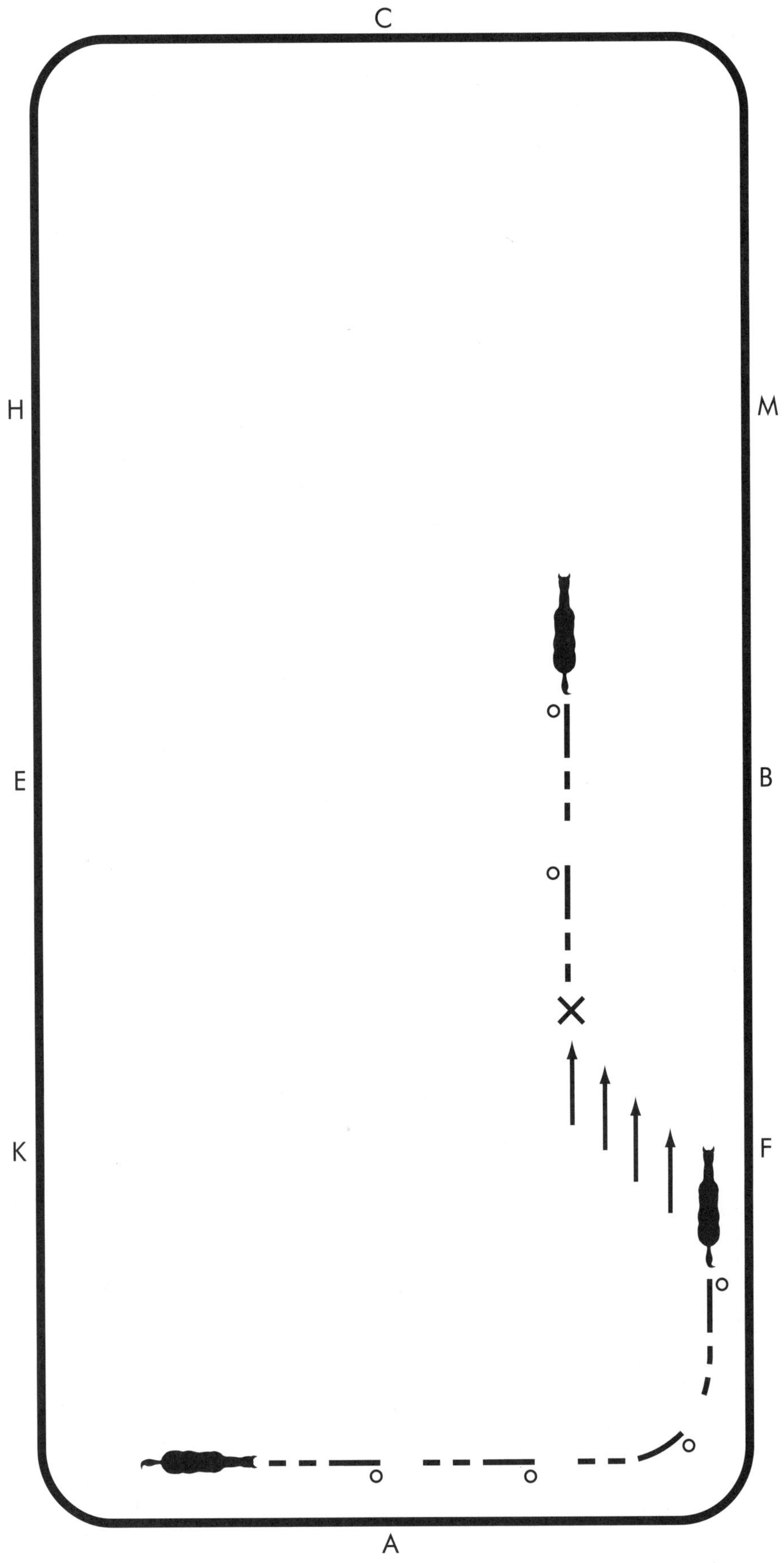

EXERCISE 76

음성사용 B(Using the Voice B)

방법

1. 1~3 분 동안 반대-구보로 준비운동을 수행하라..

2. 수축된 반대-구보를 왼쪽으로 시작하라.

3. 긴 측면으로 들어갈 때, 1/4 라인으로 레그-일드(Leg-yield) 운동을 수행하라.

4. "워~"소리로 정지하라.

5. 정지 후에 왼쪽으로 구보운동을 수행하라.

6. 말에게 칭찬을 하고 몇 분 동안 계속하라.

확인

이 과정은 이전 연습의 연장으로 정확한 "연습 75"의 완성본이다. 양쪽에서 반대-구보로 가기 위한 1/4 라인에서 플라잉-체인지를 수행할 수 있을 때, 이 운동을 수행할 수 있다.

만약 첫 번째 시도에서 성공할 수 있다면, 말을 칭찬하고 충분한 시간을 휴식하고 다시 시도하라. 그리고 부조를 조율하라. 6 걸음마다 "워"라고 소리 내어 부조에 대한 반응과 속도를 점검하라, 하지만 완전한 정지를 하지 마라.

EXERCISE 77

FLYING CHANGES
구보/반대구보 이행운동
(Canter/Counter-Canter Transition)

효과

승마자의 강한 부조 없이 갑자기 간단한 플라잉-체인지(Flying-change) 운동을 수행하고, 이과정은 교육을 시작할 때 반복한다.

Key

보통 평보(Working walk)
• • • • • • •

구보(Canter)
- - - o - - - o

반대-구보(Counter-canter)
- - - - - - -
      o   o

이행(Transition) |

플라잉-체인지(Flying-change) ||

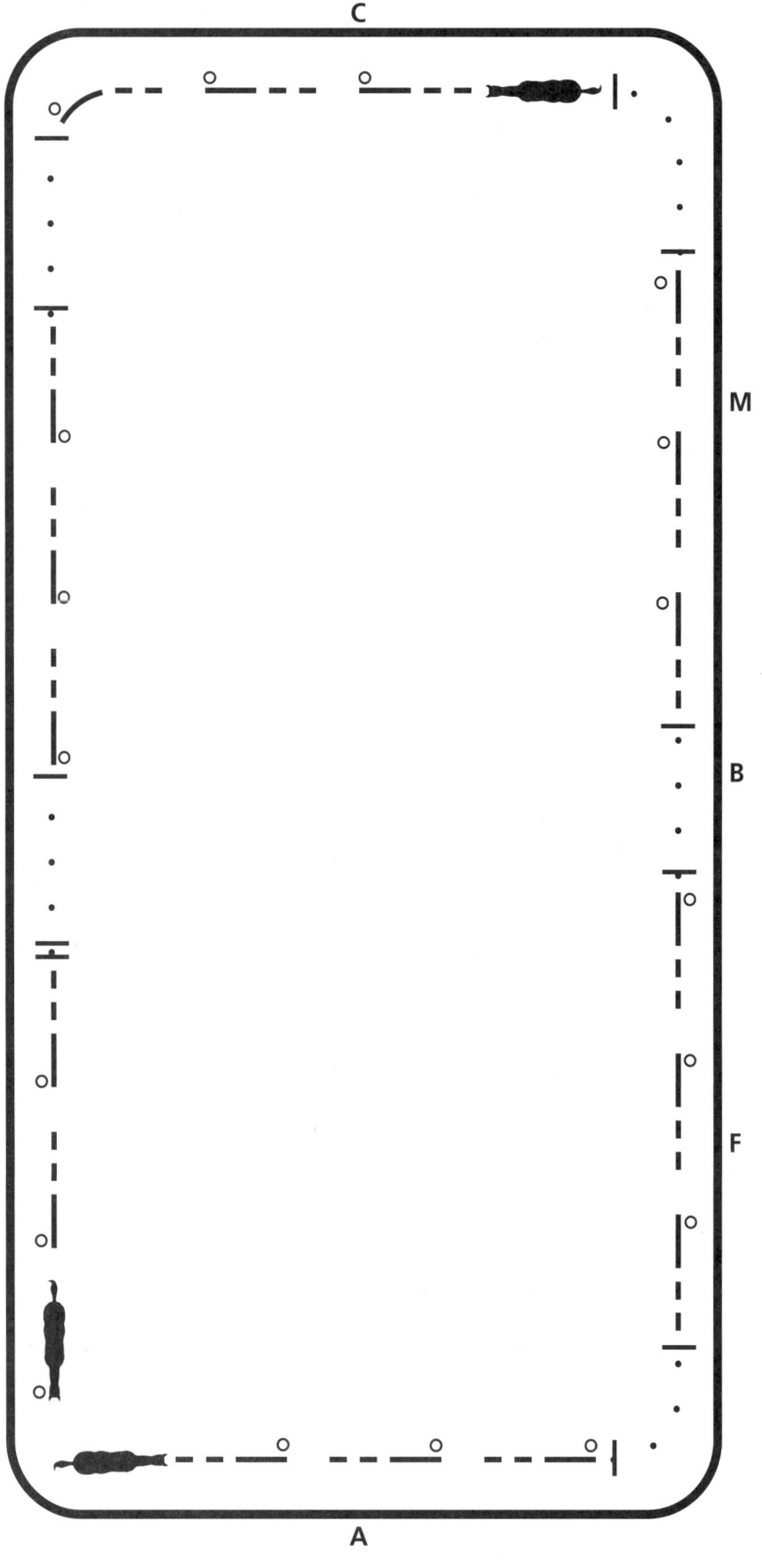

EXERCISE 77
구보/반대구보 이행운동
(Canter/Counter-Canter Transition)

방법

1. 큰 트랙으로 3~5걸음을 구보로 시작하라.

2. 3 걸음의 평보; 이후 다시 몇 걸음 반대구보하라.

3. 다시 세 걸음 평보 운동 그리고 몇 걸음 안쪽 방향으로 구보를 수행하라.

4. 이러한 순서대로 각 방향으로 몇 번 반복하라.

5. 왼쪽으로 구보운동을 수행하라. 긴 측면에서, 반대구보로 플라잉-체인지를 수행하라.

6. 만약 말이 반응하지 않으면, 평보로 이행하고, 보다 강하게 재빨리 구보운동을 다시 시도하라.

7. 오른쪽으로 반복하라.

확인

이 운동은 승마장의 펜스나 벽을 따라 시도하면 가장 성공적으로 수행할 수 있다. 만약 이 연습을 개방된 공간에서 실시하면, 말이 옆으로 흔들리거나 한쪽으로 빠질 수 있다. 첫 번째 순서는 말이 등을 바꾸는 마음으로 전진운동을 수행하고, 다음 동작에서 성공적으로 바꾸기 위한 준비운동을 수행하는 것이다.

말을 정확하게 조련하는 것은 부조에 아주 잘 반응하도록 하는 것이다: 목표는 이행운동을 하는 동안 지체시간을 없도록 하는 것이다. 모든 플라이-체인지를 할 때, 오랫동안 인내해야 한다. 어떤 말은 매우 빠르고 쉽게 수행한다. 또 다른 말들은 오랜 시간이 필요하다.

말은 고삐부조에 도움 없이 배울 수 있다. 이 그림은 말의 가볍고 쉬운 움직임을 보여준다.

CHAPTER 9
가벼움의 발달(DEVELOPING LIGHTNESS)

가벼움의 의미는 말이 부드러운 연결에 의한 움직임과 쉽게 미끄러지듯 움직이는 것이다. 승마자가 100% 확신하는 것은 100% 부조에 의해 성취된 것이다. 예를 들어, 말을 전진시키기 위해 다리부조로 말에게 압박을 가하면, 말은 즉시 용수철처럼 다음 걸음으로 전진한다. 만약 말의 움직임 전에 셀 수 있다면 "하나, 둘…", 그것은 정확한 부조에 대한 반응이 아니다. 말을 부조에 100% 반응을 유지하도록 조련하라. 승마자의 손과 몸으로부터 말이 부드럽게 반응하도록 하는데 도움이 될 수 있도록 각 과정을 정확히 운동수행을 해야 한다. 승마자는 이 운동을 통해 첫 번째 운동 이후 의식하지 않을 수 있다, 하지만 여러 번 반복 훈련은 부드러움이 증가되는 움직임이 휴식처럼 허락될 것이다. 이 과정에서 여러 번의 각 습관적인 연습이 될 수 있도록 확실하게 수행해야 한다.

때로는 작고 간단한 것은 1일 훈련에서 대수롭지 않게 여겨진다. 말을 조련하는 기초과정을 부지런하게 수행하고, 그리고 결과를 보게 될 것이다! 그럼에도 불구하고, 이러한 운동이 지루하여, 보다 더 활발한 운동의 과정을 원할 것이다. 예를 들어, 말이 생기를 되찾기 위해 승마장 외곽으로 2분 동안 습보 운동을 하라, 그리고 다시 가벼운 운동을 수행하라.

말을 가볍게 조련되어지기 전에 승마자의 다리부조에 반응해야 한다.

EXERCISE 78

DEVELOPING LIGHTNESS

평보/정지 이행운동
(Walk/Trot Transition)

효과

이 연습은 부조에 정확하게 반응하도록 하는 과정이다. 정확하게 수행했을 때, 단순-이행(Simple transition)이라고 한다, 이때 말의 부드러운 연결운동을 발달시킬 수 있다.

Key

보통 평보(Working walk) · · · · ·

정지(Halt) ✕

172 _ 마장마술 | CHAPTER 9

EXERCISE 78
평보/정지 이행운동 (Walk/Trot Transition)

방법

1. 큰 트랙으로 평보를 수행하라.

2. 정면을 주시하고, 깊게 앉고, 정확하게 정지하라.

3. 8까지 세고, 다시 평보로 전진하라.

4. 몇 걸음 후에, 다시 정지하라.

5. 양쪽 방향으로 많은 이행운동을 수행하라.

확인

이행을 수행하기 위해 체중을 사용하고, 고삐를 사용하지 않는다! 손은 약간 전진하는 방향으로 하여 골반을 유지하고 어깨를 뒤로 당겨라. 정지에서, 말의 뒷다리는 마치 아래쪽에 정확히 위치해야 한다. 만약 필요하면, 한 걸음 더 전진하여 정직하게 말을 들어 올린다.

EXERCISE 79

DEVELOPING LIGHTNESS

옆걸음을 활용한 이행운동
(Sidestep Transition)

효과

아래로의 이행에서 승마자의 고삐에 의지하여 말의 예측 없는 이행을 발전시킨다. 말의 전방이 앞쪽으로 떨어지는 것을 허용하고 안쪽 뒷다리의 연결운동을 한다.

Key

보통 속보(Working Trot) ----

정지(Halt) ✕

EXERCISE 79
옆걸음을 활용한 이행운동(Sidestep Transition)

방법

1. 다양한 형태의 속보로 준비운동을 수행하라(대각선 방향, 루프(Loops), 서펜타인(Serpentine), 그리고 원운동).

2. 즉시, 속보에서 정지로 이행을 수행하라.

3. 잠시 정지; 안쪽 다리부조로 옆으로 첫 번째 걸음을 요구하라.

4. 첫 번째 옆걸음(Sidestep) 후에, 즉시 보통속보를 수행하라.

5. 운동을 연속적으로 지속하고, 정확한 정지를 요구하고, 매 걸음마다 한 번씩 옆걸음(Sidestep)을 수행하라.

확인

이 과정을 수행하게 위해 "앞쪽을 중심으로 회전운동(Turn on the forehand)"을 확인해야 한다. 활발한 준비운동 후에 이러한 이행운동을 집중하고 성공할 수 있다.

이 연습을 정확하게 수행했을 때: 아래와 위로의 이행을 즉각적이고 순종적인 수행을 할 수 있다. 항상 안쪽 다리로 부터 옆걸음(Sidestep)운동을 수행하라.

EXERCISE 80

DEVELOPING LIGHTNESS

측면걸음과 레인-백
(Rein-Back with Lateral Steps)

효과

승마자의 고삐에 의지하지 않고 말의 균형 있는 두 측면(좌우와 뒤로) 운동을 교육한다.

Key

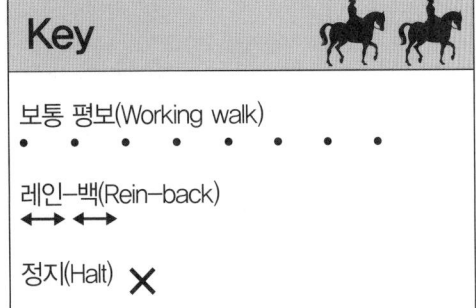

보통 평보(Working walk)
· · · · · ·

레인-백(Rein-back)
↔ ↔

정지(Halt) ✗

EXERCISE 80
측면걸음과 레인-백(Rein-Back with Lateral Steps)

방법

1. 펜스 안쪽으로 1m 위치에서 보통 평보로 시작하라.

2. 4초동안 정지하라.

3. 오른쪽 다리부조로 말의 후구를 움직여라.

4. 전진 걸음에서 똑바로 정지하라.

5. 왼쪽 다리부조로 후구를 움직여라.

6. 레인-백(Rein-back)을 똑바로 4걸음 수행하라.

7. 정지, 보통 평보를 수행하라.

8. 3번을 반복하라. 그리고 반대 방향으로 반복하라.

확인

고삐에 따라 새로운 레인-백(Rein-back)을 조련하게 된다. 첫 번째 몇 걸음을 뒤로 시작하고, 가능한 많은 연습과정이 필요하다. 마찬가지로 승마자는 안장에서 레인-백(Rein-back)을 배운다.

만약 다리부조에 천천히 후구가 움직이고, 말에게 아주 쉽고 친절하게 수행할 때 첫 번째 앞쪽을 중심으로 회전운동(Turn on the forehand)을 조금 완성하는 것이다.

EXERCISE 81

DEVELOPING LIGHTNESS

평보/정지/레인-백 이행운동
(Walk/Halt/Rein-Back Transition)

효과

이 운동은 승마자의 고삐부조와 말의 상체 연결을 통한 체계적인 운동방법이다.

Key

레인-백(Rein-back)
↔ ↔

보통 평보(Working walk)
· · · · ·

정지(Halt) ✕

EXERCISE 81
평보/정지/레인-백 이행운동
(Walk/Halt/Rein-Back Transition)

방법

1. 큰 트랙으로 보통평보를 시작하라.

2. 4초 동안 정지하라.

3. 4 걸음 레인-백(Rein-back) 운동을 수행하라.

4. 즉시 평보로 전진하고 다시 정지하라.

5. 즉시 4걸음 레인-백(Rein-back)하고 다시 정지하라.

6. 몇 걸음 반복하라; 그리고 승마장 주변으로 보통 평보를 수행하라.

7. 다른 방향으로 같은 순서대로 반복하라.

확인

간단한 "정지"에 만족하지 마라. 목표는 말의 뒷다리와 전체 체중이 아래로 내려가면서 정지 운동을 잘 수행하는 것이다. 뒷다리가 후구 아래에서 반 걸음 전진하라. 레인-백(Rein-back) 운동은, 손에 머물면서 스트레칭에 의해 일정한 연결을 유지한다. 만약 그것이 안 되면, 연결을 다시 하기 위해 전진운동을 하는 것이 좋다.

만약 말이 정지에서 계속 움직인다면, 순종적일 때까지 가능한 길게 정지를 유지한다. 만약 필요하면, 하루 종일 정지 운동을 연습하라. 정지 운동은 반드시 해야 하는 운동이다!

EXERCISE 82

DEVELOPING LIGHTNESS

다리 수축운동
(Collecting off Leg)

C
H
M
E
B
K
F
A

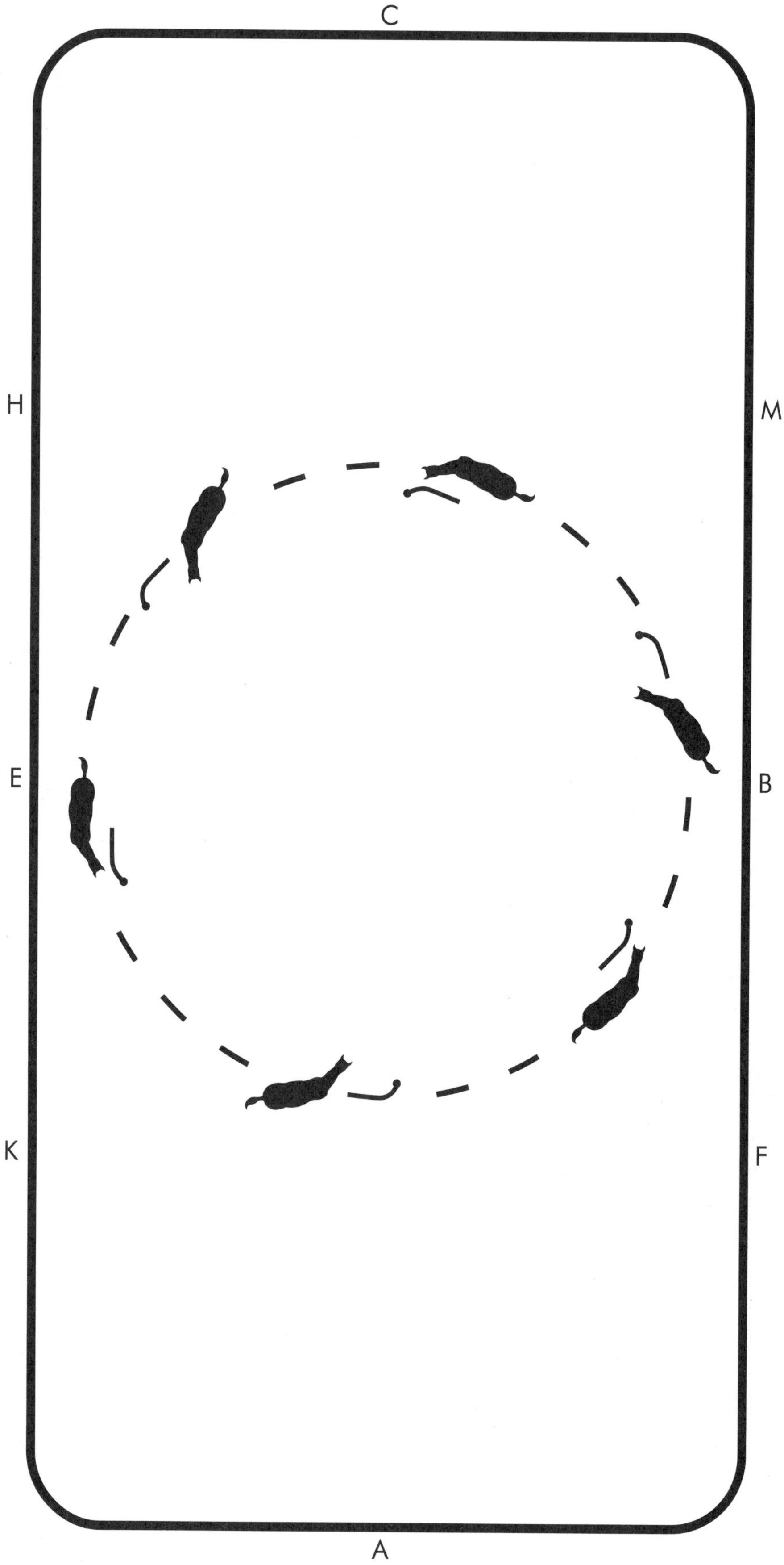

효과

다리부조에 반응하고 의존하여 수축운동을 성공할 수 있다. 충분히 가벼워진다면, 승마자의 신호에 후구의 연결운동과 전진운동을 할 수 있다.
이 연습은 말이 부조에 대한 반응과 무반응을 확인할 수 있는 좋은 테스트이다.
이것은 말과 승마자의 미묘하고 정밀한 신호체계이다.

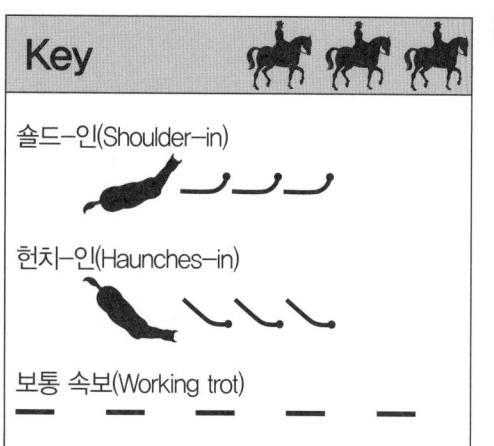

Key
숄드-인(Shoulder-in)
헌치-인(Haunches-in)
보통 속보(Working trot)

EXERCISE 82
다리 수축운동(Collecting off Leg)

방법

1. 속보로 20m 원운동을 수행하라.

2. 원운동에서 가벼운 숄드-인(Shoulder-in)과 헌치-인(Haunches-in)을 교대로 하라.

3. 한 번은 부드럽게 수행하라, 한 번에 한 쪽 다리부조로 말을 움직여라.

4. 말을 측면 움직임 없이 왼쪽 다리를 닫고 이 운동을 수행하라. 말이 반응하면, 고삐를 조금 풀어주고 2~3 걸음 전진운동을 수행하라.

5. 오른쪽 다리부조에도 같이 반응하도록 하라.

6. 이 순서대로(왼쪽-전진-오른쪽-전진) 원운동을 반복하라.

확인

다리부조로 말에게 운동을 요구할 때, 거의 반 걸음을 위한 지속적인(전등 스위치를 재빨리 돌리는 것과 같이) 다리부조는 매우 빠르게 수행해야 한다. 말은 같은 트랙에 머물고 있어야 한다. 느낌은 서서히 체중을 뒤로 움직이고 어깨에서 어깨로 - 말과 왈츠 춤을 추는 것과 같이, 하지만 다리부조 없이 정확한 측면 이동을 수행해야 한다.

EXERCISE 83

DEVELOPING LIGHTNESS

안쪽과 바깥쪽
(Inside and Outside)

효과

때로는 말이 고삐부조를 무겁게 느낀다, 실제로 다리부조도 무겁게 느낀다. 이 운동은 다리부조에 조금 더 부드럽게 반응하도록 한다. 수축을 목적에 두고 말의 두 다리를 가까이 가져가도록 운동하는 것이다.

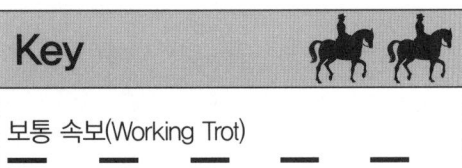

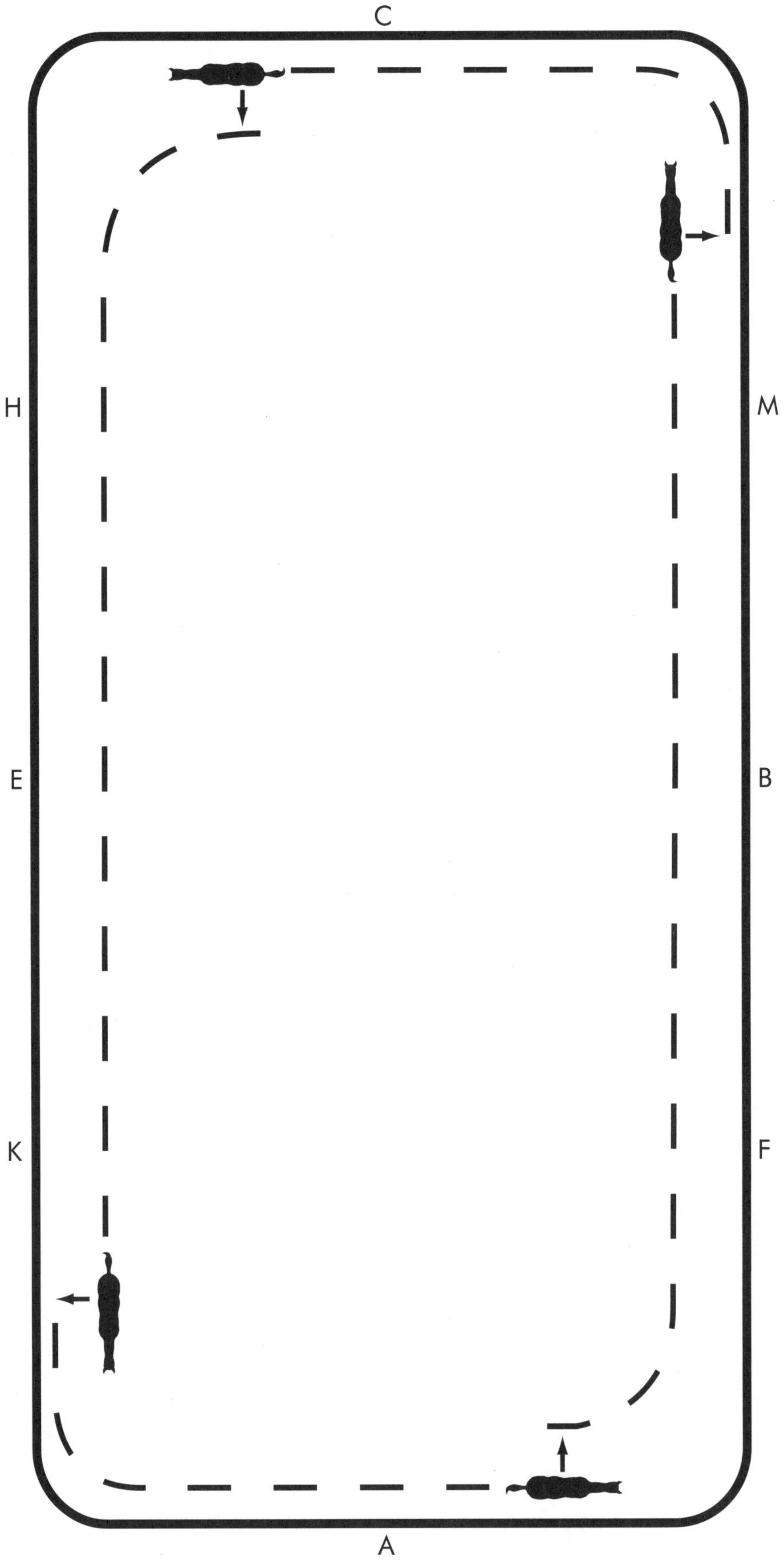

Key

보통 속보(Working Trot) – – – – –

EXERCISE 83
안쪽과 바깥쪽(Inside and Outside)

방법

1. 20m × 60m 승마장에서 직사각형으로 운동하고, 작은 승마장은 크게 외곽으로 운동하라.

2. 경속보 운동으로, 각 코너 깊숙이 활용하고. 코너를 들어가기 전에 승마자의 안쪽 다리를 사용하라.

3. 각 방향으로 직사각형 운동을 수행하라.

4. 두 측면에서 중앙으로 그리고 바깥쪽 다리를 사용하여 코너에서 멀리 떨어져라.

5. 각 방향으로 5번 반복하라.

6. 승마장 주변에서 운동할 때 각 코너에서 안쪽과 바깥쪽 다리를 번갈아 사용하라.

확인

다리부조로 말의 균형을 유지하고 집중하게 하면, 보다 더 섬세한 균형과 연결운동으로 제어할 수 있다.

집중하게 하라; 승마자가 할 수 있는 생각보다 코너를 보다 더 깊이 들어가라. 승마자의 승마 부츠(Boot)가 펜스에 긁히도록 코너 깊숙이 운동하라.

EXERCISE 84

DEVELOPING LIGHTNESS
10-10-10

효과

이 연습은 부조 확립(온 더 에이드; On the aids)에 매우 유용하다. 이것은 밀에 탄 승객이 아니라, 운전자로서 매우 효과적이고 말에게 보다 유익한 운동으로 느낄 것이다.

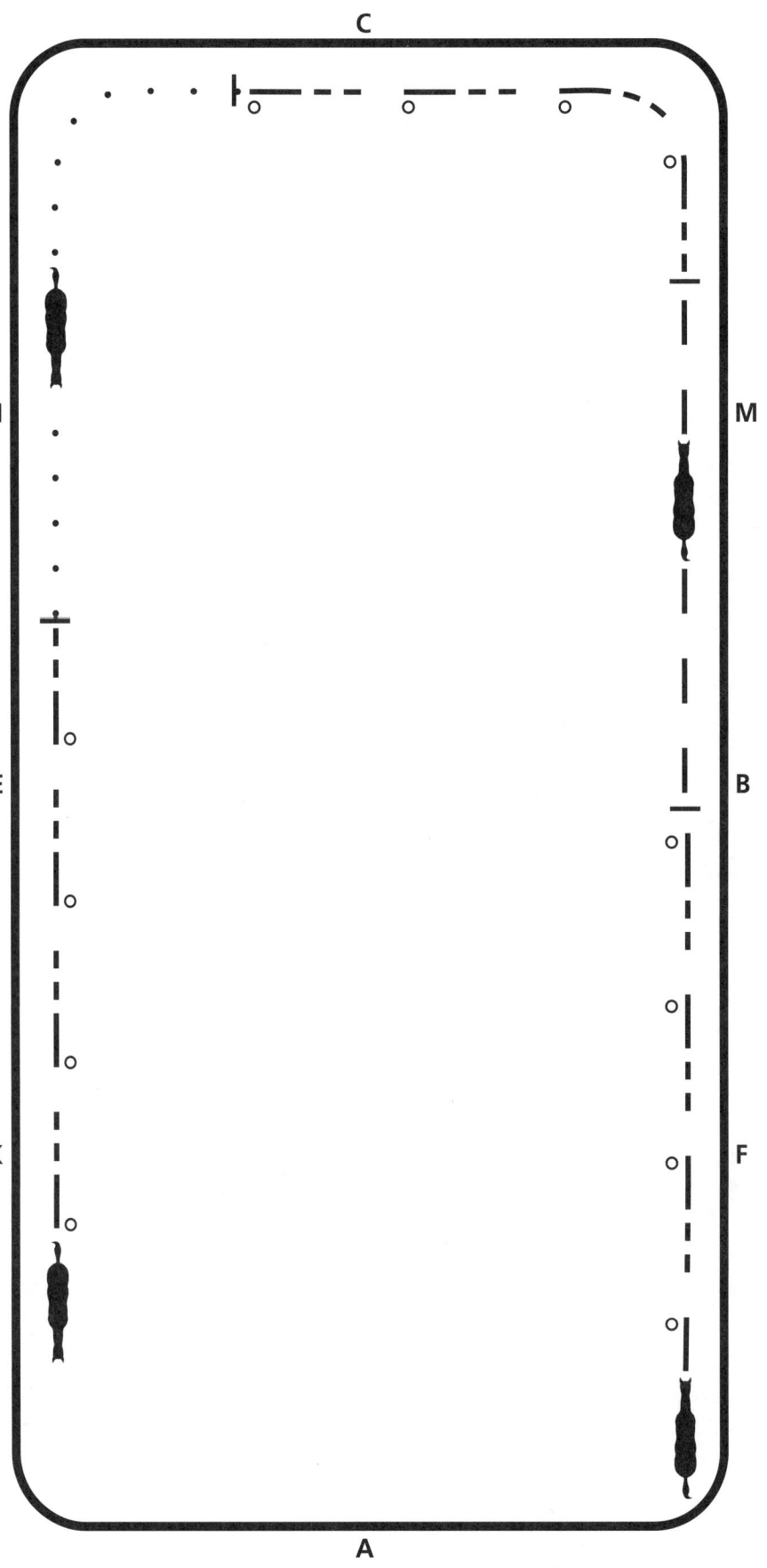

Key

- 이행(Transition) |
- 보통 평보(Working walk) • • • • •
- 구보(Canter) – – o – – o – –
- 보통 속보(Working Trot) – – –

EXERCISE 84
10-10-10

방법

1. 왼쪽 보통구보 운동으로 시작하라.

2. 구보 10 걸음 후에 속보 운동을 수행하라.

3. 속보 10 걸음 후에 다시 구보운동을 수행하라.

4. 구보 10 걸음 후에 다시 평보 운동으로 이행하라.

5. 평보 10 걸음 후에 다시 구보운동으로 이행하라.

6. 전체 과정을 다시 시작하라.

7. 여러 번 반복하고, 그리고 다른 방향으로 연습하라.

확인

정밀하게 하라! 걸음걸이를 셈하라, 각 걸음에 10걸음 이상 수행하지 마라. 이것은 대단히 강한 정신집중 조련법이다!

말은 둥글게, 리듬 있게, 그리고 유순하게 몇 분 동안 준비운동을 하라. 다리부조로 몇 걸음은 레그-일드 운동을 수행하라.

더욱 힘있고 활발한 뒷다리와 후구에 의한 신장운동을 보여주고 있다.

CHAPTER 10
신장걸음(LENGTHENING THE STRIDES)

제10장의 3개의 과정은 신장 걸음에 필요한 활발한 힘의 증진에 도움을 줄 수 있는 조련법이다. 말은 스스로, 호흡이 막히는 듯한 신장 걸음은 만들어 낼 수 없다. 이것은 말의 운동개선을 위한 후구 발달을 목표로 조련해야 한다. 특히 좋은 신장 걸음을 위한 자연스러운 능력을 보유하지 않은 말을 사용하여 조련할 수 있는 방법이다.

신장 속보(Lengthened trot)는 말의 모든 구조와 걸음걸이가 신장되어야 한다. 그래서, 말의 탑-라인(Top-line)은 신장과 전진이 되어야 하고, 걸음걸이는 활발한 뒷다리로부터 발생되어야 한다. - *전방은 물 위로 살짝 올라가고 뒤쪽의 엔진으로 전진하는 모터보트처럼.*

좋은 신장속보 운동이다. 말은 좋은 골격으로, 후구를 통한 최고의 신장 걸음을 보여주고 있다.

EXERCISE 85

LENGTHENING THE STRIDES

힘의 증진
(Building Power)

C
H
M
E
B
K
F
A

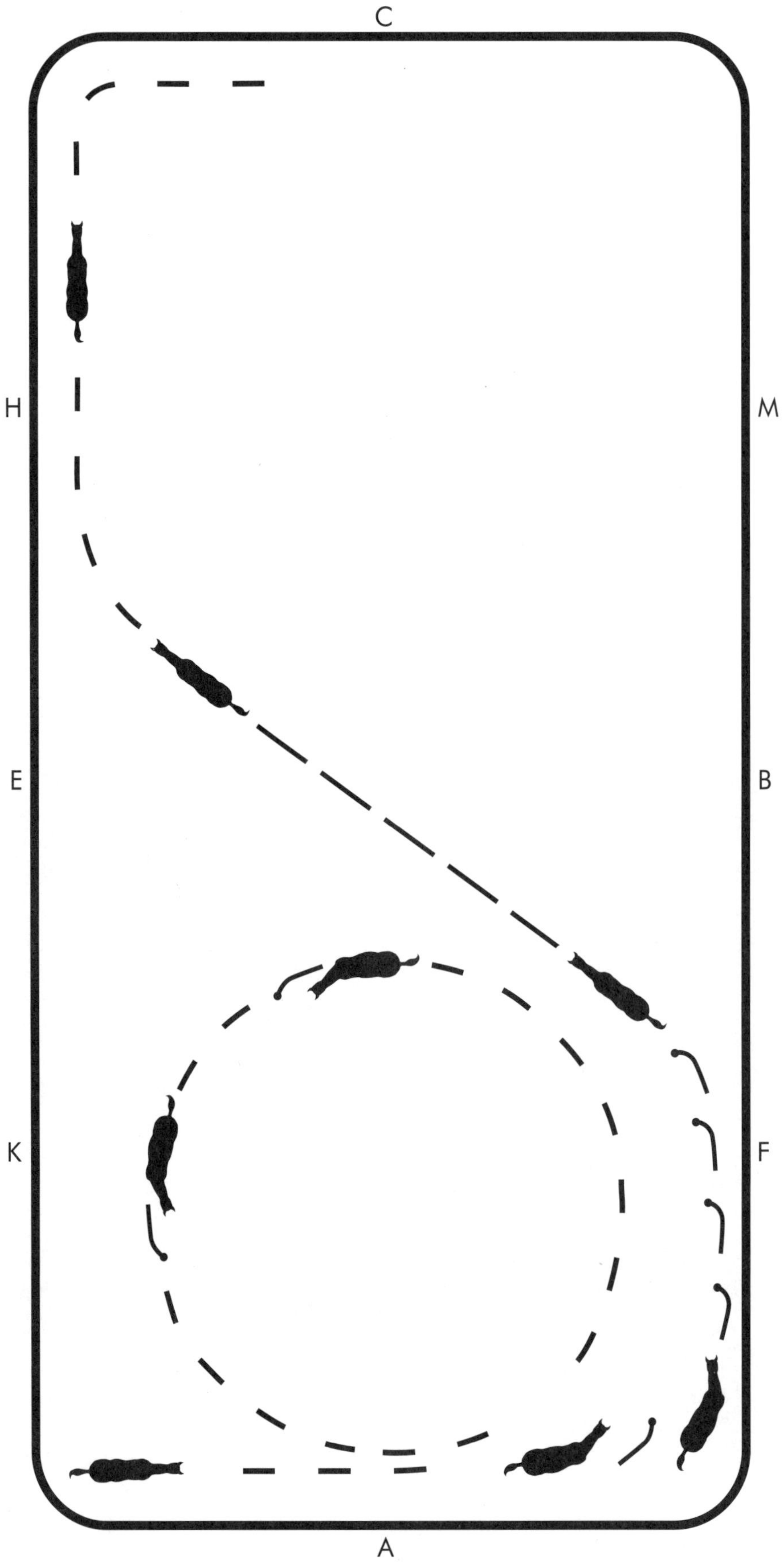

효과

이 연습은 통상적으로 전진하여 달리기 보다 후구에 의한 신장속보를 수행하는 정신력을 강화하는 조련법이다.
측면 운동을 사용한다, 그래서 기술적이고 빠르게 반복하는 편안한 훈련될 수 있도록 제5장에 있는 몇 가지 측면 운동을 연습하라.

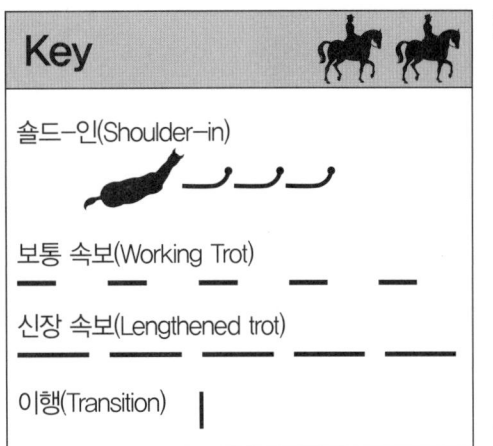

Key
숄드-인(Shoulder-in)
보통 속보(Working Trot)
신장 속보(Lengthened trot)
이행(Transition)

EXERCISE 85
힘의 증진(Building Power)

방법

1. 왼쪽 방향으로 속보를 시작하라.

2. A 지점에서, 숄드-인을 하면서 20m 원운동을 수행하라.

3. 원운동의 코너에서 숄드-인 운동을 함께 수행하라.

4. 코너를 지나면서, F 지점에서 H 지점으로 대각선 방향으로 직진운동을 수행하라.

5. 대각선에서, 신장속보를 수행하라.

6. 대각선을 지나면서, 보통속보를 수행하라.

7. 이 과정을 여러 번 반복하라.

확인

신장운동을 하는 것이 만약 활발하게 운동하는 말을 밀어서 운동을 수행하는 것이 아니라 말의 후구로부터 추진이 강한 보통속보의 발전을 가져와야 한다. 말이 전진할 수 있도록 부드러운 연결을 유지하고, 종아리를 닫고, 느긋하게 승마운동을 수행하라. 자연스럽게 승마자의 등에 따라 말의 후구를 활용한 움직임은 말의 보법 발전을 가져올 수 있다.

EXERCISE 86

LENGTHENING THE STRIDES

신장운동을 위한 반대-숄드-인
(Counter-Shoulder-in to Lengthening)

효과

이 운동은 신장 걸음 전후에 반대 숄드-인(Counter Shoulder-in)을 수행한다, 이것은 말의 바깥쪽 뒷다리의 연결운동 발달을 위해 사용할 수 있는 조련법이다. 다리의 힘에 활발하게 반응하도록 한다.

Key

- 숄드-인(Shoulder-in)
- 보통 속보(Working Trot)
- 신장 속보(Lengthened trot)

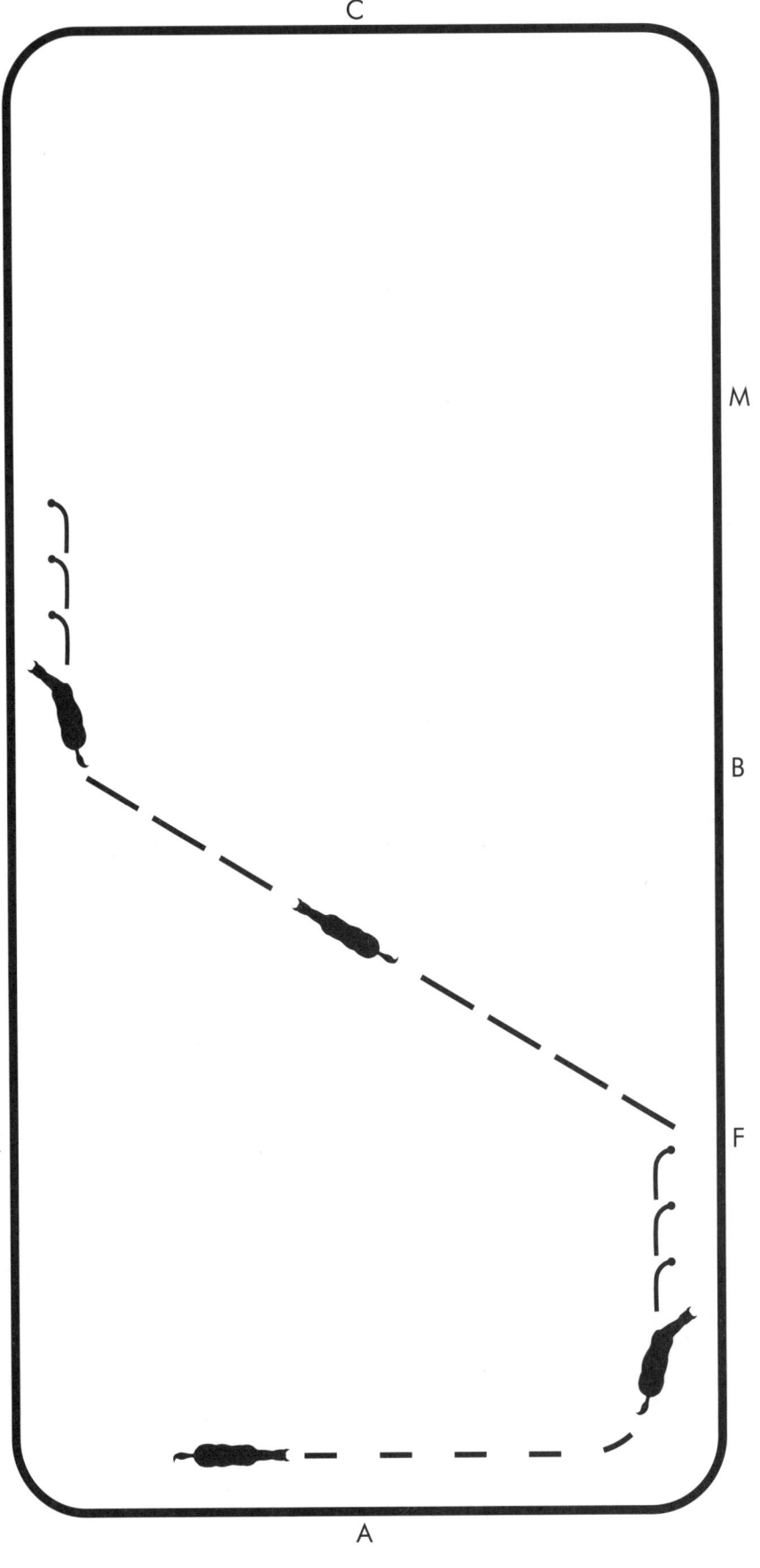

EXERCISE 86
신장운동을 위한 반대-숄드-인
(Counter-Shoulder-in to Lengthening)

방법

1. 왼쪽으로 속보 운동을 시작하라.

2. F 지점 전에, 반대 숄드-인(Counter Shoulder-in)을 3~4걸음 수행하라.

3. F 지점에서 마체를 똑바로 하고, E 지점까지 대각선으로 직진운동을 수행하라.

4. 짧은 대각선은 신장속보를 수행하라.

5. 짧은 대각선이 끝날 때, H 지점으로 3~4 걸음 반대 숄드-인을 수행하라.

6. 다시 직진하고, 짧은 측면이 끝나는 곳에서 이와 같은 순서대로 반복하라.

확인

대각선을 향해 회전을 할 때 말에게 신장운동을 요구하면 안 된다. 이때는 불균형 상태이기 때문에, 말이 정확하게 반응할 수 없다. 신장운동을 요구하기 전에 대각선으로 확실하게 똑 바른 직선이 될 수 있도록 한다.

EXERCISE 87

LENGTHENING THE STRIDES
짧은 신장구보
(Short Canter Lengthening)

효과

짧은 신장구보는, 승마장 전체에서 아래로의 신장운동과 대조된다. 일반적인 부조에 반응을 유지하고, 앞쪽 다리가 더욱 예민하게 반응을 유지해야 한다. - 말의 가벼움을 만드는 조련법이다.

Key

수축 구보(Collected Canter)

구보(Canter)

이행(Transition)

EXERCISE 87
짧은 신장구보(Short Canter Lengthening)

방법

1. 큰 정사각형으로 구보운동을 수행하라.

2. 코너에서, 회전할 때 차분히 깊게 앉아 연결운동을 수행하라.

3. 즉시 코너를 통과한 후에, 신장걸음으로 다음 코너까지 이동하라.

4. 정사각을 벗어나지 마라.

5. 다음 코너에서, 위의 과정을 반복하라.

확인

이 운동을 수행하기 전에, 말의 구보운동이 매우 정확하게 수행하도록 조련되어야 한다. 그래서, 이 과정은 조련되지 않은 어린 말은 적합하지 않다. 15~20m 정사각형에 각 지점을 표시하라.

각 지점의 코너에서 보법은 수축운동 및 연결운동과 함께 피루엣(Pirouette)을 수행한다고 생각하면 도움이 될 수 있다. 그리고, 다음 코너에서 피루엣운동의 수정을 위해 활발한 전진을 허용하라.

다양한 지역에서의 승마는 말의 조련에 매우 유용한 것이다. 그것은 일반 승마장에서 할 수 없는 말을 더욱 튼튼하게 할 수 있는 조련법이다.

CHAPTER 11

체력의 중요성(THE IMPORTANCE OF FITNESS)

마장마술 말은 승마장 내에서 너무 많은 과정의 마장마술 연습을 한다. 모든 마장마술 말은 근육과 골격의 발달을 위해 교차 조련법을 수행해야 한다; 심혈관의 순환, 건과 인대탄력, 견고한 힘, 유연성, 그리고 좋은 근육 발달 등이다. 이 과정은 일반적인 규칙적인 조련 방법을 포함하고 또 다른 형태의 방법을 제시한다.

다양한 조련법은 말의 정신 상태(그리고 순수한 상태를 유지)에 긍정적인 측면을 만들어 준다. 경기장으로 돌아갈 때 집중적이고 정신이 초롱초롱한 상태를 유지할 수 있도록 도울 것이고, 승마장에서 수행하는 단조로운 걸음걸이에 변화를 가져다줄 것이다. 항상 승마장에서 혼자 조련하면 많은 영향력을 줄 수 없다. 이 과정의 조련 목표는 강하고 유연함이다.

이 조련과정은 "제4장"의 형태와 매우 비슷하고 일상적인 규칙적인 조련을 포함한다. 또한 준비운동의 일부이다. 일상적인 조련과정을 포함하여 일주일 과정표를 확인해야 한다.

말의 후구 강화를 위해 경사면에서 조련한다. 이 말은 언덕 아래로 균형 있는 속보 운동을 멋지게 하고 있다.

EXERCISE 88

THE IMPORTANCE OF FITNESS
복종
(Submission)

효과

정확성 없는 승마운동으로, 말의 반응을 느슨하게 한다. 만약 정기적으로 말이 승마자에게 복종하고 받아들인다는 것을 확인한다면, 그것은 말이 안정적이다는 결론이다.

EXERCISE 88
복종(Submission)

방법

1. 말을 리드할 때, 과다한 집중 없이 단순히 승마자의 어깨에 의해 평보를 수행하라. 만약 승마자로부터 너무 가까이, 그리고 멀리 선다면, 그땐 평보 운동을 수행하라. 승마자의 리드를 존경할 때까지 계속하라.

2. 리드라인에서, 승마자가 정지할 때 정지하고, 움직일 때, 움직이는 것이다. 승마자의 신체 언어에 반응해야 한다.

3. 각 방향으로 고삐로 앞쪽을 중심으로 회전운동(Turn on the forehand), 후구를 중심으로 회전운동(Turn on the haunches)을 수행하라.

4. 전진 걸음에서 뒷걸음을 요구하라. 만약 필요하다면, 손가락같이 뾰족한 것으로 옆구리를 꾹 질러라.

5. 런징(Longeing) 훈련을 하라, 3 걸음마다 이행을 수행하라, 그리고 조련자의 요구에 말이 민감하게 반응하도록 하라.

확인

승마 조련을 할 때, 그것은 지속적인 역할 관계가 중요하다. 말에게 요구할 때, 100% 확실하게 바로 반응하도록 한다. 그리고 한결같이 수행해야 한다! 만약 정직하게 반응하지 않을 때 그냥 그대로 방치하지 말고 다음에 일어날 같은 습관을 예방하기 위해 질책을 해야 한다.

EXERCISE 89

THE IMPORTANCE OF FITNESS
복부 올리기
(Belly Lifts)

효과
이 운동은 말의 복부 근육을 강하게 하고. 등을 올려, 승마 조련을 할 때 우리가 요구하는 등 자세가 발달된다.

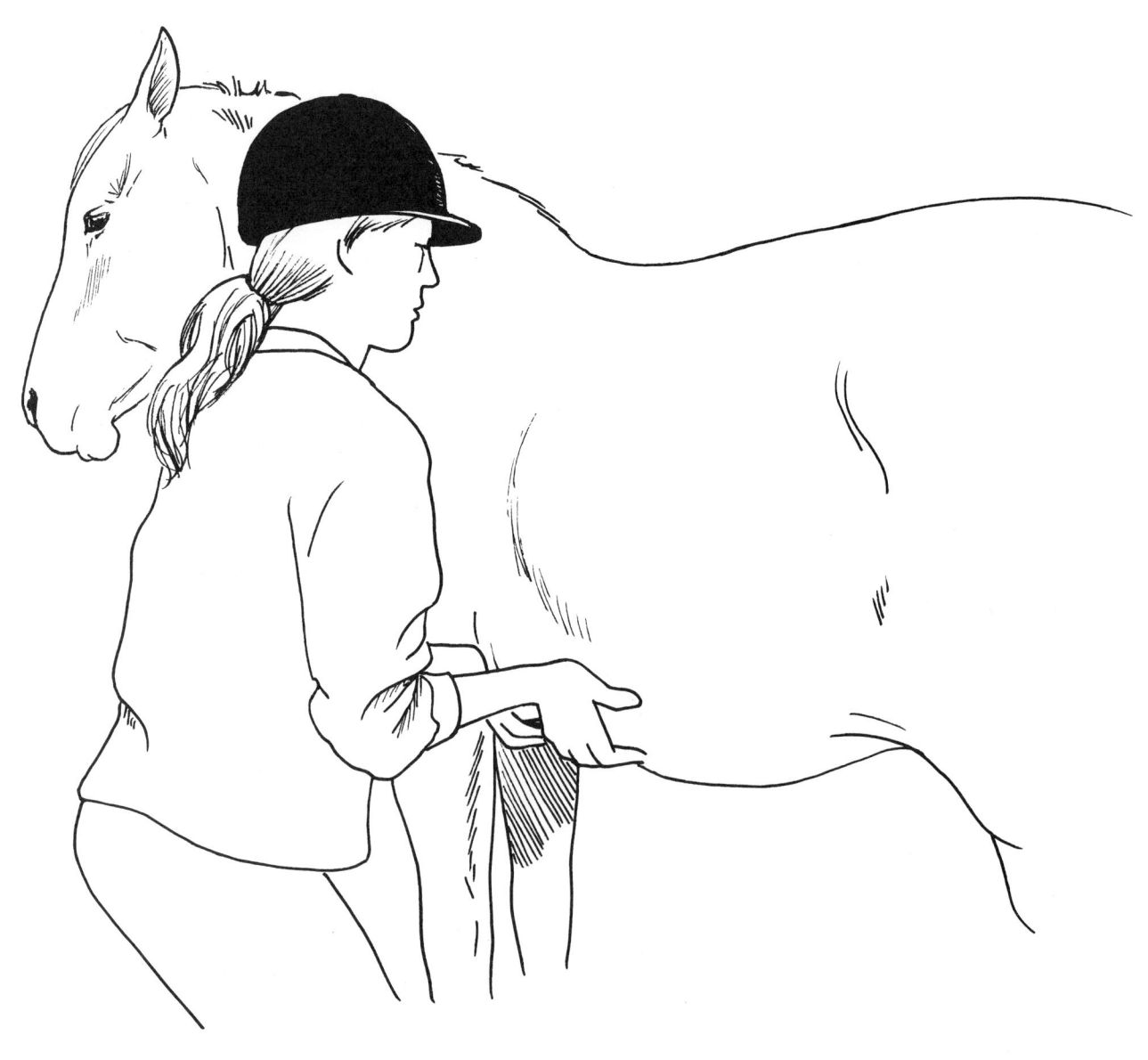

EXERCISE 89
복부 올리기(Belly Lifts)

방법

1. 말의 측면 복대에 위치하라(안장 없이).

2. 말의 복부 아래를 손으로 감싸라.

3. 손끝으로 부드럽게 척추 방향으로 들어 올려라.

4. 말은 고양이처럼 구부리게 될 것이다.

5. 말이 유연해질 때까지 손가락으로 척추를 빗질하듯이 하라.

6. 이렇게 세 번 반복하라.

확인

손가락으로 말의 복부를 빗질하고 천천히 끌어당겨라. 한 번에 한 번씩 수행하라.

어떤 특별한 암말은, 처음에 조금 싫어 할 수 있다. 막대기를 사용할 때는, 시작할 때 천천히 부드럽게 사용하라, 모든 말에 맞추어 조정할 때 정확한 효과가 있다.

EXERCISE 90

THE IMPORTANCE OF FITNESS
목이완
(Neck Loosening)

효과
마장마술 조련을 지속하면 말의 목이 굳을 수 있다. 이 조련 방법은 신속하고 지속적으로 수행하여 목을 부드럽게 한다.

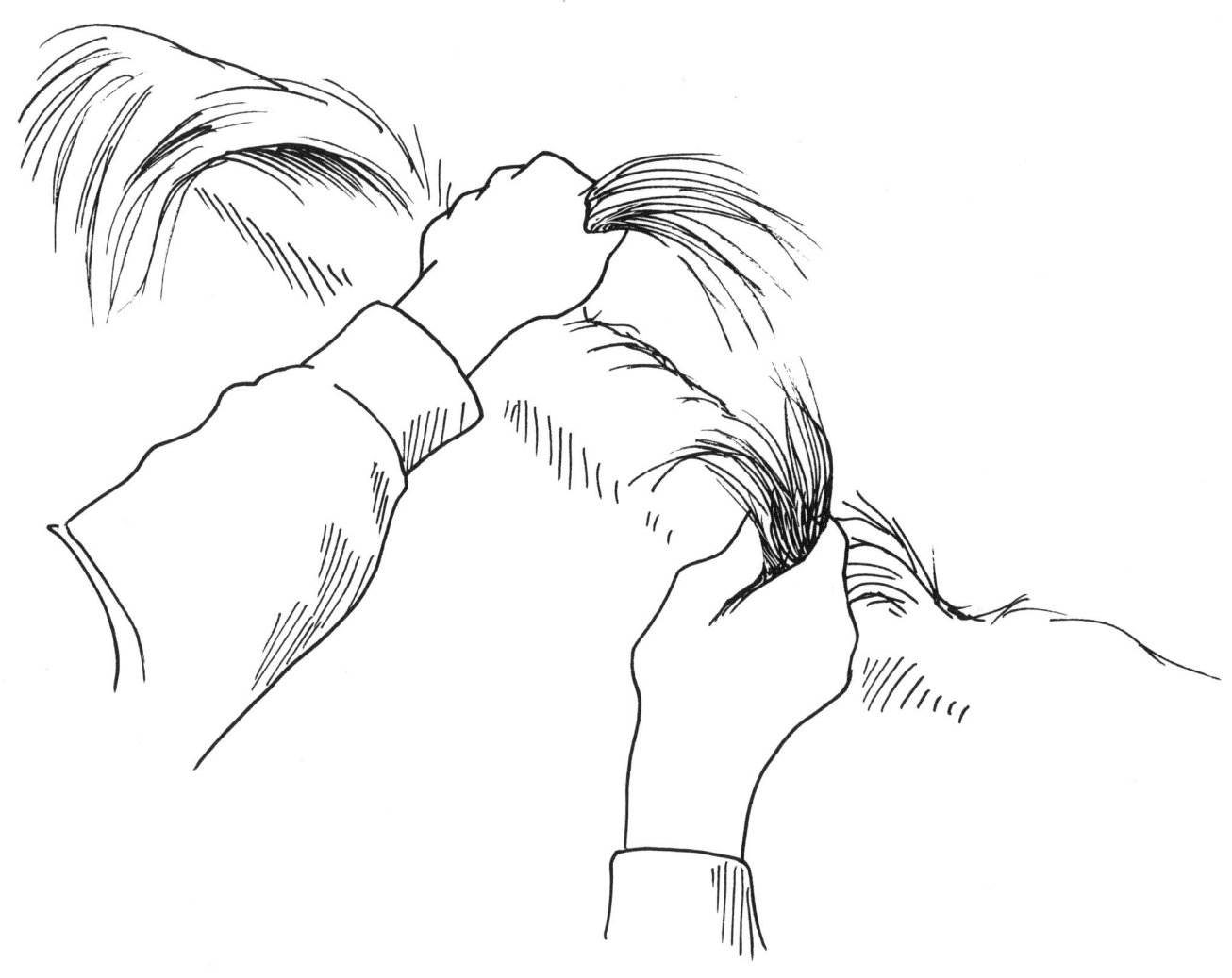

EXERCISE 90
목이완(Neck Loosening)

방법

1. 손을 8자로 어긋나게 하여 말 목의 갈기 위에 위치하라.

2. 말 갈기를 잡아라.

3. 부드럽게 왼손은 밀고 오른손은 당겨라.

4. 동시에 오른손을 밀고, 왼손을 앞쪽으로 당겨라.

5. 20초 동안, 부드럽게 하여 쉽게 유순해질 때까지 지속하라.

확인

승마자와 마찬가지로 말도 유연하게 조련할 필요가 있다. 하지만, 말은 요가 클럽을 갈 수 없다.

만약 여유가 있다면 일주일에 3~4회 동안 좀 더 자연스러운 움직임을 찾을 것이다. 말은 처음 시작할 때 천천히 긴장될 것이다, 하지만 대부분의 말들은 몇 초 후에 목을 낮추고 부드럽게 긴장을 풀 것이다.

EXERCISE 91

THE IMPORTANCE OF FITNESS

당근으로 하는 이완운동 A
(Carrot Stretch A)

효과

말은 유연할수록 강하고 좋은 말이다, 그래서 이 조련 방법은 좋은 말을 만들기 위해 유연성의 가동 범위를 최대화하는 것이 성공의 요건이다.

EXERCISE 91
당근으로 하는 이완운동 A(Carrot Stretch A)

방법

1. 말을 벽과 나란히 하여 후구를 오른쪽으로 돌리지 못하게 세워라.

2. 엉덩이 왼쪽에 위치하여, 말의 목이 당신을 향해 측면에 도달하도록 당근으로 유도하라.

3. 가능한 최대한 멀리 위치하라. 말의 머리는 복대쪽으로 유도하는 것이 좋을 것이다.

4. 5초 동안 늘리도록 유도하라.

5. 당근을 주고 휴식을 줘라.

6. 반대로 돌려, 반대 방향으로 유도하라.

확인

만약 말이 이와같이 신축운동을 수행하지 않는다면, 매주 조금씩 운동량이 증가하도록 하라. 목 주변이 측면에 어떻게 도달할 수 있는가는 놀랄 일이다. 부드럽게 시도해라, 이 조련법은 빨리 성공할 수 없다, 자기주장이 강한 말이나 종마는 추천하지 않는다.

모든 조련을 시작하기 전에 이 스트레칭의 활용하라.

EXERCISE 92

THE IMPORTANCE OF FITNESS

당근으로 하는 이완운동 B
(Carrot Stretch B)

효과

이 과정은, 조련자의 요구에 말이 목을 낮추고 이완시키는 것이다.

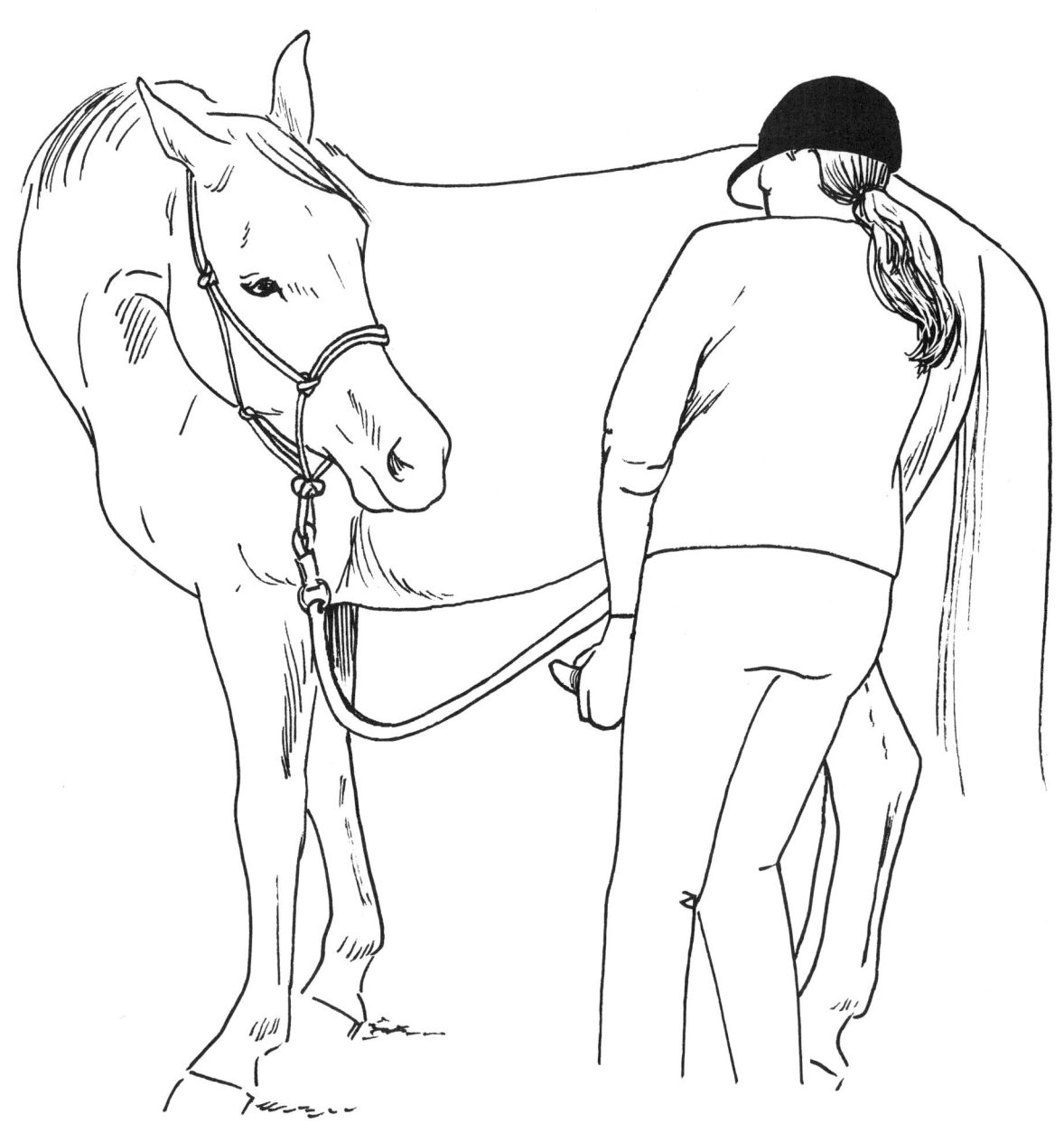

EXERCISE 92
당근으로 하는 이완운동 B(Carrot Stretch B)

방법

1. 말을 벽과 나란히 세워서 후구를 오른쪽으로 돌리지 못하게 하라.

2. 말의 왼쪽 비절에 위치하여, 말의 목이 조련자를 향하도록 당근으로 유도하라.

3. 가능한 멀리 이완할 수 있도록 한다. 말의 늑골에 도달할 수 있다. 그리고 또 비절 부위에 도달할 수도 있다.

4. 5초 동안 이완 상태를 유지하라.

5. 당근을 주고 휴식하라.

6. 반대 방향으로 조련하라.

확인

말이 이 운동을 하는 동안 가만히 있고 평보로 작은 원운동을 하지 않는 것이 가장 중요하다. 만약 벽이 유용하지 않으면, 말의 후구가 돌아가지 않도록 반대쪽 후구에 조력자를 세워 도움을 받는 것이 효과적이다.

EXERCISE 93

THE IMPORTANCE OF FITNESS

당근으로 하는 이완운동 C
(Carrot Stretch C)

효과
이 과정은, 말의 목을 측면보다 정면 아래로 이완시키는 것이 조련의 목적이다.

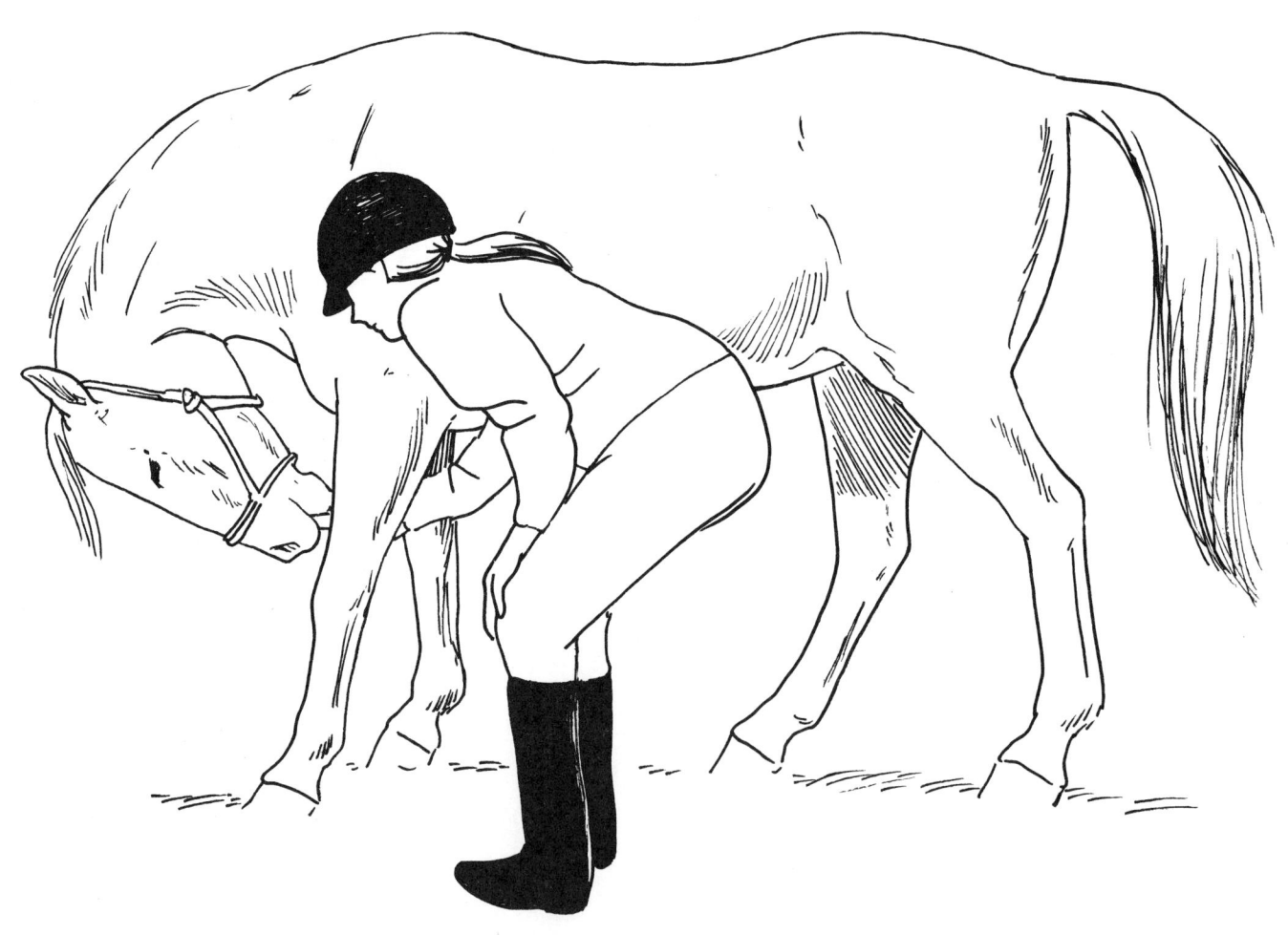

EXERCISE 93

당근으로 하는 이완운동 C(Carrot Stretch C)

방법

1. 조련자 앞에 말을 정확하게 세워라.

2. 당근을 사용한다, 당근을 말의 앞 무릎 사이로 가져가서 유인하라.

3. 말이 최대한 할 수 있는 아래쪽 뒤로 이완 되도록 하라.

4. 당근을 주고 휴식하라.

5. 이렇게 두 번 이상 이완운동을 하라.

확인

이전 두 연습의 첫 번째 조련으로 당근을 얻을 때까지 과정은 친숙한 개념이 될 것이다.

조련하는 동안 말의 운동과 다양한 유연성이 형성된다. 어떤 말은 첫 번째 시도에서 말의 머리가 무릎 사이까지 도달할 수 있도록 시도하라. 어떤 말은 무릎 사이를 자신의 코를 닿으려고 허우적거릴 수 있다. 이완의 최대치까지 요구하라(조금의 허우적거림이 이완의 시작이다), 그 이상을 요구하지는 마라.

EXERCISE 94

THE IMPORTANCE OF FITNESS
꼬리 당기기
(Tail Pulls)

효과

이 조련 방법은 이상하게 보일 수 있다, 하지만 대부분 말들은 이것을 좋아하고 앞쪽으로 의지해서 이완 효과를 더 높일 수 있다. 목표는 등과 척추 근육의 이완이다.

EXERCISE 94
꼬리 당기기(Tail Pulls)

방법

1. 말의 뒤쪽에 위치하라.

2. 꼬리뼈에서 3 인치 위치의 꼬리를 부드럽게 잡아라.

3. 필요하다며 추가의 지렛대를 사용하고, 꼬리를 손에 몇 번 감아라.

4. 조련자의 전체 체중을 뒤로할 수 있도록 발을 지면에 단단히 고정하라.

5. 20~30초 동안 지속적으로 당겨라.

확인

꼬리를 당길 때 말이 좌우로 움직인다면, 마체를 나란히 유지시키고 지압사에게 보여줄 필요가 있다. 3일 동안 꼬리당기기를 멈추고 당기는 감각이 익숙해질 때까지 부드럽게 열에 맞게 수행하라.

꼬리 당기기
(INTRODUCING THE TAIL PULL)

암말이나 민감한 말은, 꼬리의 움직임이 둔감하게 조련해야 한다. 이완운동으로 – 뒷발차기를 예방할 수 있다. – 말의 옆 측면에 위치하여 손으로 꼬리뼈를 접촉하고 익숙하게 조련한다. 말의 항문에서 1인치 정도 엉덩이로부터 조련자의 손바닥으로 꼬리 끝을 부드럽게 들어 올린다. 각 방향으로 작은 원운동을 하여 진정을 시키면 꼬리뼈는 조련자의 손에서 뻣뻣하지 않을 것이다. 이와 같은 꼬리 운동을 매일 몇 분동안 반복하라.

EXERCISE 95

THE IMPORTANCE OF FITNESS
뒷다리 이완운동
(Hind Leg Stretches)

효과

일관되게 하라, 말의 보법에서 좀 더 대칭적이고 부드러운 운동의 다양성을 증가시킨다. 이 운동은 준비운동이다, 첫 번째 작은 근육운동으로 만약 평보운동과 같이 한다면 가장 좋은 준비운동이 될 수 있다.

EXERCISE 95
뒷다리 이완운동(Hind Leg Stretches)

방법

1. 말의 뒷다리를 마주하고 말의 어깨에 위치하라.

2. 발굽 위의 구절에 로프를 착용하라.

3. 부드럽게 지면에서 2~4인치 들어 올려라.

4. 조련자 앞쪽으로 당긴다.

5. 가능한 앞다리쪽으로 가져가라.

6. 20~30초 동안 당겨라.

7. 다른쪽 다리를 반복하라.

확인

뒷다리 로프 접촉을 둔감하게 조련하라, 며칠 동안 안쪽과 바깥쪽으로 구절과 비절에 면직물을 걸고 감각적으로 문제없도록 조련하라. 두껍고, 부드러운 면직물만 사용하라. - 갑자기 움직일 때 상처가 생기든지 화상을 입을 수도 있다. 로프에 조금이라도 염려가 된다면, 손으로 할 수도 있다.

EXERCISE 96

THE IMPORTANCE OF FITNESS
외승
(Trail Riding)

효과

외승은 다양한 조련효과를 얻을 수 있다. 다양한 지형에서 승마하는 것은 말에게 지구력과 어려운 지역에 필요한 근육 발달에 도움이 된다. 새로운 경험과 장소를 보고 강한 유대감을 나누면서 말과 신뢰와 복종심이 증가하게 한다. 말과 함께 승마장 밖으로 나가서 함께 머물고 서로를 도와줄 수 있다. 그리고 재미있다.

EXERCISE 96

외승(Trail Riding)

방법

1. 각 보법으로 운동수행을 하고 보법 사이에 이행을 하라. 경사진 지형에서 평보, 속보, 구보운동을 수행하라.

2. 말이 평보에서 아주 씩씩하게 운동을 하도록 하라.

3. 나무를 활용한 벤딩(Bending) 연습과 기술적으로 고정된 운동을 수행하라.

4. 들판이나 도로에서 측면 운동과 레그-일딩을 수행하라.

5. 부조에 반응하고 벤딩(Bending)을 유지하고 말 위에서 방목장의 문을 열고 닫는 연습을 하라.

6. 작은 개천을 건너가고, 두려운 물체를 지나가고, 쓰러진 나무의 주변으로 돌아가는 승마운동에 도전하라.

확인

각 교육과정에서 승마장이 아닌, 외승(Trail riding) 과정을 취급한다. 휴가처럼 여유로운 유형의 승마를 할 수 없다. 민감한 자극을 요구하여 반응하도록 만들어라.

만약 오랜 시간 승마장 내에 있었던 말이나 훈련되지 않은 어린 말이라면, 아주 짧은 외승을 시작하라, 또한 승마장의 범위를 벗어난 외승은 천천히 말을 안내하라.

주의 : 항상 발 디딤을 주의하라.

EXERCISE 97

THE IMPORTANCE OF FITNESS
X자 횡목 자유비월
(Free Jumping a Cross Rail)

효과

대부분 마장마술 말들은 장애물 비월에서 생성되는 골반운동의 힘을 얻지 못한다. 언덕 아래로 승마하는 것처럼, 장애물 비월은 유연한 후구 발달 조련법이다.

Key

지상 횡목(ground pole)

X자 횡목(Cross Rail)

보통 속보(Working Trot)

구보(Canter)

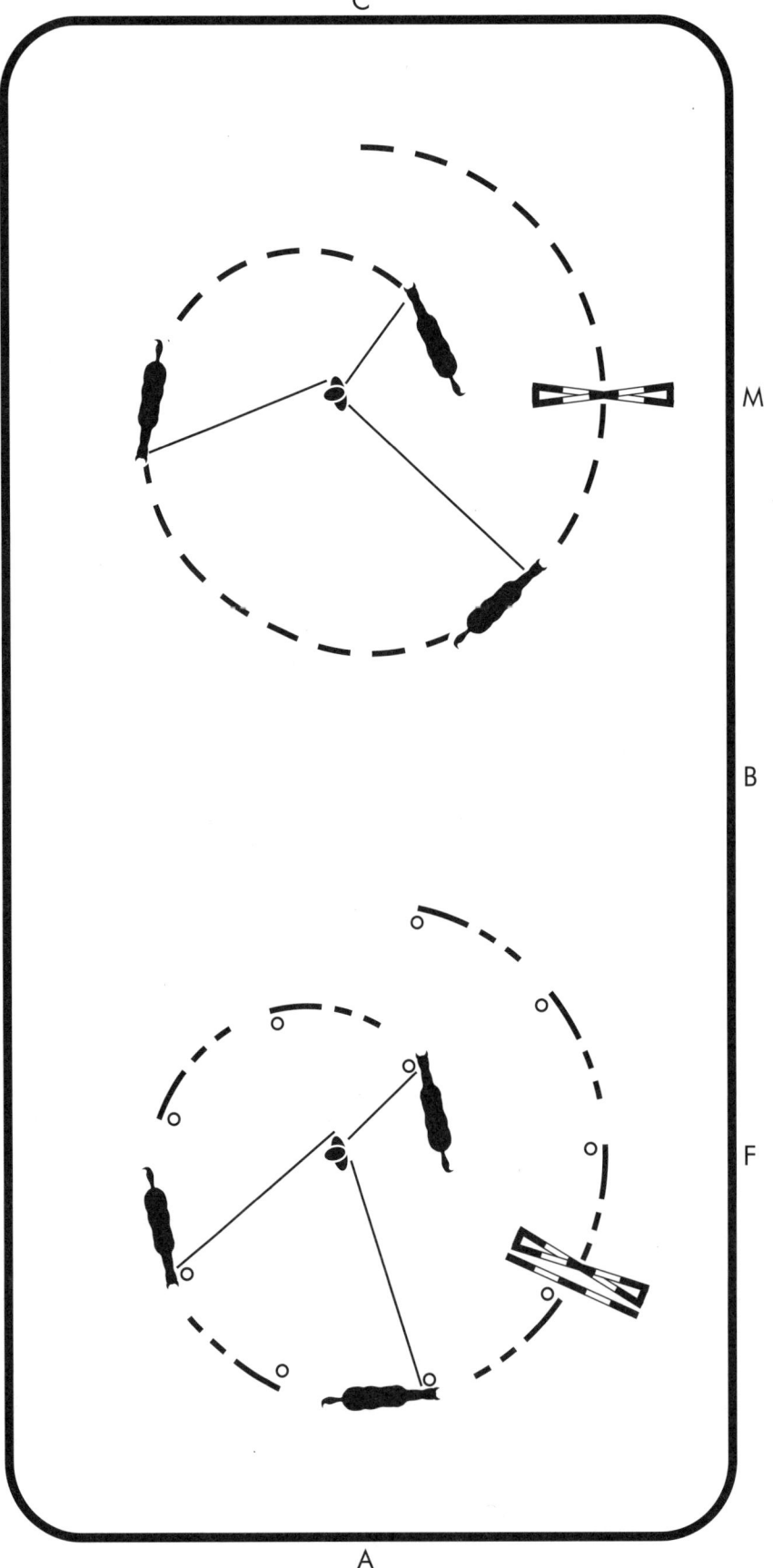

214 _ 마장마술 | CHAPTER 11

EXERCISE 97
X자 횡목 자유비월(Free Jumping a Cross Rail)

방법

1. 각 보법으로, 10분 동안 일반적인 런징(Longeing)훈련을 수행하라.

2. 약간 조정하여 X 횡목을 포함한 런징(Longeing) 운동을 수행하라.

3. 첫 번째 X 횡목을 비월 할 때 말이 익숙하게 속보로 수행하라.

4. 5번 연속으로 속보로 수행하라.

5. 다음, 구보로 수행한다. 만약 장애물 비월 운동을 자연스럽게 수행하면, 지면에 횡목을 추가하고 반대 방향으로 같은 운동을 수행하라.(그림 확인)

확인

높이 15Cm의 X 자 횡목을 설치하라. 장애물의 측면은 런지 라인(Longe line)에 걸리지 않도록 충분히 낮게 유지하라. 건초더미나 사각 상자가 좋다. 장애물 비월 운동은 다리 보호대를 착용하고 조련하는 것이 좋다.

말이 측면으로 회피를 시도하려 하면, 장애물의 측면쪽에 나란히 장벽을 설치하라.

EXERCISE 98

THE IMPORTANCE OF FITNESS
2개의 X자 횡목 자유비월
(Free Jumping Two Cross Rail)

효과

이전 조련방법과 동일하다; X 횡목이 하나 더 추가 되었다, 양쪽 방향으로 장애물 비월을 조련한다, 그것은 균형감각에 도움이 된다.

Key

- X자 횡목(Cross Rail)
- 보통 속보(Working Trot)
- 구보(Canter)

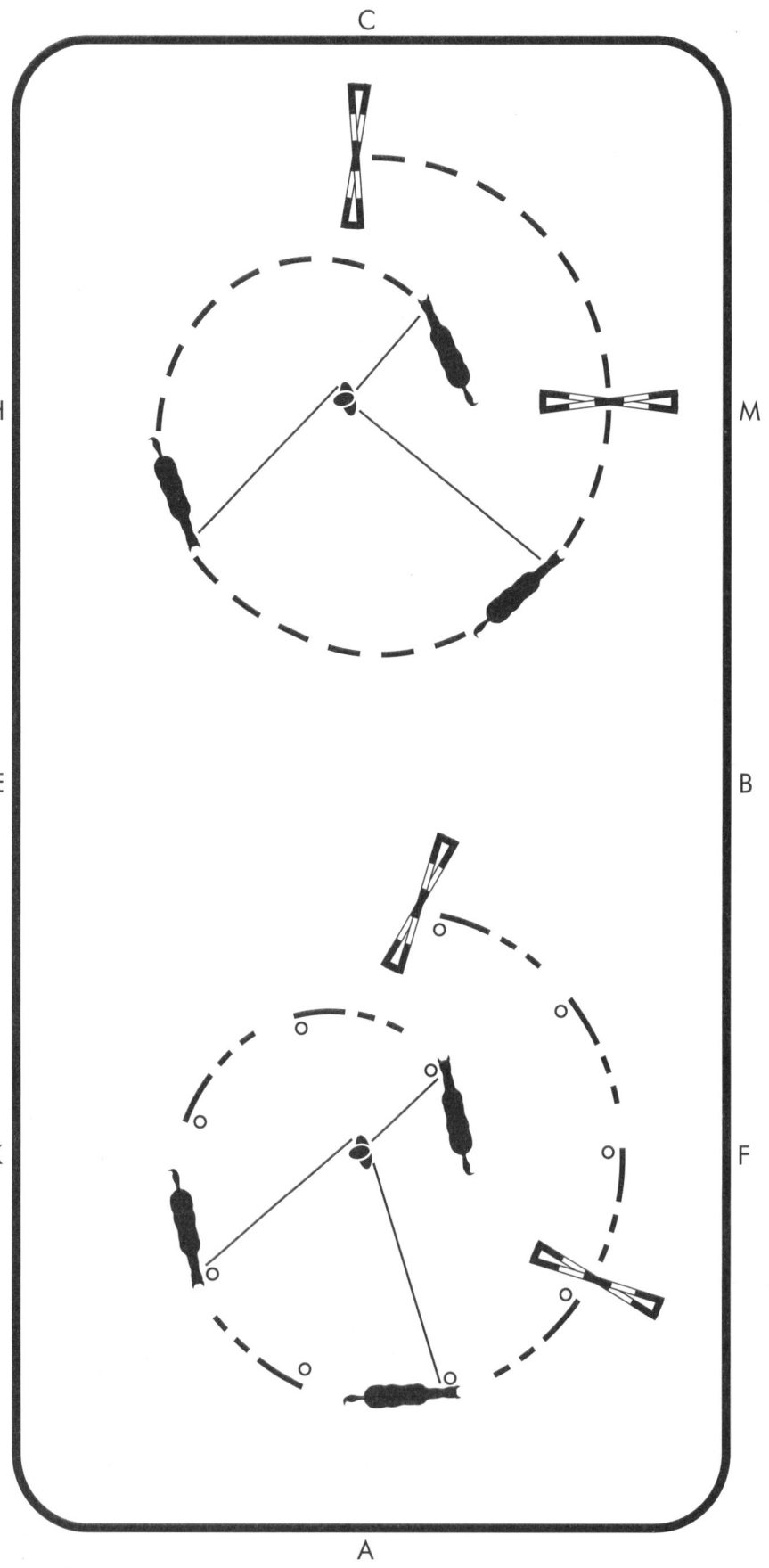

EXERCISE 98
2개의 X자 횡목 자유비월
(Free Jumping Two Cross Rail)

방법

1. 각 걸음으로, 준비운동을 10분 동안 일반적인 런징(Longeing)훈련으로 수행하라.

2. 2개의 X 횡목을 포함하여 런징(Longeing) 운동을 수행하라.

3. 첫 번째 횡목을 비월 할 때 말의 생각이 익숙하게 속보로 하고, 다음 횡목사이의 보법을 찾을 수 있도록 한다. 횡목간의 간격을 조절할 수 있다.

4. 구보로 10~15회 반복한다, 이후 다시 속보 운동을 수행하라.

확인

이전 연습 이후에, 두 번째 횡목을 첫 번째 횡목과 같은 높이로 설치한다. 일반적인 사람의 걸음으로 15 걸음 떨어진 곳이나, 말이 3~4 구보 걸음의 거리에 설치한다. 만약 말이 천천히 전진하거나, 비월 후에 속도를 떨어뜨리거나, 직선 방향 대신에 방향을 바꾸는 등의 거부 행위를 하면, 조련용 채찍을 사용하고 지도자의 도움을 받아 수행할 수 있다.

EXERCISE 99

THE IMPORTANCE OF FITNESS
경사지형
(Sloping Terrain)

효과
경사 지형에서 승마하는 것은 말의 근육과 운동기능을 발달시키는 조련법이다. 승마장 안에서만 수행하는 운동은 말을 어설프게 할 수 있다.

EXERCISE 99
경사지형(Sloping Terrain)

방법

1. 구멍이 없고, 승마할 수 있는 완만한 경사지의 개방된 지역을 선택하라.

2. 경사지에서 한쪽으로 둥글게 타원운동을 수행하라. 경사진 언덕 위로 오르고, 아래로 향할 때는 다른 방향으로 승마운동을 수행하라.

3. 정확하고 지속적인 리듬으로 천천히 시작하라.

4. 경사진 타원에서 15분 동안 평보, 속보, 구보운동을 수행하라.

확인

항상 경사진 지형에서 운동을 시작할 때 먼저 평보로 발 디딤을 확인한다. 구보를 수행하기 전에 속보와 평보로 미끄러지거나 발에 걸리지 않는 것을 확인하고 운동을 수행해야 한다.

작은 들판에서 수행할 수 있다. 만일의 경우에 비포장된 주차장을 활용할 수도 있다.

EXERCISE 100

THE IMPORTANCE OF FITNESS

직선 언덕
(Straight Hills)

효과

이 연습은 일주일에 한 번씩 준비운동과 마무리 운동에 사용하라. 이것은 뒷무릎 관절 발달에 아주 유용하다.

EXERCISE 100
직선 언덕(Straight Hills)

방법

1. 일정하게 언덕을 오르는 승마운동을 수행하라. 경사진 진입로가 효과적이다.

2. 경사면을 천천히 평보로 올라가라. 천천히 평보로 걸어 올라가는 것은 빠른 걸음보다 근육 발달에 더욱 효과가 있다.

3. 다시 내려가라.

4. 두 번씩 반복하라.

확인

오르고 내려가는 것은 말의 확실한 직진을 유지하는데 중요하다. 대부분 말들은 한쪽 후구를 흔든다 그리고 '게걸음' 또는 뒷다리의 발굽을 질질 끌거나 느릿느릿 전진할 것이다. 목표물을 향해 직진을 유지하고, 운동수행이 정확하지 않을 때는 부조를 사용하여 즉시 수정하라.

EXERCISE 101

THE IMPORTANCE OF FITNESS
언덕에서의 이행운동
(Hill with Transitions)

효과
언덕에서의 이행 연습은 평지 승마장에서 만들지 못하는 아주 좋은 균형과 힘을 만들 수 있다.

EXERCISE 101

언덕에서의 이행운동 (Hill with Transitions)

방법

1. 일정하게 언덕을 오르는 승마운동을 수행하라.

2. 언덕을 직선으로 천천히 올라가라. 초점은 "Exercise 100"과 같은 직선운동이다.

3. 언덕의 중간에서, 말의 머리를 언덕과 정면으로 바라보면서 정지로의 이행을 수행하라.

4. 몇 초동안 정지하고, 곧바로 뒤틀림 없이 평보 운동을 수행하라.

5. 이러한 운동을 언덕 위와 아래로 반복하라.

6. 이 운동은 언덕을 오르고 내릴 때 4번의 이행운동을 수행하라.

확인

조련 과정은 방해되지 않게 부드럽게 하고 사전에 "Exercise 100"을 확실히 수행하라. 이 조련 과정은 말에게 보다 강한 힘과 균형을 요구한다.

같은 길이의 고삐를 유지하여 뒷다리로부터 위로의 이행을 만들고, 반대 방향으로 수행할 때는 이행을 포함하여 앞쪽이 아래로 향하도록 하고, 이때 모든 걸음에 직진을 유지하는 것을 명심하라.

용어정리

구조(Frame): 말이 운동하는 동안의 움직이는 운동형태

도개(Bascule): 고삐부조에 의해 말의 목이 아래로 향하고 말의 등선을 아치(Arch)형을 만드는 동작

리듬(Rhythm): 일정한 걸음걸이의 반복. 속도나 템포(Tempo)의 의미는 아님

러닝 온 더 포핸드(Running on the forehand): 말이 앞다리에 체중을 싣고 승마자의 고삐부조에 의해 전진하는 상태

레그-일드(Leg-yield): 아주 약간 진행 방향과 반대로 구부리고 전진과 측면운동을 수행하는 상태

레인-백(Rein-back): 등선이 둥근 상태로 다리의 대각선이 한쌍을 이루어 뒷걸음을 수행하는 상태

마사지 더 레인(Massage the rein): 손가락으로 스폰지(Sponge)에서 물을 짜내듯이 친절하게 고삐를 사용하는 상태

반대-구보(Counter-canter): 반대로 적당하게 구부려져 바깥쪽 리드에 의한 수축되고 높은 균형을 동반한 구보운동

반대-구부림(Counter-flexion; 카운터 플렉션): 트랙으로 직선운동을 수행하는 동안 말의 정수리와 척추가 약간 목책쪽으로 향하고 있는 상태

반원(Tear drop; half volte): 목책에서 떨어져, 반원(지름 6~8m 의 원)을 수행하고 방향을바꾸고 다시 목책으로 돌아가는 운동

볼트(Volte): 작은 원 - 마장마술 경기에서 6m 또는 8m 원운동

보통(평보, 속보, 구보): 등선이 굴곡있고 활력 있지만 차분하고 좋은 보법

사이드 패스(Side-pass; sidestep): 이러한 방법의 승마법은 웨스틴(Western)승마에서 볼 수 있다. 최소한의 전진을 수반한 횡보

수축(평보; Walk, 속보; Trot, 구보; Canter): 말이 힘과 움직임을 함께 모으는 상태. 걸음걸이는 보통걸음보다 짧고 높은 걸음이다. 골격은 뚜렷하게 올라감

숄드-인(Shoulder-in): 말의 어깨와 앞다리가 안쪽으로 움직이는 측면운동으로 3 트랙 운동이다. 말은 승마장의 중앙으로 구부러져 운동한다

숄드-포(Shoulder-fore): 안쪽 엉덩이와 안쪽 어깨가 나란히 운동하는 상태

숄드-아웃(Shoulder-out; Counter Shoulder-in): 숄드-인 기술과 마찬가지로 운동하지만 말의 어깨가 레일(Rail)쪽으로 향하고 바깥쪽으로 벤딩된 상태

연결: 고삐부조로 말의 머리와 목이 탄력있게 아래로 구부린 상태. 승마자와 말이 연결된 상태

오른쪽 트랙(Tracking right): 시계방향으로 운동수행

왼쪽 트랙(Tracking left): 시계반대 방향으로 운동수행

앞쪽을 중심으로 회전운동(Turn on the forehand): 말의 앞다리를 중심으로 뒷다리가 180° 또는 360°회전하는 운동

큰 트랙(Tracking large): 운동의 방향을 나타내는 것으로; 큰 트랙의 의미는 승마장의 코너로 넓게 승마운동을 수행하는 의미

플라잉 리드 체인지(Flying lead change): 한 걸음 공간에서 구보의 리드를 반대 방향으로 바꾸는 운동

피루엣(Pirouette): 뒷다리를 중심으로 360°회전하는 아주 작은 원운동. 평보나 구보로 운동을 수행하는 상태

하프 캔터 피루엣(Half canter pirouette): 전진하지 않고 뒷다리를 축으로 180° 회전운동하는 구보운동

하프-패스(Half-pass): 움직이는 방향으로 벤딩(Bending)된 상태에서, 어깨로 살며시 후구를 이끌고 정면과 측면으로 말이 움직이는 운동

헌치-인(Haunches-in; travers): 말의 3트랙 운동으로, 말의 정수리에서 꼬리까지 고르게 구부러진 상태, 후구가 승마장 안쪽으로 향하고 있는 상태.

후구를 중심으로 회전운동(Turn on the haunches): 말의 뒷다리를 중심으로 앞다리가 180° 또는 360°회전하는 운동

활발한 속보(Active trot): 힘이 있고 활발한 속보; 특히 뒷다리의 움직임